Peter Laubach

Gott im Traum

Peter Laubach

GOTT
IM TRAUM

Bibliografische Information der Deutschen Nationalbibliothek:
Die Deutsche Nationalbibliothek verzeichnet diese Publikation
in der Deutschen Nationalbibliografie, detaillierte bibliografische
Daten sind im Internet über http://dnb.dnb.de abrufbar.

© 2020 Willy Peter Müller (www.traumpsychologie.de)
Herstellung und Verlag: BoD – Books on Demand, Norderstedt
Layout und Satz: Katharina Jüssen

Coverfrontseite: Bild von Karina Cubillo, Pixabay

Coverrückseite: Gerhard Gellinger, Pixabay

ISBN 978-3-7504-8052-2

INHALT

HAUPTTEIL

VORWORT

Wer zeitsparend lesen will und sogleich auf das Wesentlichste in diesem Buch stoßen will, der lese zuerst einmal nur die 48 „Dokumente", die die Originalträume und Originalvisionen enthalten; sie sind im Text optisch abgesetzt. Diese Zeugnisse sprechen für sich. Die Erläuterungen und Kommentare des Autors kann man dann später lesen.

EINLEITUNG

Geister oder psychische Inhalte

Einige Isländer nehmen an, dass es ein „unsichtbares Volk" gibt, das parallel mit ihnen auf der Insel wohnt. Es besteht nach üblichem Sprachgebrauch aus Zwergen, Trollen, Feen, Nicks und Nixen, aus Alben bzw. Elfen. Bestimmte Plätze zu zerstören oder zu verbauen ist tabuisiert mit Rücksicht auf die möglichen, unsichtbaren Mit- und Erst-Bewohner. Im sonstigen Europa, von fernen Ländern ganz zu schweigen, kennen wir auch unsichtbare Geister, nämlich aus Märchen, Sagen, Legenden, etwa als Zwerge, Kobolde, Klabautermänner, Heinzelmännchen, auch wohl als Engel oder Dämonen. Man nimmt diese Phänomene im heutigen Europa allerdings nicht mehr ernst. Ihr Realitätsgrad ist unsicher. Jedoch unsere Alten in Sterbenstagen, die kleinen Kinder beim Zu-Bett-Gehen, auch die sogenannten Psychopathen sowie die Drogenkonsumenten, und natürlich die Mystiker sehen solche unsichtbaren Geister. Schamanistisch begabte Hunde, Katzen und Pferde (Pferde früher im heiligen Hain, heute im Zirkus), scheinen nicht selten auf derartige unsichtbaren Erscheinungen zu reagieren. Tiere, die mit auffälligem Verhalten an bestimmten Platzen auf etwas hinzuweisen scheinen, die auf ihre Art als wissend oder indirekt sprechend erscheinen, die also plötzlich stocken oder scheuen, indem etwa ein Hund sich sträubt und im Wald eine unsichtbare Wand anbellt, treten gern als Boten, Vermittler einer sonst unsichtbaren Geistes- oder Geisterwelt auf. Nach dem Volksglauben sind Übergangssituationen, also Sonnenaufgang, Sonnenuntergang, Mitternacht, Winter- und Sommersonnenwende, auch die mitteleuropäischen Raunächte, bevorzugte Stationen für einen gewissen Geisterkontakt. Auch besondere Orte, Stellen spielen eine Rolle, z.B.

Quellen, Bäume, Bergspitzen oder die mittelalterliche „vierige Wegscheid". Besonders Vögel sind immer schon als Zeichengeber einer höheren Welt verstanden worden. Die römischen Priester (Auguren) deuteten den Vogelflug als Zukunfts-Omen. Dem Indianer der Prärie begegneten in auffälligen Adlern die Ahnen. In der Taube kann nach manchem Glauben eine Seele verkörpert sein.

Im Altgriechischen, der damaligen Weltsprache der Antike, gibt es ein schönes Wort für den Zustand der Lebewesen, die von einer höheren Welt inspiriert sind, die von Geistern oder Göttern berührt sind, nämlich „theopneustos". Theos ist verwandt mit lateinisch deus und heißt Gott, und die Bedeutung von „to pneuma" ist: Luft, Hauch, Wind, Atemluft, Geist. Auch im Hebräischen, wie in vielen anderen Sprachen, meint der Begriff für Geist („ruach") ursprünglich den Windzug, das Wehen. Der göttliche Geist ist unsichtbar und flüchtig, weder zu greifen noch zu bannen, nicht zuletzt aus diesem Grund hat die Sprache wohl das Luftige als Synonym oder Anschauungsbild für den Geist genommen. Als Menschen können wir jederzeit vom göttlichen Geist angehaucht werden oder von diesem Luftzug durchdrungen, durchwebt bzw. wörtlich durchweht werden – und es geschieht auch oft. Dieses Buch stellt Dokumente zusammen von Menschen, die „gottangehaucht", also „theopneustos" waren, die durchströmt, inspiriert worden sind vom göttlichen Geist, immer mit Hilfe von Vermittlungsinstanzen und -figuren.

Für den Geist gibt es z.B. folgende Symbole: Wasser, Luft, Feuer, das betont Weiße, die Elektrizität, eine überraschende Kraft oder Energie. Der Geist Gottes kann nicht direkt, original, personal erlebt werden, sondern immer nur über Abarten, affine Varianten, Gleichnisse. Nicht das „Licht" selbst (als Geist Gottes), sondern nur „Licht vom Licht", also einen Abkömmling, kann z.B. die Mystikerin Hildegard von Bingen, die im Mittelalter als „Prophetissima" verehrt war, in ihren Visionen erleben. Wir sind auf mediale Boten, auf Vermittler angewiesen, wenn wir vom Geist Gottes inspiriert werden sollen. Wir können annehmen, dass der Geist des Vermittlers, also z.B. eines Engels, in Parallelität zum Geist Gottes steht, dass der Bote als kongeniales Sprachrohr fungiert. Daher gehen im Alten Testament die „Bezeichnungen „Jahwe" (selbst) und „Jahwes Engel" unkontrolliert durcheinander – was seinen tieferen Sinn hat. Gott spricht nicht selbst zu uns, sondern über Vertreter, über Figurationen, die unsere Sinne aufnehmen können, wie schon der große Philosoph Platon betonte. Die Figurationen können sein: Tiere, Engel, Naturerscheinungen, aber auch jeder banale, unterschätzte Mensch kann im Dienste des göttlichen Geistes stehen und von den himmlischen Kräften als Bote benutzt werden, nicht nur wunderbare Licht- oder Vogelerscheinungen oder unerklärliche Stimmen oder die Feuerzungen zu Pfingsten oder die göttliche Quellnymphe.

Als Informanten, also mediale Boten der unsichtbaren Welt können auch Verstorbene auftauchen. Sie erscheinen wie aus dem Nichts, unangekündigt. Sie sagen im Traum in solchen Auftritten die Wahrheit; die Verstorbenen lügen also, das kann man festhalten, im Traum nicht. Wie erwähnt, auch die „Engel" gehören zu solchen Boten, ob gute, ob vielleicht böse oder ob neutrale wie die Dschinn, ob im positiven Sinne nach Platon als „Daimones" bezeichnet oder eher negativ als „Dämonen". Die unsichtbaren Geister sind begrifflich von der Allgemeinheit leichter zu akzeptieren, wenn man sie als neutrale unbewusste Inhalte, also „psychische Komplexe" oder ggf. Traumata bezeichnet, wenn man sie entpersonalisiert und wenn man ihre Wanderung, Bewegung nur als psychologische Übertragung bezeichnet oder begreift. Bezüglich der angesprochenen

Phänomene weiß man mittlerweile, dass die Freudsche „Übertragung" ein zu schwacher Begriff ist, für nämlich die erstaunliche Tatsache, dass Komplexe wandern können, etwa unter Familienmitgliedern. Als nicht-personale Inhalte scheinen sie sachlicher, distanzierter begriffen werden zu können denn als ‚personale Geister', dennoch entziehen sie sich einem Zugriff, ob vom Freund, Priester oder Therapeuten aus, ähnlich weitgehend wie Geister. In der Antike nannte man die unsichtbaren Geister auch gern Götter, die verschiedentlich auf die Erde kamen, selbst dort wandelten oder jedenfalls massiv auf der Erde eingriffen, die Spuren hinterließen. Die Erleuchteten und die Träumenden sehen eine Unzahl der unsichtbaren Geister oder geistigen Inhalte (nicht selten in Tiergestalt, gern wie erwähnt in Vogelgestalt). Auch die Geister der Ahnen werden in Afrika und anderswo in dieser Weise registriert, bemerkt. Die Altvorderen, wie die Bewohner der Prärie oder die europäische Urbevölkerung, verstanden Träume auf die Weise, dass der Mensch von unsichtbaren Geistern in der Nacht „besucht" würde, z.B. vom Alb (daher gibt es den Begriff Albtraum). Umgekehrt wussten die Indianer aber auch, ebenso wie die Pilger in Delphi: „Weisheit kommt zu uns in Träumen". Schamanistische Heilung bekämpft gern die unsichtbaren, aber konkreten Geister bzw. Besetzungen, benennt die Geister der Krankheiten, handelt und behandelt ihnen gegenüber, mit einem Großaufgebot an Ritualen.

Attribute des Menschen in Mythos oder Traum

Wenn im Traum z.B. eine abweisende Frau mit großem, bissigem Hund erscheint – wie nennen wir in der heutigen Zeit diesen ihren „Schatten" oder „Animus" oder „Doppelgänger" oder „Begleiter"? Die Botschaft, Bildwirkung und Bildwucht des großen Hundes, vielleicht sogar des schwarzen Hundes ist klar, aber es mangelt an der Begrifflichkeit, Erklärung. Wie nennen oder übersetzen wir Löwe, Tiger, Großkatze als Begleiter der großen Göttin, etwa im antiken Kreta oder im Land Sumer? Wie ordnen wir die Eigenschaft des Falkenkopfes und Falkenauges des Gottes Horus ein? Was ist die Wolfsmilch phänomenologisch oder ontologisch, mit denen die kriegerischen Gründer Roms, Romulus und Remus, (nicht zufällig) genährt wurden? Was gemeint ist, ist klar, nämlich sehr kriegerische Stadtgründer – aber gab es diese Wolfsmilch, existiert Wolfsmilch für Zwillinge? Die Göttin Pallas Athene ist nur vom Vater gezeugt worden, ohne Mutter, aus dem Schenkel des Zeus entsprungen; das Ergebnis ist, dass sie Jungfrau war und blieb, Kriegsgöttin war und, modern gesprochen, eine weise Literatin oder Philosophin war, eine typische „Vater-Tochter" eben (von denen es auch heute viele gibt). Wie sollen wir existenziell oder ontologisch die zwei Raben Hugin und Munin, „Gedanke" und „Erinnerung", deuten, die von Odins Schultern ausgehen und alles Geheime in der Welt sehen und melden? Solche Raben gibt es auch in anderen Mythen und Religionen der Welt. Was nehmen wir mit diesen Geistern, unbewussten Komplexen wahr? Etwa nur Gleichnisse? Diese Erklärung reicht nicht. Nur Ausgeburten unserer Vorstellung? Diese Erklärung reicht auch nicht. Die Phänomene haben ein Eigenleben, sind nicht abhängig von unserer individuellen Produktion. Sie befinden sich im „kollektiven Unbewussten" (nach C.G. Jung), in einer Speicher-Cloud, im Gedächtnis der Art (nach Sheldrake), im morphogenetischen Feld der Menschheit. Oder in den Traum-Nacht-Künstler-Seelen, ob nun von Goethe, Kafka oder Dali. Sie sind nicht erzeugt vom Menschen, sondern sie begegnen dem Menschen als Archetypen, sie kommen den Menschen besuchen... Sie fallen dem Menschen als Idee ein, sie treten wie ein unangefragter Werbespot ins Bild, manchmal attraktiv, manchmal lästig. Sie tauchen auf dem Monitor auf, wenn wir sie indirekt antippen oder suchen oder versehentlich anklicken. Sie sind da, immer, wie latent vorhanden im Netz, nicht von uns neu erschaffen.

Die Zwischenwelt, unterhalb der höchsten Transzendenz

Geister, Symbole und psychische Komplexe leben in einem Zwischenreich, meist unsichtbar und doch auf Anstöße hin oder auf irgendeinen Auslöser hin erlebbar. Man kann sie als Botschaften, Informationen aus dem Bereich der übergeordneten ewigen Transzendenz verstehen, indirekt gesandt, verkleidet. Nur dem Sehenden sind sie sichtbar, sie vermitteln etwas aus der Welt des Unsichtbaren, wie Dienstgeister.

Die übergeordnete Ewigkeit selbst, das Platonische Wahrhaft-Seiende, kann man als Entität ohne Schöpfung oder vor der Schöpfung begreifen, als Göttliche Welt, als der Geist Gottes über den Wassern, der alle Potentialitäten in sich trägt, aber Natur, Schöpfung, Dinglichkeit noch nicht realisiert hat. Dieser Bereich ist nach Spinoza „Deus sine natura" (deus = Gott; sine = ohne). Nach Meister Eckhart ist die „Gottheit" als reiner „intellectus", ohne irgendeine Kreation, ohne irgendein Ich, ohne irgendeinen Gott oder Gottesnamen, die Ewigkeit ohne Materie (aus welchem Urgrund man auch selbst letztlich stammt). Aus diesem rein-geistigen Bereich oder Hintergrund können die Informationen stammen, die indirekt und als Figuren, als Konstellation oder als Symbol oder als Eikon (Bildnis) oder Omen ‚herabsteigen' oder gesendet werden, die bei den Tieren z.B. als Leitung des Instinkts wirken oder im Baum als sein Wachstumsprogramm, beim Menschen in dem Rezeptoren-Organ namens Gehirn willig empfangen werden. Das Gehirn verarbeitet Informationen, aus allen möglichen Ebenen, es ist kein autarker, bewusster Denker, kein freier Gedanken-Erzeuger. Unser Gehirn ist selbst software, Produkt, nicht ein Computerprogramm-Hersteller; es ist geschaffen – und funktioniert in Abhängigkeit. Man könnte auch sagen: das Gehirn denkt für mich wie ein Mitarbeiter oder Taschenrechner, es funktioniert als Dienstleister, als Autopilot, der Ergebnisse vorschlägt, abhängig vom Input. Unautonom ist es, es verarbeitet automatisch Informationen und stellt mir zuletzt das zwangsläufige, abhängige Fazit vor. Nicht ein Ich denkt eigentlich, sondern das Ich bekommt die Verarbeitungsergebnisse (des Gehirns, des Taschenrechners, des vorgeschalteten Rechners) mitgeteilt. Das Ich ist nur Anlaufstelle für die Ergebnisse – insofern hat es allerdings eine gewisse zentrale, koordinierende Funktion. Was ihm nicht passt oder was seinen Horizont übersteigt, verdrängt, verleugnet das Ich gern. Ansonsten wird der große Rest des Gehirntaschenrechners übernommen.

Zivilisation, Erziehung, Geschichte und Dogmen haben das Ich dazu gebracht, vieles zu verdrängen und abzustreiten, auch leider unter Umständen die Wahrheit zu verwerfen. Die arroganteste Art der Abweisung ist zu sagen: „Das – nämlich unwillkommene Fazite, Schlüsse und Botschaften, die das Gehirn von irgendwoher bekommt – existiert überhaupt nicht, in der Realität." Das Ich ist ein Kulturprodukt, daher sehr beeinflussbar, abhängig. Es werden z.B. gern Informationen, die nicht dem infantilen Materialismus des Wiegens und Messens entsprechen oder nicht den Vorerfahrungen entsprechen, nicht der Kultur der Zeit entsprechen, abgestritten. Ein körperloses Bewusstsein etwa, nicht nach Gewicht messbar, denkbar gemäß der Ausdrücke „Beyond the Brain", „Endeloos bewustzijn", „Proof of Heaven", wird geleugnet, und zwar zugunsten des körperverhafteten Ichs. Der reine Materialist, der das zeitliche und materielle Ich zu seinem Abgott gemacht hat, steckt in einer Sackgasse, er blendet viel aus. Obwohl die Dimensionen außerhalb der materiellen

Dinge ständig in unser Leben hineinwirken, werden sie bestritten.

Mit der Berücksichtigung der „Psyche" und des „Unbewussten" hat man immerhin vor Zeiten schon einmal konzediert, dass unsichtbare Dinge in Materie und Körper hineinwirken, bleibt aber weiter ein Bestreiter der geistigen, höheren, transzendenten Welten. Dass diese Welten autonom seien, frei von unserem Ich und von unserem Denken, wird noch am heftigsten bestritten, weil man in Egomanie und Verblendung nur sein Ich als Urheber (von allem) gelten lassen will, als autark und selbstbestimmt. Die Leugnung von anderen, von fremden Kräften, von unsichtbaren Geist- und Zwischenwelten, der heutige Materialismus also: das ist ein larvierter Omnipotenzanspruch der arroganten Egos, kleinlich und unwissend. Trotz zahlreicher Ereignisse und beeindruckender Nachrichten, trotz einer Menge von seltsamen Überraschungen oder von materialistisch unerklärbaren Phänomenen wird die ganze Zwischenwelt, unterhalb der ewigen Transzendenz, geleugnet. Es wird prinzipiell die nichtmaterielle Macht, weit über uns oder tief im Hintergrund, verdrängt (eigentlich weil sie nicht verstanden wird) und damit natürlich auch die Sprache dieser Macht, die Botschaften dieser Instanz in einer Art Zwischenwelt. Doch von solchen Informationen aus der „Zwischenwelt" will gerade diese Schrift künden.

Die vielen Ichs und die Gegensätze

Wir werfen aber noch einen kurzen Blick auf die hiesige, manifeste Welt, um wenigstens diese einigermaßen zu verstehen. Die irdische Daseinsform ist gekennzeichnet dadurch, dass ein Krieg aller gegen alle besteht, deutlich ausgesprochen. Oder so gesagt: Alle Lebewesen haben Feinde, und zwar Todfeinde, mit dem handgreiflichen, nicht zu übersehenden Sinn und Effekt für das eigene Überleben. Die ‚Todfeinde' fressen jeweils den andern. Der Mensch ist sich dabei selbst der Feind: homo hominis lupus (was aber auch Tiere untereinander sein können). Schon vor jeder Fortpflanzung gibt es kriegerische Konkurrenz, Rivalität. Ist das nötig, so denkt man. Muss das sein? Ist das hier ein Irrenhaus, kein Sex ohne Kampf? Von dem weiteren unsäglichen, massenhaften Leid, was so viele trifft, besonders im Alter der Lebewesen, ganz zu schweigen. Aufgrund dieser Analyse suchen nicht wenige auszusteigen und schließen sich Lehrern an, die ein anderes Ziel denn „Welt" aufzeigen, folgen z. B. den Lehren des Buddha oder Jesus. Steigt man in die Analyse tiefer ein, sieht man, dass jedes Lebewesen einen Willen (auch wenn der nur als dumpfer Trieb aufscheint) hat und dass alle Lebewesen ein Ego haben, was sich durchsetzen, sich befriedigen will und was aus der Vernichtung anderer Vorteile zieht. Das Charakteristikum des Erdendaseins ist: die Schöpfung, das Allgemeine ist aufgespalten in unzählige konkurrierende Ichs. Die Einheit ist zerfallen in viele ich-interessierte Willensbekundungen, Einzel-Strebungen. Das aktuelle Fazit ist dies: ein Ego zu haben ist essentiell und typisch für Erdenbewohner. Jedes Ego oder Ich-Bewusstsein **will etwas** (solange es lebt). Und Glück ist, seinen Willen durchzusetzen. Wie Schiller sagt: „Des Menschen **Wille** ist sein Himmelreich" (nicht Sex oder Macht). Der Ich-Trieb ist das Kennzeichen, und sein Erfolg ist die optimale Befriedigung. Ego-Zustand ist das Webmuster der Welt. Und alle wissen oder ahnen: das Ende des vielen Leids, des Bösen auf der Welt wäre die Einheit, die Zurückschraubung der Ichs. Danach wird gestrebt in vielen Partnerschaften, Vereinen, Gemeinwesen, Ideologien – als wäre es ein Stück vom Himmel oder wenigstens, wenn nicht paradiesisch, eine gewisse Leidminderung. Aber auch die meisten, die Einheit stiften wollen, kämpfen kriegerisch gegeneinander.

Zur Erkenntnis des Diesseits und Jenseits trägt bei, den Gegensatz zu benennen, zu begreifen. Das Werden ist polar. Ein polarer Prozess ist auch dies: Ego-Zustand gegen Einheitszustand. Das Diesseits besteht aus dem Zerfall oder Verlust der Einheit, aus der „separatio", der Trennung, der Vereinzelung, aus der Absonderung (was die sprachliche Grundbedeutung des Wortes „Sünde" ist), aus dem Wachsen in zahllose Individualitäten hinein – nicht ausschließlich als Negativum gemeint; das ist ein Aspekt, der auch neutral beschrieben werden kann; der mögliche Evolutionsgewinn durch ein Ich-Bewusstsein wird nicht geleugnet. Alles soll ohne Illusion, Bewertung beschrieben werden: Milliarden Ichs konkurrieren, und zwar heftig, ohne Unterlass. Wir maßen uns keineswegs an, das als sinnlos zu bezeichnen.

Masken, Personen und Einzelrollen

Der Kontrast, den das Jenseits zum Diesseits zeigt, ist, dass es mehr an „Einheit" aufweist. Die unsichtbare Welt hat einen Unterschied zur hiesigen, materiellen Welt, und das sind ihre Stufen vom Leben in der Einheit. Die Allverbundenheit bzw. Grade von Einheit, Verwandtschaft, Kontakt, Gemeinschaftsgefühl und Liebe zeichnen auch die Botschaften aus der Zwischenwelt aus. Wenn man sich mit der Dimension zwischen Materie und Ewigkeit beschäftigt, kommt als Effekt heraus, ob man den nun als Hauptsache oder Nebeneffekt bezeichnet, dass man oberhalb der materiellen Phänomene mehr „Einheit" erfährt, bis hin zur Ichlosigkeit. Man berührt zuletzt das aller Einzelheiten bare Nirwana. Man erfährt, wie attraktiv eine Existenz in der Einheit, d.h. ohne Ich oder wenigstens ohne Ichmanie, ohne Ichbetonung sein kann. Man kann es auch so formulieren: „Erleuchtung geschieht ohne ein Ich."

Das Ich ist vergleichbar einer „Maske", die jedes Menschenle-bewesen trägt, wie seinerzeit die Schauspieler in der attischen Tragödie. Durch diese Maske wurde getönt, gesprochen, wes-halb manche den lateinischen Begriff „persona" von der Tat-sache herleiten, dass etwas durch eine Maske tönt (per-sonare). Die Ichs sind den Schauspielrollen, ob in der Antike oder heu-te, vergleichbar, die ein Mensch wählt oder zugeteilt bekommt. Die Rollen sind alle unterschiedlich, wie die Masken in der ale-mannischen Fastnacht oder in den Schamanengruppen. Genau-so sind die Ichs als „Personen" alle individuell. Hinter der Maske verbirgt sich, ganz tief, der wahre Kern eines menschlichen Le-bewesens – ohne irgendeine Rolle oder Spezifikation. Die soge-nannte Individualität wird durch die Maske ausgedrückt, weni-ger durch den Kern, der bei allen Menschen im Prinzip gleich ist.

Bei Weltereignissen, gerade auch bei Leid, Unfall, treffen folgen-de drei Faktoren zusammen: Ein Element aus dem Sichtbaren bzw. Bewussten (1), ein weiteres Element aus dem Unsichtba-ren/Unbewussten (2), und als ein drittes Element das Ich (3), der Mensch, mit seiner nicht genau abschätzbaren Individualität, mit seinem je eigenen Willen, was im Traum als etwa je unter-schiedliche „Maske" hervortritt und was spirituell als jeweilige Rolle/Funktion/Aufgabe bezeichnet werden kann. Das sind drei Dimensionen. Diese Drei stoßen zusammen, wobei das eine das andere nicht sieht – und fertig ist das Ereignis, und zwar nicht selten das Unglück, in der Biografie oder in der Weltgeschichte.

Das Wahrheitsziel

Wesentliche Fragen beschäftigen die Menschheit, z.B.: Ist die Seele unsterblich bzw. bin ich nach dem Tod gänzlich ausge-löscht? Was ist die Wahrheit? Gibt es Gott, und wenn Ja, wie muss man ihn sich denken? Darauf gab seinerzeit der Dichter Gotthold Ephraim Lessing (1729 bis 1781) schon brauchbare Antworten: Die Logik und Fähigkeit der menschlichen Vernunft (ratio, Erkenntnis, Wissen, Wissenschaft, intellectus, mens), die „Vernunft" als Mittel also, kommt letztlich zu dem Schluss, dass die Seele unsterblich ist; ein Denkprozess, der aber in vielem noch nicht fertig ist. Die absolute Wahrheit ist „noch unvollendet", wie Lessing sich treffend ausdrückt, also noch nicht vorhanden bzw. erkennbar; wir haben im Moment nur vorläufige, relative Wahrheiten. Daraus erfolgt als Nebenprodukt zwingend die Einstellung der Toleranz. Die „Offenbarungsreligionen", wie Lessing sie nennt, „predigen zwar", dass sie im Besitz der absoluten Wahrheit seien, auch politische Ideologien haben gern solche Ansprüche, doch sind sie nur vorläufige Stufen, Krücken, Hilfsmittel auf dem Weg zum noch nicht erreichten Ziel der Wahrheit. Zu diesem Etappenweg gehört, dass man auch über Gott z.Zt. nichts Genaues aussagen kann, allenfalls etwas Unpersönliches oder Pantheistisches. Pantheismus meint ungefähr: Gott drückt sich aus in der Summe von allem; in einer Art Einheit oder in jedem separaten Einzelteil der Schöpfung existiert das Göttliche latent, so als ob alles beseelt sei. Eine wichtige Spur zum Gottverständnis legt Spinoza (1631–1677), den Lessing schätzte, mit dem Hinweis, sich Gott auch ohne Tätigkeit, Werk, Schöpfung, Kosmos zu denken, und zwar als seiende, nicht nur kreierende Potenz oder Energie, wie vielleicht vor der Erschaffung der Welt und der Lebewesen, als Entität oder Instanz ohne Weltall, Natur, in der Leere der Null-Kreation. D.h. dann „Deus sine natura" bei Spinoza, wie oben erwähnt: ein Gott ohne seinen Schöpfungsakt.

Wie in der Naturwissenschaft, wo jeden Tag neue Geheimnisse erkannt werden, als Fortschritt nämlich, läuft auch in den genannten geisteswissenschaftlichen Fragen ein Fortschritt ab

– natürlich immer mit Rückschlägen, wie üblich. Es gibt eine Evolution der Wissenszunahme. Radiowellen z.B. sind für das menschliche Auge unsichtbar, existieren aber doch, das wurde später, nachträglich erkannt. So nehmen wir neben der Vernunft und dem sichtbaren Bereich – in diesem Buch wie auch bei der Entdeckung der Radiowellen – auch das Unsichtbare bzw. Unbewusste als Informationsquelle zur Hilfe, um dem noch sehr unvollendeten Wahrheitsziel näher zu kommen. Auch das, was außerhalb der menschlichen Bandbreite liegt, Wellen, Strahlen, Licht aufzunehmen, wirkt, z.B. unsichtbare Röntgenstrahlen oder Gravitationswellen.

„Abbild" und „Urbild" – apokryphe Jesus-Lehren

Der Mensch erscheint wie ein Bürger zweier Welten. Der Körper ist Mitglied des materiellen Weltalls. Die Seele oder der Geist, ob wir diese nun nach antikem Muster psyche, mens, animus, nous oder logos nennen, gehört zu einer immateriellen, quasi fernen Dimension, auch wenn von dieser Position aus anscheinend in den materiellen Bereich hineingewirkt wird.

Jesus lehrte damals in Griechisch, eigentlich wohl in Aramäisch, aber für seine Apostel und für die Zeugen/Berichterstatter war die griechische Sprache wesentlich. Jesus nannte sich hier in auffälliger Weise „des Menschen Sohn", nicht Gottessohn. Der Menschensohn kann doppelt verstanden werden, besonders im damaligen Urchristentum. Die griechische Vokabel „anthropos" meint den irdischen „Menschen" (a) und aber auch den „Lichtmenschen" (b). Gerade in den koptischen, christlichen Nag-Hamadi-Texten, die u.a. hochinteressante Evangelien aus dem ersten Jahrhundert n. Chr. zum Meister Jesus zum Inhalt haben, spricht Jesus viel über den Lichtmenschen, im Umfeld der

Gnostik, welche ist die Lehre von der Gotteserkenntnis und der Geringschätzung der Materie (die Katharer später pflegten gnostische Inhalte). Der Lichtmensch ist der spirituelle, ewige Anteil in Personen, auch z.b. der Jünger, die „aus dem Licht" kommen, wie Jesus ihnen rät zu sagen. Dieser transzendente Bereich heißt auch Äon oder Licht-Äon. Der Anthropos als Lichtmensch ist auch das innere Organ für die Gotteserkenntnis, es ist verwandt mit Gott, es ist körperloses Bewusstsein. Die Wiedergeburt wird als Bild-Wiedergeburt bezeichnet und der Mensch als „Abbild". Es zeigt sich nach diesen Schriften die absolute Wahrheit nur in Bildern (typos) und in Symbolen auf der Erde. Der irdische Mensch wird als „Abbild" verstanden, d.h. als eine vorübergehende Kopie (mit Mängeln) seines höheren ewigen Selbstes oder sozusagen seines eigenen Engels. Wie zuvor in der Platonischen Philosophie steht das „Abbild" in einem abhängigen Verhältnis zu dem erzeugenden „Urbild", welches immer in der geistigen Welt verbleibt, und zwar unverändert. Das Abbild, d.h. jeder Hiesige als wiederholtes Abbild seiner selbst (seines eigenen Urbildes) in den Reinkarnationen, im Samsara (Kreislauf), erfährt am Ende in der Ewigkeit, in den Äonen, eine Vereinigung, Verschmelzung mit seiner engelähnlichen, geistigen Gestalt. Gegenüber dieser unserer vollkommenen Urgestalt, der quasi Platonischen Idee („idea", „eidolon") als Muster, existieren wir hier in Trennung, haben Leben und Lebendigkeit durch Teilhabe am ideellen Vorbild, und zwar Leben nur durch diese Verbindung. Der Aufenthalt in der Materie hat das Finale, dass sich „Abbild" und „erzeugendes Urbild", was allein im Besitz des ewigen Lebens ist, in den Äonen wieder vereinen, miteinander identisch werden. Dann sind wir separierter Erden-Mensch wieder zu unserem eigenen „Lichtmenschen", vollkommenen Ideal im Einheitsumfeld geworden. Es spricht Einiges dafür, dass sich Jesus als Sohn dieses rein geistigen Lichtmenschen, nämlich seines Vaters im Himmel (nicht seines irdischen Vaters) verstand – und dass er deshalb in so auffälliger Weises als „Sohn des Anthropos", als „hyios tou anthropou", als „Menschen-Sohn" überliefert ist. (In der Antike, bei Kelsos bzw. Origines, wird als irdischer Erzeuger Jesu der römische Besatzungssoldat „Panthera" genannt.)

Bürger zweier Welten. Das Vergessen der Zwischenwelt. Erleuchtung durch Liebe

Wenn der Mensch Bürger zweier Welten ist, dann ist erstens interessant: Wer oder was sind diese zwei Dimensionen? Und zweitens die Frage: Ist eine Verschmelzung solcher polarer Aspekte in uns denkbar, etwa als ein Erlösungsziel? Ist die Einheit unserer zwei Seiten, das Bewusstsein der Einheit unserer zwei Seiten oder Welten, ein Erleuchtungszustand, eine Vollkommenheit? Der oben erwähnte Platon, Vater der europäischen Philosophie, erklärte, dass jeder Mensch bei der Geburt den „Becher des Vergessens", von einem Geist zugeführt, trinken müsse. Ähnlich fährt man nach dem antiken Mythos nach dem Tod über den „Fluss des Vergessens". Auch die alten indischen Upanishaden behaupten, ähnlich wie das Tibetische Totenbuch (Buddhismus), dass jeder Mensch bei der Geburt die Vorgeschichte und das Vorwissen aus der Ewigkeit vergisst. Ein Leben ist vergleichbar dem Tag-Symbol. In der Frühe, beim Aufwachen vergessen wir automatisch das Traumwissen der Nacht. Doch die Kunst des Traum-Erinnerns und der Traumdeutung gibt uns Kunde von der „vergessenen", anderen Dimension. Neben dem Traum gibt es auch andere Möglichkeiten, Informationen aus der transzendenten geistigen Welt zu erhalten, das Träumen ist aber der leichteste Weg, sich seiner zweiten Heimat bewusst zu werden. Man wird sich seiner zweiten anderen Heimat auch bewusst durch die Liebe. Durch Frustration und Leid im zwischenmenschlichen Bereich angestoßen, wenden manche Menschen ihr Liebespotential Gott zu. Allerdings kann man die Ersatzliebe auch auf Sexualität, Machtstreben, Forschung, Entdeckung oder Suchtmittel richten. Der transformierte und sublimierte Eros kann im Wissenschaftsbereich einen Nobel-Preis erzielen, im spirituellen Bereich ein Gotteserlebnis erzeugen. Die Liebe als unstillbares, anderorts frustriertes, Streben schafft, wenn sie auf Gott gerichtet ist, manchmal Erleuchtungszustände und Visionen. Man kann auch umgekehrt sagen: Ohne Liebe zu Gott erkennst du ihn nicht. Auch jeder bedeutende irdische Forscher muss seinen irdischen Gegenstand „lieben". Flammendes Begehren sowie Geistesgröße, Bescheidenheit, Ichverzicht und Unvoreingenommenheit – mit diesen Eigenschaften erhält man Botschaften aus der Zwischenwelt und somit indirekt aus der darüber angeordneten ewigen Transzendenz. Ein Herz mit solcher Einstellung „registriert" die Botschaften, diese sind sowieso immer da, sie werden nicht vom Suchenden erzeugt. Als Beispiel für solche Gott-Suchenden und Gott-Finder, mit „Liebe", nenne ich Hildegard von Bingen, Meister Eckhart (beide deutsches Mittelalter), Yogananda (Indien), Martinus (Dänemark). Ich könnte noch viele andere nennen. In „Liebe" zum Göttlichen brannten auch die Herzen von Buddha, Jesus oder Mohammed. Erleuchtete bleiben übrigens auch weiterhin normale Menschen, mit typischen menschlichen Schwächen.

Der Pamphylier Er und die Schicksalszuteilung im Jenseits

In der Antike berichtet in Platons Werk „Politeia" (Der Staat) ein auf dem Schlachtfeld gefallener Soldat, ein Pamphylier namens Er, seine Jenseitserlebnisse. Er sollte als Leiche, nachdem er wohl schon einige Tage auf dem Schlachtfeld gelegen, verbrannt werden, doch er wachte wieder auf, auf dem Scheiterhaufen (vielleicht war er scheintot). Von seinem Erleben auf der anderen Seite berichtet er: Es gibt ein Totengericht am für Menschen unzugänglichen Ort, mit den Urteilen für den Himmel oder aber für die Unterwelt. Nach Abbüßung der Urteilsinhalte geht es zu einer erneuten Inkarnation. 1000 Jahre ist für Platon wie auch Sokrates eine magische Zahl, so lange erfährt man im Jenseits Belohnung oder Strafe, berichtet auch Er, und so lange dauert auch die Phase zwischen den Wiedergeburten. Dieser Er gibt den Menschen Kunde von einer „Spindel der Notwendigkeit mit 8 farbigen Sphärenringen", die alle Bewegungen des Kosmos in Gang hält. Auf einer „Wiese" geht es vor der Reinkarnation von neuem los [„Wiese" ist auch ein Traum-Archetyp für das frühe Wachsen in der Schwangerschaftszeit]. An der Spindel sitzen die Schicksalsgöttinnen [ein weltweit verbreiteter Archetyp]. Das neue Leben läuft nach einer der vielen möglichen, vorgeburtlich verteilten Rollen ab. Da erhält und ergreift die Seele ihr nächstes, zukünftiges Erdenschicksal. Die Rolle kommt zustande durch eine Mischung aus Los, Zuteilung durch die Schicksalsgöttinnen und durch eigene Auswahl. Die Wahl-Reihenfolge wird durch Los bestimmt, aber die Wahl selbst wird dann von der Seele freiwillig getroffen. Man kann bei der Wahl natürlich fehlgreifen, z.B. nach Tyrannenmacht oder Lust, und bereut es eventuell später, dann war's eine leichtsinnige, oberflächliche, vielleicht egoistische Schicksalswahl. „Danach gingen alle Seelen, die ihre Wahl getroffen hatten, zu den drei Moiren [Schicksalsgöttinnen] und in die Ebene der Lethe [des Vergessens], wo sie aus dem Fluss Ameles [Sorglosigkeit] tranken; so vergaß jeder alles und wurde in das Leben wiedergeboren". [Anmerkung 1] Der Soldat Er kommt also mit der Botschaft der nach-todlichen Konsequenz zurück, dass es sich nämlich lohnt, im Leben ein moralisch guter Mensch zu sein. Wie vielfach die alten Urreligionen, unterstreicht auch dieses Nahtoderlebnis die Sokratische Lehre der Wiedergeburt, das Prinzip der Reinkarnation.

Die Träume bestätigen Platon insofern, als sie sagen, dass unser Schicksal nicht geklärt werden kann nach der antithetischen Frage: Freier Wille – oder Vorherbestimmung. Obwohl es unsere Intelligenz oder unser Begreifen übersteigt, gehört es zu unserem Geschick, dass wir eine Rolle zugeteilt bekommen. Und im Theater, ist anzufügen, gibt es auch Nebenrollen oder unglückliche Rollen, nicht nur Hauptrollen. Das zugeteilte Schicksal entspricht aber auch unserer geheimen, intuitiven Wahl, oder sagen wir besser: dass wir willentlich die Notwendigkeit und den Hintersinn, das spirituelle Wachstum in dieser Rolle einsehen. D.h. es geht um eine Zuteilung. die verknüpft ist mit unserer Zustimmung – welche letztere im Leben aber völlig vergessen ist. Die großen Erleuchteten versuchen den Komplex aus Zuteilung und Wahl vollständig anzunehmen. Das Los, das uns trifft, und unsere unbewussten Einsichten und Absichten schließen oft schmerzliche Lebensphasen mit ein. Prädestination und freie Selbstbestimmung scheinen uns Menschen antipodisch und miteinander nicht vereinbar, aber unser Lebensschicksal enthält beide Elemente parallel und verschmolzen; der menschliche Verstand (im Gegensatz zum Traum und Mythos) kann das nicht ausreichend begreifen und ausdrücken.

Der Traum des Enkels Scipio Africanus.
Unser göttlicher Kern

Der Römer Cicero schreibt ähnlich wie Platon auch über den Staat, in „De re publica" (54-51 v. Chr.). Er bemüht keinen Mythos wie das Nahtoderlebnis des Er, sondern einen Traum, um die Welt aufzuklären. Es geht um den weiter oben angesprochenen Bürger zweier Welten. Der nüchterne Staatsmann Cicero vertritt die Auffassung, dass der Dienst an der Gemeinschaft einer transzendenten Belohnung nicht entbehrt. In diesen

Zusammenhang gehört der berühmte „Traum des Scipio". Scipio Africanus der Ältere hatte die Karthager im sogenannten ersten Punischen Krieg besiegt. Der Enkel, ebenfalls Scipio Africanus genannt, stand nun kurz davor, den Konkurrenten Roms, nämlich Karthago, d.h. Hannibal, im zweiten Punischen Krieg endgültig zu bezwingen. Der Jüngere hat einen Traum, in dem der Ältere, der Großvater, über die himmlischen Folgen eines Einsatzes für den Staat spricht. Der ältere Scipio tritt als Verstorbener, spiritueller Lehrer in diesem Traum auf, auch der verstorbene Vater wird daneben von dem jüngeren Scipio glücklich begrüßt. Zu Scipio dem Älteren heißt es auf die Frage des Träumenden, ob denn die Verstorbenen lebten: „Aber ja", entgegnete er, „die alle leben, die aus den Fesseln des Leibes gleichsam wie aus einem Gefängnis geflohen sind. Was ihr aber Leben nennt, ist in Wirklichkeit Tod" [Anmerkung 2]. Weiter sagte der Großvater: Dem Menschen sei ein Animus (lateinisch für Seele, Geist) gegeben und eine „Aufgabe" im irdischen Bereich, von den Göttern zugewiesen. Die Verstorbenen hielten sich auf in einem „Kreis, der von Flammen umgeben im hellsten Glanz strahlt", genannt Milchstraße (orbs lacteus). Das römische Weltreich berühre nur einen „Punkt" (punctum) des ungeheuren Alls. Unglaublich „klein" wird die Erde (parva terra) im Traum gesehen. Aus „neun" Kreisen, Sphären sei das All zusammengesetzt. Unterhalb des Mondes definiere sich die Sterblichkeit, oberhalb die Ewigkeit. Das transzendente Sein bei den Sternen sei die „ewige Heimstatt" und Belohnung, irdischer Ruhm dagegen lächerlich. Wer sich um das Vaterland [d.i. für das Wohl der Gemeinschaft] verdient mache, für den öffne sich die Pforte des Himmels. Weiter belehrt der Ältere den Enkel im Traum, wobei daran zu erinnern ist, dass im Unbewussten die Bande, Schicksalseinflüsse zwischen Enkel und Großvater (bzw. Großmutter) enger sind als zwischen Kind und Eltern: „„Ja, strenge dich an und sei gewiss, dass du nicht sterblich bist, sondern nur dein Körper. Denn du bist nicht der, den diese äußere Gestalt (latein. forma) darstellt. Vielmehr ist der Geist (latein. mens) eines jeden Menschen sein eigentliches Selbst, und nicht dieses Erscheinungsbild (latein. figura), auf das man mit dem Finger zeigen kann. Wisse also, dass du Gott bist, sofern Gott das ist, was lebt, empfindet, was sich erinnert, voraussieht und was den Körper, dem er gebietet, so regiert, lenkt und bewegt wie der höchste Gott dieses Weltall'" [ebd. S. 223]. Es folgt ein Unsterblichkeitsbeweis Platonischer Art: Was bewegt wird, ist sterblich. Das Prinzip des Sich-Selbst-Bewegenden gehört dagegen zur Ewigkeit, und dieses Prinzip sei die Natur der Seele. Rascher sei das Paradies in den Sternen für denjenigen Menschen zu erreichen, der sich noch im irdischen Körper von diesem in gewisser Weise lösen, distanzieren kann. Wer dem Ego und den Trieben diene, das göttliche Recht verletze, bleibe nach dem Tod noch für Jahrhunderte in Erdnähe, quasi gebannt, gefangen, umhergetrieben [ebd. S. 225].

Das Buch Henoch, die Vermischung der Himmelssöhne mit den Erdenfrauen

Sollte man zu dem Thema, dass der Mensch Bürger zweier Welten ist, d.h. der materiellen und der geistigen Welt zugleich, vielleicht auch das alte Buch über den Propheten Henoch zu Rate ziehen? In allen Regionen des Erdkreises gibt es die Überlieferung, dass der Kontakt des Erdenmenschen mit der transzendenten Sphäre durch Engel, Daimones, Boten, Heilige, Götter, Bewohner des Himmels ähnlich hergestellt wird. Auch Zeus z.B. ist ein agathos angelos = ein guter Engel oder Bote. Der alttestamentarische Henoch nun vermittelt zwischen den Welten und lehrt aufklärerisch über den Himmel und tritt auch in seiner Identität als Engel Metatron auf. Bekanntlich ist er von der Welt weggenommen worden, nicht konkret gestorben. Wie Mohamed, Parmenides und andere mehr durfte er einen Blick in die geistige Ewigkeit werfen durch seine „Himmelsreisen". Die Weltüberlieferung zeigt eine Fülle von Aussagen, dass es erstens eine Dimension „Himmel" neben dem materiellen Kosmos gibt, dass zweitens die transzendenten Kräfte oder Wesen, also die Himmelsbewohner, das Erdengeschehen steuern, erzeugen und dass es drittens einen Kontakt zwischen Jenseits und Diesseits gibt, durch die zahllosen Boten: Besonders im Traum, in der Nacht, so heißt es, "steigen die Engel auf und nieder und mit ihnen der Geist" (Altes Testament und Islam).

Im sogenannten Äthiopischen Henochbuch – es gibt drei Überlieferungsstränge dieser alten aramäischen Schrift, vom späteren Christentum als apokryph bezeichnet – wird vom Sturz der Himmelssöhne berichtet. Und dies meint, dass die Himmlischen oder Engel sich verbotenerweise mit den schönen, lieblichen Erdentöchtern vermischten. Das Resultat dieser Tat waren aber Wesen, die als Riesen (Nephelim) bezeichnet werden und die recht zerstörerisch waren. Zur Ausrottung dieser Wesen habe u.a. die Sintflut gedient. Das ist ein Bild dafür, dass der Mensch sowohl eine irdische Komponente als auch eine himmlische Abstammung in sich trägt. Henoch, als Metatron und Deute-Engel, in der Nähe Gottes, hat den „Vorhang vor dem Thron Gottes geschaut": dort sind alle Ereignisse im Kosmos, vergangene wie zukünftige, aufgeschrieben. Der Vorhof Gottes und die Zeitlosigkeit (Ewigkeit) wird den Auserkorenen gewährt, und auch das vollkommene Wissen, was Zukunft immer mit-einschließt; so steht es im Hebräischen Henochbuch. Henoch werden die Topografie des Himmels, das Geheimnis der Buchstaben (das ist: der Schöpfungsgrundlage und -strukturen), die Naturwunder, Naturgesetze als Erkenntnis gewährt. Im Äthiopischen Henochbuch heißt es, dass die Himmlischen den Menschenkindern

Wurzeln- und Pflanzenkunde und magisch wirksame Zauber-
formeln offenbarten. Auch in der für das Christentum kanoni-
schen Bibel, nämlich in 1.Mose 6,1-4 (=Genesis) wird deutlich
gesagt, dass sich die Himmelssöhne die verführerisch schönen
Weiber der Erdenmenschen nahmen und mit ihnen verkehrten.
Bei diesem engen, familialen Kontakt halten wir im Blick, dass
auch die Vermittlung himmlischen Wissens eine Rolle gespielt
hat. Daneben entstanden natürlich auch Kinder, Geschöpfe, die
jedoch teils als „dämonische Wesen" oder wie oben erwähnt als
„Riesen" bezeichnet wurden. Sagen wir: es waren wohl nicht nur
ideale Typen, Produkte darunter, und diese evozierten vielleicht
eine Katastrophe. Die Keilschriftentexte aus dem Zweistromland
berichten Ähnliches. Insgesamt ist die Antike voller Zeugnisse,
dass Himmlische mit Irdischen sexuell verkehrten, mit unterschiedlichen Ergebnissen. Eine Geschichte wie die aus dem Henochbuch macht den Versuch zu verdeutlichen, dass wir aus Engel (wie etwa aus Astronautenbesuch) (1) und aus Erdenmensch
(Lehm) (2) bestehen. Dabei mag der Sex überhaupt das Symbol
für die Vermischung sein. Es gibt sehr viele Zeugnisse in Geschichte, Mythologie, Archäologie, die vom Besuch der Wesen
aus dem All sprechen, die für diese Wesen gern die Bezeichnung
„Götter" verwenden. Auch dieser Art versteht sich der Mensch
sowohl als Bürger der materiellen Erde als auch der kosmischen
Region. Viele Völker warten auf die Rückkehr dieser Götter. Sind
wir vielleicht eine Kolonie der Besucher aus dem Sternenbe-
reich des Orion? Der Stamm der Dogon in Westafrika bewahrt
die Geschichte, dass die Himmelsbewohner von dem masserei-
chen Begleitstern des Sirius, der erst vor gut hundert Jahren as-
tronomisch entdeckt wurde, kamen und dass diese Götter auch
erneut erwartet werden. Auch andere Mythen haben den Inhalt,
dass die Stammväter oder engelhaften Vorstufen von uns oder
auch die Urkönige bzw. Ur-Stadtgründer (z.B. in Mesopotamien)
aus dem Himmel kamen, vielleicht gar von einem mittlerweile

zerstörten Planeten. Wir würden in den Himmel wieder aufstei-
gen, allerdings nach momentanem Verständnis doch eher als
körperlose Wesen, zuweilen in Erleuchtungsszenen schon erfahrbar, aber besonders sicher nach dem Tod.

Wenn wir „fliegen" im Traum und im Ansatz ein Bewusstsein
sind ohne Körper, startet quasi die Rückkehr in die Heimat der
Götter, der Stammväter, der Engel, der Bewohner anderer Sterne. Der Heimkehr ins überirdische Licht, schwerelos, mag es vergleichbar sein. Im Traum ist die Trennung vom Körper nicht
selten, da verlassen wir die materielle Abbild-Welt, die eine Imitation ist, und schauen auf den Vorhang oder ins Vorzimmer
des „Chefs" der anderen Welten. Wir leben dann primär den
Teil in uns, der aus dem All kommt. Desillusioniert von dieser
Welt, die wir sonst irrtümlich für die einzige halten, erschauen
wir dort mehr Wahrheit als in den Fesseln des Körpers und des
Egos. Adam könnte vor dem Sündenfall, vor der Aufspaltung
seiner Androgynität und Identität in Mann und Frau, vor dem
Einbruch der Sexualität und Dualität ein Himmelswesen gewesen sein. Er ist ein transzendenter Zustand von Mensch gewesen,
bevor er sich in den Bürger zweier Welten verwandelte und hie-
sig leben musste, wie außerhalb eines Paradieses. Ähnlich sind
wir Seelen in das Zeitliche hineingefallen, können aber hin und
wieder die alte Herrlichkeit unseres geistigen Zustandes, die alte
Wahrheit schauen, als körperloses Bewusstsein.

HAUPTTEIL

Zeugnisse von transzendenten, numinosen, gott-nahen Erlebnissen

Die fortgeschrittenen Gruppen im Jenseits

Dokument 1 (23.12.1994; Karin D.). Das Traumerlebnis der Karin, die Durchsage aus der anderen Welt:

„Wir sind mehrere Gruppen, jede Gruppe besteht aus mehr als 1000 Seelen. Unsere Entität besteht aus Fragmenten, die nicht mehr als Individuen zu bezeichnen sind.

Wir sind zusammengeschmolzen, haben aber das Getrennt-Sein nicht verloren.

Vereint-Sein ist das, wie wir unseren Zustand beschreiben können, und doch ist es etwas anderes, das kommt dem Tao noch nicht gleich. Wir können euch das alles nicht begreifbar machen, weil es für uns selbst schwer ist, das mit Worten begreiflich zu machen.

Wir bleiben zusammen, waren und werden immer zusammen bleiben, doch dabei verlieren wir nicht die eigene Identität.

Um auf jeder Stufe unserer Weiterentwicklung mit anderen Einheiten der kosmischen Ordnung besser kommunizieren zu können, löst sich die Membran zwischen uns mit zunehmender Erkenntnis auf.

Wir gehen auf diese Reise, ohne dass wir wissen, wie das Ziel aussieht.

Wir kennen Grenzen. Die Gruppen von Seelen, die sich nach langer Trennung wieder zusammen gefunden haben, gleichen Wolken, die aus vielen Tropfen zusammen gesetzt werden. Dennoch haben wir Grenzen.

Wir spüren die Grenzen unsere Entität als energetische Unterschiedlichkeit zu anderen Einheiten, die sich auf unserer Ebene bewegen. Es gibt aber auch eine innige Verwandtschaft zwischen uns und ihnen, wie zwischen einer Schar von Geschwistern.

Die Anzahl von über tausend ist keine feste Größe.

Wir empfinden nur Einheit, die alle Individualität aufhebt.

Wir selbst haben nicht das Bedürfnis, uns zu zählen oder zu unterscheiden.

Wir spüren Grenzen und unsere Unterschiede, ohne sie als störend zu empfinden.

Dieses Empfinden von Ungetrennt-Sein ist euch nicht zu vermitteln, da es der physischen Dimension nicht eignet sie zu erfahren. Alles Leben im Körper impliziert Getrenntsein.

Dies ist eben die Aufgabe der inkarnierten Lebensform, Trennung zu begreifen, bevor Trennung entsteht und aufgehoben wird.

Wir sind Lehrende und Kommunizierende. Das sind unsere Seelenrollen. Das Lehren und Kommunizieren bleibt unsere essentielle Funktion.

Für uns ist es wichtig, das Wissen weiterzugeben. Wir brauchen euch für die Erfüllung unserer Aufgaben. Wir kommunizieren gern mit euch.

Zur Klärung noch eins: Wir legen Wert darauf, euch wissen zu lassen, dass wir auch nicht allwissend sind. Wir haben Zugang zu Wissen, das viel weniger Grenzen kennt als das eure, denn wir haben uns bereits entfernt von Raum- und

Zeitstruktur. Doch wir verfügen nicht über alles Wissen, und für uns ist es von Bedeutung, euch daran zu erinnern, dass wir auch Lernende sind, wie es jeder Lehrende zu sein hat."

Dieser Traum, diese Eingebung stammt von einer Schneiderin, mit einer ziemlich geringen Bildung. So fragte sie mich nach dem Sinn der Fremdwörter in ihrem Text, das war nicht überraschend. Was „Entität" sei z.B., davon hatte sie noch nie gehört (im Deutschen kennen den Begriff auch nicht einmal alle Akademiker, eher nur Philosophen). Einige weitere ‚Durchsagen' an sie, anfangs mit der verstorbenen Mutter verbunden, sind ihrem dummen und dominanten Ehemann zum Opfer gefallen; er verbrannte die Aufzeichnungen.

Tendenziell sind die Seelen in der geistigen Welt der Einheit näher, doch noch nicht total eins (nicht = Tao), aber als Vereint-Sein, wie sie sagt, mit dünner Membran. Sehr treffend: des Menschen Existenz in der Materie ist Getrenntsein (separatio). Allwissend und vollendet sind die Jenseitigen noch nicht, sondern auf einer bestimmten Entwicklungsstufe befindlich, lehrend, lernend, kommunizierend. Sie geben das Wissen an uns Menschen auf geheimnisvolle Weise weiter... Mit sich identisch sein und trotzdem auch ganz Gemeinschaft sein = das lässt sich mit dem Paradies vergleichen. Das Jenseits ist nicht statisch, sondern wenigstens in bestimmten Phasen von Entwicklungen bestimmt, auch das ist wichtig. Zeit und Raum, also Materie, Physis haben diese Seelen hinter sich gelassen. Logisch ist, dass die zunehmende Erkenntnis Abgrenzungen weiter schmelzen lässt. Die Jenseitigen scheinen also ihr Wissen an uns Hiesige vermitteln zu wollen – das nehmen wir gerne auf. Es wird mehrmals betont, Einheit und Individuum zugleich zu sein, und dies Besondere sei von Menschen nicht so einfach nachvollziehbar.

Es stimmt mit anderen spirituellen Quellen überein, dass das Leben nach dem Tod stufenweise immer mehr zur „Einheit" hingeht. Deshalb auch zusammengehörige Seelen, als Gruppen-Entität. So ähnlich auch im nächsten Traum.

Unser Anflug aus dem Universum

Dokument 2 (12.10.1997; Ursula S.). Ursula träumte:

Irgendwo im All, Universum. Rundherum wunderschön, ganz klare Luft; rundherum viele Sterne. Wir sind zu mehreren an einer kleinen Stelle (Insel? Wolke?), wie in Warteposition. Haben ein vollkommenes Gemeinschaftsgefühl. Verständigung ohne Worte. Haben ein Gefühl ängstlicher Erwartung. Jemand (‚Lehrer') erklärt, dass bald der Zeitpunkt für uns da ist, uns fallen zu lassen, um zur Erde zurückzukehren. Die nebelartige graue Schicht, die wir tief unter uns sähen, wäre die Erdatmosphäre. Den freien Fall bis dahin würden wir bewusst erleben. Es würde sich ändern, sobald wir die Schicht erreichten. Manche würden es gar nicht schaffen, sie würden den Aufprall nicht überstehen. Für manche wäre es so schlimm, dass sie ohnmächtig würden und erst wieder zu sich kämen, wenn sie an Ort und Stelle seien. Wieder andere würden sich mit viel Anstrengung durch diese Schicht hindurch kämpfen.

Er sagt weiter, wir bräuchten das Ganze nicht nur aus der Perspektive von oben betrachten, alles würde auch gleichzeitig innen in uns selber stattfinden.

Bald würde jeder Einzelne von uns innerlich einen Impuls verspüren, das wäre genau der Zeitpunkt des Fallenlassens. Wie das Weitere für jeden Einzelnen aussähe, könne er uns nicht sagen, das wäre individuell, wie es zum Weg des Jeweiligen passe.

Wir werden still und nachdenklich, wissen, dass wir uns dem Kommenden nicht entziehen können.

Ich sehe hinunter und frage mich ängstlich, was mich erwarten wird.

Die Träumerin dieses Traumes verlor ihre Mutter bei der Geburt bzw. kurz danach. Es handelt sich um einen klassischen Geburtstraum. Dass wir Gruppen sind im Jenseits, mit einem Gemeinschaftsgefühl, ist vielfach belegt. Auch dass eine Art Lehrer uns vor der Re-Inkarnation begleitet, haben schon andere erwähnt (z. B. Rudolf Steiner). Geburt ist Wiedergeburt; es geht darum, zur Erde „zurückzukehren", das sollte man nicht überlesen. Geburt ist auch „sich fallenlassen" – oder Sturz, Sprung von oben, Einfliegen, wie es manchmal heißt – durch diese seltsame „graue Schicht". Die Szenerie ist ein Gleichnis, in Außenwelt dargestellt, zugleich ist es ein inneres Bild oder besser ein inneres Erleben. In den Durchsagen von der göttlichen Welt sind immer auch Inhalte, die höher als unser Verständnishorizont liegen. Dass die beiden Perspektiven, in der Außenwelt und innen, gleichzeitig ablaufen, zu sehen sind und durchzumachen sind, übersteigt unser Verständnis; mit unseren beschränkten geistigen Mitteln kommentieren wir das hier also nicht weiter. Man findet aber diese Beobachtung in manchen Geburtsträumen. Leichter für uns Menschen nachvollziehbar ist die Sache mit dem „Impuls". Foetus wie Mutter verspüren einen parallelen „Impuls", auf dass die Geburt beginnt. Woher der Impuls kommt, ist wissenschaftlich noch nicht eindeutig zu klären. Den Geburtszeitpunkt von betroffenen Menschen oder von dem Klinikpersonal, ohne Impuls, bestimmen zu lassen, z.B. bei Kaiserschnitt, verursacht jedenfalls eine Schädigung (auch wenn damit eventuell ein größerer Schaden vermieden wird). Das Bewusstsein und die Erinnerung bzgl. der vorgeburtlichen Erfahrungen erlöschen schlagartig bei unserem Eintritt in das Erdenleben. Die indischen Upanishaden, der tibetische Buddhismus und die Platonische Philosophie künden davon, dass das Wissen um die Vorgeschichte zwingend bei der Geburt schwindet. Es ist das gleiche Phänomen, wie wenn man morgens nach dem Aufwachen die Träume vergisst (die Nacht quasi mit dem Jenseitsaufenthalt verglichen). Bei der Geburt endet auch das Wissen um die Zukunft, was die pränatalen Seelen oder der ‚Lehrer' nach diesem Text hier haben. Die Prognostik wird abgelöst durch die Bestimmung, die zu jedem Individuum passt. Erinnerungen an die Zeit vor der Geburt kommen in der Regel nur in Träumen vor, wie hier bei dieser von der Bildung her einfachen Frau. Das Schicksal nimmt seinen Lauf, man kann sich dem nicht entziehen. Manche sterben bei der Geburt, manche kämpfen sich komatös und ohnmächtig durch, wieder andere sind von Ängstlichkeit gepackt – alles ganz realistisch. Realistisch ist auch, dass wir aus dem „Universum" auf die Erde herabkommen, schweben und fallen. Und dass wir unsere spirituellen Gefährten und Gefährtinnen verlassen, in die Getrenntheit und Einsamkeit des Lebens hinein. Mag sein, dass wir Einige aus dieser ‚unserer Gruppe' auf der Erde wiedertreffen. Auf jeden Fall „leben" wir im All, vor der Geburt – und sind bewusst.

Das Phänomen der Transformation aus der geistigen Welt hinaus und hinunter zu einem Erdenleben, also per Geburtsprozess menschlicher Foetus zu sein und ein körperliches Diesseitsleben zu beginnen, dieser Übergang ist schwierig zu beschreiben. Man könnte vielleicht sagen: das Bewusstsein ist in der Ewigkeit, Embryo und Foetus aber zur gleichen Zeit, also wie parallel, im Diesseits. Am Ende der 9 Monate (oder ggfs. früher) kommt es zu einer großen Wandlung: Die Seele des Foetus verlässt das

Jenseits und verbindet sich nun fest mit der materiellen Welt. Sie vergisst alles Vorherige. Für den umgekehrten Fall, für den Abschied aus dem Leben haben wir etwas genauere Beschreibungen. Die Nahtodberichte sagen übereinstimmend, dass man aus dem Körper „schwebe" (Out-of-body-Erlebnis), durch einen „Tunnel" sich bewege, hin zum übernatürlichen „Licht", das als Liebe empfunden werde, und man ein unwahrscheinliches „Tempo" oder „eine wahnsinnige Geschwindigkeit" in der Tunnelpassage erlebe. Wie sieht es nun mit der umgekehrten Transformation aus, vom Ewigkeitsbewusstsein zum Erdenmenschen hin? Da hören wir in einigen Träumen von der außerordentlichen „Beschleunigung". Dazu ein Beispiel:

„Beschleunigung" vor der Landung auf der Welt

Dokument 3 (10.06.2010; Li. P.). Li träumt:

> *Als Mann fliegt sie [die Träumerin] in einem Bundeswehr-Düsenjet. Vorn steuert ein anderer Mann. Sie sieht Deutschland unter sich, exakt die Grenzen und Einzelheiten. Über das ausführliche geografische Bild ist sie erstaunt. Was sie unter sich sieht, gilt es sich „einzuprägen." Sie fliegt mit „wahnsinniger Beschleunigung" – was sie toll findet. Auch der Start von irgendeiner Oben-Plattform aus war leicht gegangen („wir waren schnell in der Luft"). Die Beschleunigung war das Faszinierendste.*

Sollen wir behelfsweise diese Geschwindigkeit als den Wandel der Materie in Energie bei Lichtgeschwindigkeit verstehen oder deuten oder deuteln? Die „Beschleunigung" als Terminus für die Transformation ist wieder einmal ein Phänomen, das unsere Verstandesfähigkeit übersteigt. Es ist ein kognitiver, begrifflicher Annäherungswert. Das „Einfliegen" mit Fähre oder Flugzeug tritt häufig in Geburtsträumen auf, es ist ein Archetyp. Den Piloten können wir dabei annäherungsweise als den Geburtsengel verstehen. Die Träumerin hat einen Hang, real im Leben Mannrollen zu spielen, um mich zurückhaltend auszudrücken. Manchmal sagt man über eine solche Frau: „An ihr ist ein Junge verloren gegangen" – das zu der "männlichen" Fliegerin, Seele. Das „Einprägen" kommt auch oft vor in Träumen, es ist ein Archetyp in Träumen, in denen man einen spirituellen, überweltlichen Blickwinkel hat, z.B. wenn eine Schwangere einen Zukunftstraum zur Biografie ihres Kindes hat oder wenn eine Tochter die sonst unsichtbare Seelenlandschaft ihres dementen Vaters im Traumbild sieht.

Halten wir die „Beschleunigung" als vagen oder eventuell konkreten Ausdruck für die Transformation zwischen Materialisation und Dematerialisierung fest.

Seelische Bisse führen zum frühen Tod

Dokument 4 (31.01.2016; Irena W.)

In einem Traum fragt Irena ihren mit 24 Jahren verstorbenen Neffen: „Wie war es eigentlich in deinem Leben, bevor du zu uns kamst?" Der Neffe hatte einen großen Hund bei sich. Bald trat ein kleiner Hund zusätzlich auf, der ein genaues Abbild des großen Hundes war. Den kleinen Hund nahm die Träumerin auf ihrem Weg mit bis zu einem Hügel oben [in der Umgebung von Danzig]. Unterwegs hatte sich der kleine Hund in eine Höhle gelegt. Auch der Neffe und der große Hund lagen schließlich in einer Erdkuhle. Auf die Frage antwortet der große Hund [nicht der Neffe]: „Willst du das wirklich wissen? – Weißt du, wie oft ich gebissen worden bin?!"

Die Hunde bezeichnen das männliche Unbewusste. Dieses ist traumatisch und kompensatorisch fixiert auf den Uterusaufenthalt: auf „Höhle", „Kuhle". Der Verstorbene antwortet indirekt: Aufgrund von vielen Aggressionen (Bissen) bin ich so früh gestorben! Und konkreter lautet die Antwort so: Im Uterus bin ich viel gebissen worden = angegriffen, traumatisiert, geschädigt worden. Abgelehnte Schwangerschaft, Krankheiten, Abtreibungsversuche u. ähnl. kommen hier in Frage. Unsere Lebensjahrzehnte sind ein Spiegel der Schwangerschaftsmonate. Im Leben werden die Erlebnisse im Mutterbauch „aussymbolisiert". Das Unbewusste (u.a. frühe Verletzungen) nimmt Gestalt an, in Lebensereignissen, in Dramen und Erfolgen, in Krankheiten und Unfällen und Zufällen. Die Spiegelbildlichkeit und Parallelität zwischen Erfahrungen im Uterus und Erfahrungen (Ausgestaltungen) im Leben ab der Geburt zeigen sich in den „Hunden". Der vorgeburtliche Neffe wird durch den kleinen Hund als Abbild, in Kongruenz, dargestellt. Charakter, Melodie, Gefühl, Formationen im späteren Leben lernen wir sozusagen im Mutterbauch; dort liegt das Skript-Muster. Die Regressionen in die Mutterbauchhöhlen heilten im Falle des Neffen nicht genügend. Der frühe Tod, nämlich durch Herzinfarkt und Autounfall des Vierundzwanzigjährigen (so war's real), stammt letztlich aus den vielen „Bissen" gegen den Foetus im Mutterbauch. Der Mensch stirbt durch eine Todesursache, die Affinität, Symbolverwandtschaft hat mit seiner Erstwunde. Man könnte sagen: man stirbt gleichnishaft an der Urcausa. Manches Charakterelement, auch Krankheit, Depression, Schlaflosigkeit, Bindungsproblem, Gier, Angst, Sucht, Versagen wie umgekehrt Selbstbewusstsein, Urvertrauen, besonders Stress (per Restimulation), bis hin zur Suizidtendenz, stammen aus der Uteruszeit. Zu viele Bisse in dieser Zeit zerstören später das Leben. Gerade bezüglich der Biografie gilt: Der Geist macht die Materie, das Unbewusste begegnet dem Menschen später „als Schicksal von außen" (vgl. C.G. Jung)‘, das Verdrängte läuft ihm unsichtbar nach, es realisiert sich dramatisch und symbolisch in Ereignissen. Das Wichtigste des Unbewussten wird im Uterus geschaffen, es ist vielfach identisch mit dem Unbewussten der Mutter (wegen der Symbiose). Für die Selbsterfahrung und die Wahrheit, auch für die Frage nach den Krankheitsursachen, ist die Frage wichtig: Wie war es, „bevor" man auf die Welt, zu der Familie kam? In Träumen mit Verstorbenen kann man deren verschüttete, im Leben nie gezeigte Wahrheit sehen. Ihre Aussagen können den Hiesigen, Angehörigen helfen.

Gott im Königsmantel. Besuch bei der Göttin Dike

Dokument 5 (26.5.1990; Li. P. sowie der antike Parmenides):

Neben dem Traum kann man auch in der Meditation, in tiefer Entspannung, per „Friedhof und Himmelsleiter" als Hilfssymbole, einen Blick ins Jenseits erhaschen:

Lis Traum:

So wird der meditierende Mann begrüßt von zwei weißen, idealen, sozusagen ätherischen Frauen, mit Küssen, Tanzen, Sich-Herzen, Wiedersehensfreude. Inmitten der Frauen sitzt Gott im roten Königsmantel, aber mit dem Kopf sehr hoch, zu hoch oben. Berührung und Liebe gelingen nur mit dem unteren Teil seines Mantels. Um den Kopf trägt Gott hier etwas

Ringförmiges wie einen Heiligenschein, vielleicht etwas Gol-
denes auf Rot appliziert. Die ganze Menschheit wird vom Be-
sucher umarmt, sie ist in der Form der Umrisse eines Landes,
seines Heimat-Staates aufgestellt. In dieser Schau über das
Leben nach dem Tod erfolgt dann die Begrüßung der Famili-
enmitglieder, mit Wiedersehensfreude und Rückschau. Auch
alter Streit ist präsent, aber nun in liebevollen, spielerischen,
harmlosen Gesten symbolisch erinnert und dargestellt. Es ist
dem Besucher klar, dass man unten auf der Erde nicht ahnt,
wie schön es hier oben ist, was hier los ist. – Rückweg,
Abstieg über eine Leiter. Das Schöne muss verlassen werden.

In manchen Jenseitserlebnissen kann Gott nur hinter einem Vorhang gesehen, gewusst werden. Hier sitzt er quasi zu hoch, um
erreicht zu werden. Grundsätzlich ist es so, dass das Göttliche
sich nur indirekt in solchen Erlebnissen zeigt. Wie die Prophe-
tin des Mittelalters, Hildegard von Bingen, es schon damals be-
schrieb: In ihren Visionen sah sie nur „Licht vom Licht", also
Abglanz, Abbild, nie das eigentliche oder zentrale „Licht selbst".

Neben einer spirituellen Erkenntnis als Vision, Bild gibt es auch
intellektuelle Einsichten auf einer Jenseitsreise oder Erleuch-
tungsreise.

So kann der griechische Philosoph Parmenides (515-445),
mit Hilfe der Pferde des Apoll sowie einem Mädchen [viel-
leicht übersetzbar als seine Anima oder Muse], einen Blick
in den Himmel werfen, in den Bereich der Göttin Dike [„Ge-
rechtigkeit" u.a.m.]. Am bewachten Einlasstor trennen sich
die Wege von Tag und Nacht. Im Jenseits erhält er eine kos-
mische Wahrheitsbelehrung: Es gibt nur das Seiende, das

Nichtsein existiert nicht. Das Seiende ist ewig und unbe-
weglich (statisch). Demnach sind Zukunft und Vergangenheit
und auch die Bewegung menschliche Illusionen. Werden und
Vergehen und besonders die Veränderungen, die alle Men-
schen festzustellen glauben, sind aus distanzierter Perspek-
tive nur Schein. Das Ewige, unveränderbare Seiende ist ei-
ner idealen, absolut unverletzlichen Kugelform vergleichbar.

Den philosophischen Bereich, der sich mit solchen Dingen beschäftigt, nennt man Ontologie (vgl. to ontos on = das wahrhaft
Seiende). Oder auch Metaphysik. Von Parmenides wird im übrigen auch schon ein typisches Nahtoderlebnis berichtet. Wichtig
ist an dieser Vision besonders, dass sowohl die Veränderungen
als auch die Zeitenwechsel Illusion sind. Es gibt also eine wahre Hintergrunddimension ohne Wandel und Zeit! Die eigentliche
Entität verändert sich niemals.

Die Zeugung kosmisch dargestellt

Dokument 6 (21.08.2000; Elke B.)

Im spirituellen Traum ist es möglich, eine visionäre, gleichnishafte Darstellung der eigenen Zeugung und des Lebensbeginns
zu sehen. Es gibt durchaus viele Träume über die eigene Zeugung, auch wenn das überraschen mag. Es gibt auch viele Träume über die eigene Geburt. Da ist auch erkennbar, wer von den
Eltern das neue Kind wollte und wer nicht (das ergibt später
Auswirkungen im emotionalen Bereich, die diffus scheinen, aber
logisch sind). Es gilt der Satz: Das Unbewusste weiß alles. Die
Variante ist: Der Foetus weiß alles.

Elkes Traum, sie berichtet:

Der Traum beginnt mit einem angenehmen, hohen, hellen Ton, den ich gleichzeitig mit einem klaren Sternenhimmel wahrnehme.

Von rechts kommend, taucht plötzlich ein Kristallobelisk am Himmel auf. Er strahlt in allen Farben des Regenbogens. Mit seiner Spitze nach unten gerichtet, schreibt er mir eine Mitteilung in den Himmel. Seine Botschaft besteht aus vielen kleinen geschliffenen Kristallen, die aus seiner Spitze entspringen. Auch sie beinhalten das gesamte Farbspektrum des Regenbogens. Eine Weile bekomme ich so meine Nachricht übermittelt.

Dann zieht der große Kristall nach links ab, und von rechts erscheint eine große goldene, sich drehende Kugel. Aus ihr heraus zucken goldene Lichtstrahlen und erhellen den Sternenhimmel. Auch die Sonne wandert weiter nach links, und von rechts erscheint nun eine übergroße goldene Hand, deren Zeigefinger auf mich gerichtet ist. Aus diesem Finger heraus fließt ein goldener Strahl, der meinen Körper trifft. Ich habe die Empfindung, dass ich aufgetankt werde.

Während der gesamten Zeit stehe ich still, beobachte, lasse geschehen und fühle mich wohl dabei.

„Gold" als Traumsymbol, Archetyp hat nichts mit Wert, Besitz oder Stimmung zu tun, sondern ist ein Indiz der ewigen, göttlichen, nachtodlichen wie vorgeburtlichen, also der jenseitigen Dimension, das eigentliche „Leben" enthaltend. Der Kristallobelisk ist das männliche Prinzip, die große Kugel oder Sonne das weibliche. Das „gesamte Farbspektrum" ist die Totalität dessen, was zur Lebensherstelllung eines neuen Wesens notwendig ist (in jedem kleinsten Schöpfungsteil befindet sich latent das Ganze). Plan und Aufgabe eines neuen Wesens wird als „Botschaft" oder „meine Nachricht" bezeichnet, dies steht etwa für die Schicksalsauswahl, Bestimmung. Schließlich wird die Verschmelzung von Spermium und weiblichem Ei – oder das sogenannte zelluläre Gewebe – „belebt", „aufgetankt", durch Hand und Zeigefinger eines überirdischen Wesens. Nach links gehend = es wandert in den Bereich der Vorzeit und des Unbewussten. Die Interpretationsebenen des Traumbildes übersteigen unsere Fähigkeiten. Wenn wir den Obelisken etwa als männlichen Phallus bezeichnen und die Hand als die Hand Gottes und das Gold als Lebenskraft, so ist nur eine einzige Deutungsoption neben vielen anderen herausgenommen. Das bildliche Geschehen im Traum spielt sich auf vielen Ebenen ab, im Kosmos und in der Zelle, im Transzendenten und im Körperlichen. Jede rationale Interpretation ist beschränkt. Am besten bleibt man im Gleichnis und lässt die tieferen Deutungseben in sich mitschwingen, wandelt das Symbol nicht zu sehr in konkrete Aussagen um. Weise ist der Abschluss, in dem die Träumerin die Akzeptanz beschreibt („lasse geschehen"), als Lebenshaltung, in der man sich wohlfühlt. Man kann nebenbei erschließen, dass die Träumerin eher eine ‚Vatertochter' ist, vom männlichen Prinzip erhält sie die „Mitteilung" usw. Bei Zeugungs- und Geburtsträumen und auch in anderen Szenen (z.B. bei Todesträumen) hat man den Eindruck, dass der Mensch auch immer parallel eine Art Geist ist, der als Zeuge (!) zuschaut, als gäbe es einen Ewigkeitsengel im Menschen, in der unsichtbaren Dimension, der alles weiß und speichert.

Unser Bericht im Jenseits

Dokument 7 (24.01.2019; K.A.B.):

Wenn wir auf die Erde kommen, verlassen wir unsere Gemeinschaft. Wenn wir sterben, landen wir wieder in ‚unserer Gruppe'. Die Mitglieder dieser Gemeinschaft können gleiches Geschlecht aufweisen, gleichen Charakter, gleiches Alter oder ähnliche Schicksalsschläge im irdischen Leben. Unser Tod kann symbolisch so dargestellt werden, dass ein Baum gefällt wird oder abgesägt wird. Den brutalen Sägeschnitt gibt es gern, wenn Gewalt bei unserem Tod mit im Spiel war oder wenn wir bei einer Operation sterben. Auf dem Weg zum Jenseits haben wir Vorahnungen, Vorwissen über das, was bald geschieht. Als sähen, hörten wir etwas voraus. D.h. die Annäherung ans Jenseits bereitet uns schon vor, informiert uns etwas. Drüben sind wir in einer Dimension, die als Raum dargestellt wird oder als Haus oder als Zimmer, oder auch als Landschaft. In Träumen, die irdische Aspekte unserer Biografie zeigen, stehen im übrigen die Archetypen „Wohnung", Haus", „Schloss" für den zentralen Mittelpunkt unseres Lebens, aber auch für das mentale Zentrum unseres Selbst bzw. Unbewussten. Als eines von vielen Traumsymbolen nehmen wir einmal Zimmer/Kammer/Dachgeschoss als Bild für unseren jenseitigen Raum, mit den üblicherweise vertrauten oder freundlichen Personen dort.

Als Erstes geht es um den berühmten „Bericht". D.h. das Leben des Verstorbenen wird rekapituliert, vorgestellt und dargestellt. Dabei gibt es Zuhörer. Aus den Religionen ist bekannt, dass bei diesem Bericht das große Gericht im Hintergrund steht. Und dass unter ganz strengen, dramatischen und Angst machenden Umständen ein Urteil gefällt wird, angeblich in den Extremen Paradies oder ewige Verdammnis.

Da die Traumbotschaften aus dem Jenseits heilen und es ih-
nen fernliegt, Panik zu verbreiten, korrigieren sie das an sich
nicht völlig falsche Bild vom Gericht und zeigen auf, dass
die genannte Gruppe Gleichgesinnter Interesse am Bericht
des Neuankömmlings hat und ihn nur in sanfter emotionaler
Weise kommentiert, keineswegs urteilt oder richtet. Die Ein-
zelheiten der Biografie werden von Lachen und von einer Art
Humor, Freude, Sympathie begleitet. Das „Lachen" ist ein
Archetyp, der sich einstellt bei überraschenden Neuigkeiten,
bei Stress und Schmerz (als tragischer Ersatz, als Bewälti-
gungsreaktion) und natürlich bei Freude. Das „Lachen" ist
also ambivalent. Unser Bericht im Jenseits stößt auf Emoti-
on, Empathie, Verständnis – er ist neutral, und ein richten-
der Gott ist hier nicht im Spiel, sondern interessierte, fra-
gende Genossen. Aus transzendenter, jenseitiger Sicht sind
alle Lebensereignisse sinnvoll, notwendig und lustvoll, auf
der Erde waren aber viele Ereignisse sehr schmerzlich. Das
Lachen ist dafür die entsprechende doppelte Reaktion. Auch
drückt das Lachen Freude und Gemeinschaft aus (gemeinsa-
mes Lachen verbindet sehr).

Sofern der Raum unserer Gruppe näher dargestellt ist im Traum, kann es sich um eine Kammer gänzlich aus Holz, z. B. mit deutlichen Brettern, und mit einem schrägen oder spitzen Dach, tendenziell nicht groß, sondern eher eng, handeln, was bedeutet, dass die Gruppe „eng" zusammengehört. Als Dachgeschossform hat sie immer auch eine symbolische Nähe zum Uterusaufenthalt. Besonders das „Holz" (als Archetyp) zeigt an, dass hier „Leben" herrscht, nicht Tod. Zum einen ist das eigentliche (ewige) Leben im Jenseits verankert, nicht hier. Zum andern zeigt die Holzkammer, dass das Leben im Jenseits sofort weitergeht, also hier eine unmissverständliche Kontinuität gegeben ist. Um es noch deutlicher zu sagen: aus dem Lebendigkeitsbereich im Jenseits startet die nächste Wiedergeburt. Ein Jenseits wie hier beschrieben ist ein Zwischenreich, „Bardo" (im tibetischen Buddhismus). Es ist mit der Wiedergeburt verknüpft, und zwar umso sicherer und schneller, je mehr das letzte Leben quasi unvollendet war. D.h. Abgetriebene reinkarnieren schnell, versuchen es sofort wieder neu. Etwas ähnlich ist es bei Kindern oder gefallenen, jungen Kämpfern. Wann der Kreislauf der Wiedergeburten zu Ende ist, entzieht sich der menschlichen Definitionsfähigkeit – vielleicht dann, wenn alles erfahren ist und das Bewusstsein mit allen Schöpfungsgeheimnissen simultan ist, auch wenn die „Leere" erkannt ist und alle Aktionen als Projektionen, als „Schleier der Maya" erkannt sein mögen. Der Normalfall für Menschen nach dem Tod ist jedenfalls: die Wiedergeburt. Und zwar aus einem Bardo, einer Zwischenaufenthaltskammer aus der geistigen Welt heraus. Die Träume zeigen, dass die jenseitigen Gruppen von einem sanften, zurückhaltenden Meister, Anführer geleitet werden. Rudolf Steiner bezeichnet ihn als „Lehrer" in den höchsten Äonen, genauer im Umkehrpunkt vor einer neuen Inkaration. Ein solcher Lehrer spiele eine bedeutende Rolle, wenn ein neues Inkarnationsschicksal gewählt wird, wo zum Teil die Freiheit, das Ich, der eigene Wille tätig sind und zum anderen Teil der anleitende, zuführende Lehrer, dessen Entscheidung oder Vorschlag durch unsere Einsicht in das eigene Wollen integriert wird. Da der indische Religionshorizont die Wiedergeburtslehre in deutlicher Weise beibehalten hat, während Judentum. Christentum, Islam den Inkarnationsgedanken weitgehend gelöscht haben, kann im Traum der Archetyp des „Inders oder auch des Himalaya-Bewohners" auftreten, um den Träumer über sein früheres Leben aufzuklären. Nicht selten geht es da konkret um einen geschlechtlichen Partner, den man von einem früheren Leben her kennt. Viele Sympathien zwischen Menschen stammen aus der Reinkarnationsgeschichte. So auch die ‚Gruppen‘ im Jenseits.

Alles Geschaffene stammt aus einer weit überlegenen, unfassbaren Intelligenz. Die Handschrift dieser Urheber-Institution, die wir Gott nennen mögen, sehen wir an den Produkten, am „intelligent design" der Kreationen, nehmen wir als Beispiel die genial erdachte und gestaltete Molekularbiologie. So wie wir aus dem Göttlichen stammen, so werden wir auch am Ende unseres Kreislaufs in dieser Heimat wieder sein. Wir sind also in einer Entwicklung hin zum „Gottmenschen" (so auch eine wörtliche Trauminformation), zum gnostischen „Lichtmenschen" oder „Menschensohn", zum Typus „Gott gleichend". Auf dieser Bahn sind wir zwischendurch wie eine Weltkugel in der Größe eines Tennisballs oder Reiskorns im ungeheuren Nichts schwebend. Die große Leere ist das Existenzielle. Jede Manifestation von Leben ist vereinzelt, einsam, winzig klein und unscheinbar, was ein Gefühl latenter Todesangst auslöst. Wir sind also im Moment im extrem gegensätzlichen Bereich bezüglich unserer Heimat und Herkunft. Extrem klein gegenüber dem großen Allgemeinen – so stehen wir da. Dazu unbedeutend und nicht-wissend. Wir sind aus dem Fenster hinausgeworfen in Abgründe, die Millionen Kilometer oder eher Lichtjahre tief sind.

Die Seelen als Vögel; die allgemeine Lebensflamme

Dokument 8 (1894–1984; J.B.P.)

In einem Traum, der eine Antwort auf die Frage sein könnte: Was ist eigentlich das Leben und was sind wir? – sieht der englische Schriftsteller J.B. Priestley (1894–1984) die Welt von der „Spitze eines sehr alten hohen Turmes aus". Er sieht auf „Tausende von Vögeln" aller Couleur. „Es war ein stolzer Anblick, dieser weite himmlische Vogelfluss." Dann „wurde auf mysteriöse Weise geschaltet". Tempobeschleunigung erfolgte. Jetzt sah er „Generationen von Vögeln": Ei verlassen, sich paaren, fliegen, „zerbrechen...und verbluten"; „und der Tod schlug zu, überall, jeden Augenblick." „Wozu der ganze blinde Kampf ins Leben hinein". Es „blutete mir das Herz". „Ich stand auf meinem Turme, verzweifelt, unglücklich, immer noch allein. Aber dann wurde wieder geschaltet; die Zeit lief noch schneller ab."

Wir haben also hier einen grandiosen Perspektivwechsel, als Interpretationsbemerkung eingeschoben, den man mit Glück allenfalls in Träumen erleben kann; und es ist nicht überraschend, dass der Dimensionswechsel einhergeht mit einem anderen Zeittempo. Zeitablauf und Zeitgefühl sind ein wesentliches, unterscheidendes Charakteristikum für unterschiedliche Universa. Die Dimensionswechsel kann man als Beschleunigung bezeichnen.

Aus einem anderen Blickwinkel sah Priestley in seinem Traum die Anfangsvögel dann nur noch wie eine „gleichsam mit Federn übersäte Ebene". „Durch diese Ebene lief jetzt, aufleuchtend durch die Körper selbst, eine Art weißer Flamme, bebend, tanzend, dann vorwärts stürzend; und sobald ich sie erblickte, wusste ich, dass diese weiße Flamme das Leben selbst war, die reine Quintessenz des Lebens; und dann ging mir in einer raketenartigen Ekstase auf, dass es um nichts ging..., weil nichts wirklich war als dieser vibrierende, eilende Glanz des Daseins..." Die „Geschöpfe..., sie alle hatten Bedeutung nur, soweit diese Lebensflamme sie durchzog. Keine Trauer blieb zurück; was ich für Tragik gehalten hatte, war nur Leere oder ein Schattenspiel; denn jetzt war alles wirkliche Gefühl beschlossen und verklärt in der weißen Flamme des Lebens und tanzte in Ekstase weiter mit ihr."

Priestley erkennt also, dass die Geschöpfe übergeordnet der allgemeinen Lebensenergie dienen bzw. dass die Geschöpfe nur als Niederschlag/Produkt der Lebensenergie zu begreifen sind – natürlich aus hoher transzendenter Position heraus (vom „Turm" aus), nicht vom Individuum aus gesehen. Es kommt alles bei der Bewertung und Erkenntnis auf die Position an, in die man gerade hinein „geschaltet" ist. Das Leben existiert als Flamme, Energie. Die Produkte des Lebens, die Menschen z. B., hier am Beispiel der Vögel dargestellt, die wir als individuelle Seelen begreifen können, sind im Tanz des Lebens sekundär, halten sich aber in ihrer Zeitspanne für das Wichtigste der Welt. Die Realität ist die Leere, in der eine den Menschenverstand übersteigende Energie wirkt. Leere oder das illusionäre Schattenspiel der Maya. Alle Geschöpfe haben dieses Spannungsfeld in sich, zwischen der Bedeutung des einmaligen Ichs und zugleich der Kleinheit dieses Ichs im gesamten Weltkomplex. Weder das Leben an sich noch der Ablauf der Geschichte noch die Galaxienwelt noch der Wald noch die Bakterienwelt kümmern sich um den Tod oder die Geburt eines einzelnen Lebewesens. Für den gesamten Kosmos sind wir ein Nichts – für uns sind wir alles. Diese Spannbreite der Aspekte unseres Seins bekommt Priestley in diesem Traum vorgeführt. Seine Gefühle (Bewertungen) gehen parallel mit den sagenhaft unterschiedlichen Standpunkten, die er einnehmen darf, die er geschenkt bekommt. Das kann man nachvollziehen. Eigentlich geht es um die Sinnfrage. Priestley sieht (erlebt es plastisch), dass ein Geschöpf nicht nur einen Sinn hat, sondern dass es je nach Perspektive verschiedene Sinnantworten gibt. Diese Erkenntnis ist wichtig für den Menschen, der glaubt, man könne einen einzigen Sinn für sich, den Kosmos, gar noch zu Gott definieren. Der Mensch verfügt nicht über alle Perspektiven des Kosmos, deshalb ist seine Sinnantwort jeweils einem beengten Tunnelblick geschuldet, dies gilt für die konkreten Theorien, mit anmaßendem Allgemeinheitsanspruch meist, in der Philosophie, Soziologie, Religion und Psychologie. Der Sinn unserer Existenz besteht aus Differenzen. Damit muss man seinen Frieden schließen.

Dieser Priestley-Traum deutet an, dass Gott so etwas wie die „Weiße Flamme" sein könnte, die alles belebt, durch die alles lebt, oft schon als das große Feuer oder das große Licht oder als das unirdische Licht bezeichnet. Auch gibt es in dem Traum einen Hinweis, wie der Dimensionswechsel (der als Prinzip in vielen Religionen und in vielen Träumen und in manchen Erleuchtungserlebnissen angesprochen wird) vor sich geht, besser, wie man ihn sich vorstellen kann: die Zeit läuft in jeder Dimension markant anders ab! Priestley erlebt eine andere ‚Schaltung' und dazugehörig eine je viel schnellere Zeit, je höher, allgemeiner die Perspektive wird. Das lässt uns denken an die Einsteinsche Gleichung: $E = mc^2$, die besagt, dass die Materie bei einer gewissen, extrem hohen Geschwindigkeit zu Energie, Welle oder Strahlung wird, jedenfalls unmateriell wird. Als Erdenmenschen machen wir einen Dimensionswechsel und Zeitwechsel bei der Geburt und beim Tod durch.

„Ich war das Universum." Sinnantworten ohne Zweifel.
Friedrich Nietzsche

Dokument 9 (15.10.2000; Sigrid K.)

Es wurde „geschaltet", wird von Priestley gesagt, andere schreiben: „es machte klick", andere Erleuchtete „sehen" auf einmal neu oder klar, wenn es um den Zustandswechsel geht. Andere empfinden, als würden sie den Körper verlassen, oder als würde der „thinking mind" den Körper verlassen (nicht der „working mind"). Wieder andere werden vom Licht getroffen oder wirken wie verklärt. Die spontane Entrückung entzieht sich einer genaueren oder allgemeinen Definition. Oft ist es auch ein Umschlagsphänomen: Askese oder Schmerz oder Trauer oder Wut schlagen um in Frieden, Liebe, Angstfreiheit, Hochgefühl. Die Auslöser kommen von außen oder von innen, sind plötzlich und können verschiedene Gründe haben.

Das oben angesprochene Problem, dass es je nach Perspektive verschiedene Sinnantworten gibt, wird im Erleuchtungserlebnis einer 38-jährigen Frau so gelöst:

„Eine Frage nach dem Sinn tauchte nicht auf." So berichtet die Frau. „Ich hatte keine Beurteilung mehr in mir, sondern eine allumfassende Akzeptanz der Dinge, die geschahen, ob Mord oder Krieg, alles passte zusammen. Ich verstand nicht, wieso ich jemals anders gefühlt und gedacht hatte. ... Ich fühlte grenzenloses Verständnis. Es fühlte sich alles so friedlich an." Ein ähnliches Erlebnis hat sie zum Tode ihres Mannes: die „Akzeptanz seines Lebens, die Gewissheit, er konnte nichts ‚falsch' gemacht haben." Sie erfuhr auch das „allumfassende Vertrauen" in sich selbst. Die Frau, die hier spricht, zog ihre Entwicklung auch aus der Meditation und

aus Besuchen bei indischen Lehrern. Ein weiteres Erlebnis beschreibt sie so: „Alles war Eins, Es (Ich) floss durch mich, mein Körper war nur noch das Instrument, das die Energie benötigt, um sich auszudrücken. Ich, d.h. die Schöpferenergie, war in aller Materie enthalten... Ich war jeder Stein, jede Pflanze, jedes Tier, jeder Mensch. Ich war das Universum. Ich hob die Hand, die individuelle Sigrid war verschwunden, die Person gab es nicht mehr, kein Gefühl von Persönlichkeit, die Schöpfungsenergie erschuf die Bewegung, wie alle anderen Bewegungen und Veränderungen auch, alles wird permanent erschaffen, durch die Energie, die in uns fließt... Keine Frage zu irgendetwas tauchte auf. Kein Zweifel war vorhanden. Leben im Augenblick. Zukunft und Vergangenheit existierten nicht."

Gegenüber der Schöpfungsenergie sind wir Produkte, Objekte, Subjekte, Sekundäres. Als Schöpfung läuft ein ständiger Umwandlungsprozess ab. Sinnfragen wie auch Beurteilungen sind alle hinfällig. Für nicht wenige Erleuchtungen ist das Gefühl, dass man eins ist mit der ganzen Umgebung, ja mit dem ganzen Universum, typisch (= Identitätserlebnis). Der Philosoph Friedrich Nietzsche hat sich bemüht, die Schuld- und Unschuldszuweisungen zu desillusionieren, die Menschen in die Gedankenwelt des „Jenseits von Gut und Böse" hinein zu führen oder wenigstens das Unschuldsbewusstsein wieder zu schärfen: „Die Unschuld des Werdens ist verlorengegangen," bedauert er. Die Wertungen und Werte zur Moral, zum sogenannten Guten, zur Schuld-Unschuld-Frage hat Nietzsche wieder in ihre Natur zurückführen wollen: die Natur urteilt nicht, und sie irrt nicht. Wenn die Werte der Moral in ihren „natürlichen" Zustand zurückgeführt werden, sind sie amoralisch und außermoralisch. Schuld kann man in den Kreationen der kosmischen

Schöpfungsenergie nicht finden, wie lange man auch sucht. Der Schuldgedanke ist Menschenwerk. Es ist also logisch, wenn man die Begrenzungen der Persönlichkeit hinter sich lässt und im Wissen oder Licht der Erleuchtung (die in der Regel eine kurzzeitige ist) steht, dass man keinerlei moralische Begriffe mehr vorfindet. Das Ich-Bewusstsein ist weitgehend aufgehoben, stattdessen ist man identisch mit den Strukturen des Unsichtbaren oder Unbewussten. Der Verlust des Egos („Erleuchtung geschieht ohne Ich") lässt weiser und neutraler erkennen. Alles ist ‚unschuldig' oder ‚friedlich' oder ohne Gegensätze. Hingabe und Akzeptanz statt Urteilen gibt es dann. Diese gedachte Amoralität und die bedingungslose Akzeptanz betonte Nietzsche. Es war die Akzeptanz des ständigen Werdens und Vergehens, der „ewigen Wiederkehr des Gleichen". Zerbrochen war die Entwicklungsillusion, inthronisiert das ewig Gleiche. Das Sein in dieser erkannten, entlarvten, unschuldigen Form anzunehmen, bemühte sich der Nietzschesche „Übermensch"; mit politischer Macht oder mit Arroganz hat der nichts zu tun. Die heroische Bejahung der Faktizität und Schöpfung, in ihrer Urform, Reinheit und Wahrheit, nicht in ihrer gesellschaftlich, kulturell manipulierten Darstellung, war das Ziel. Das Schlagwort vom „Willen zur Macht" (Nietzsche) wollen wir hier kurz erklären. Macht bedeutet: ungehindert „machen" können, z.B. bezüglich Nahrung, Positionierung, Sex. Einem solchen Trieb folgen alle Lebewesen. Wenn Erfolg, Befriedigung sich einstellt, würde das ja für den Lebens- oder Überlebenstrieb reichen. Doch viele Lebewesen streben nach mehr „Macht", als für das Überleben nötig ist, besonders der Mensch. Sich die Elemente für ein besseres Leben anzueignen, seine Interessen rücksichtslos durchzusetzen kennt keine freiwillige Begrenzung oder Hemmung. Es gibt für das Immer-Mehr einen fast nicht bremsbaren Trieb, stärker als der Sextrieb, der Aggressions/Tötungstrieb, der Lebenstrieb – so schien es Nietzsche. Er beobachtete, dass das Dominanzstreben, und zwar das ungehemmt überfließende, wohl die stärkste Motivation im Menschen war oder sein müsse. Deshalb setzte er das Machtstreben als Trieb an die erste Stelle, und wiederum ohne Werturteil. Wer den Menschen in dieser Art den Spiegel vorhält, wird natürlich angegriffen und verketzert, wie Nietzsche.

Neben der Amoralität (1) und dem ewig Gleichen (2) hat Nietzsche ein weiteres Kriterium für den uns unbekannten Gott gefunden, obwohl er mit dem Schlagwort „Gott ist tot" bekannt geworden ist, was allerdings besonders die falschen Götter seiner Zeit betraf: nämlich das Unbewusste (3). In der Philosophie- und Psychologie-Geschichte weit vorgreifend definiert er das Unbewusste als das Vollkommene: „Der Grad von Bewusstheit macht ja die Vollkommenheit unmöglich." „Alles vollkommende Tun ist gerade unbewusst und nicht mehr gewollt; das Bewusstsein drückt einen unvollkommenen und oft krankhaften Personalzustand aus." (Aphorismus 289, im „Willen zur Macht", der den passenden Untertitel hat: „Versuch einer Umwertung aller Werte"). Zum Vollkommenen gehört also auch das „nicht gewollt".

Der Wandel von Entstehen und Vergehen spielt sich im Rahmen der statischen, unveränderlichen „Ewigen Wiederkehr des Gleichen" (Nietzsche) ab. Weltschöpfung und Weltuntergang wechseln hier ständig, wie Leben und Tod oder wie Traum und Realität oder wie der Erste Tag und Ragnarök (= Weltuntergang, Götterdämmerung). Das gehört zum Ludus (Welt als Spiel), zur Seligkeit vielleicht, jedenfalls zum „spielenden Gott". Konkret heißt das, dass materieller Zustand und ideeller, rein energetischer Zustand sich dauernd abwechseln. Die dinglichen, materiellen, chemischen Elemente und Feuer/Licht transformieren sich ständig, verwandeln sich ineinander. Materie ist Gestalt gewordene geistige Energie (Geist), ist ein Ausdruck des Geistes, und sie rückübersetzt sich im fortlaufenden Spiel immer wieder zum Unmateriellen/Geistigen. Schöpfungsenergie und Schöpfungsprodukt – eine ständige Verwandlung ineinander läuft hier ab, eine gegenseitige Verschmelzung. Im kleineren Aspekt ist das auch das Prinzip der menschlichen Wiedergeburten. Der indische ‚Schüler' Yogananda hat in seinem viel zitierten Erleuchtungserlebnis das gut beschrieben:

Erleuchtung. Licht-Energie wird Materie

Dokument 10 (Yogananda, Autobiographie, 1946)

Nach langer Übung und Meditation erlebte Yogananda Folgendes:

„Seele und Geist legten augenblicklich ihre physischen Fesseln ab und strömten wie eine gleißende Lichtflut aus jeder Pore", so schreibt er in seiner Biografie. „Mein Ichbewusstsein beschränkte sich nicht mehr auf den Körper, sondern umfasste alle mich umgebenden Atome." Meine eigene „Peripherie" war „ins Unermessliche erweitert." „Die Wurzeln von Pflanzen und Bäumen schimmerten durch den transparent gewordenen Boden hindurch." Er schreibt von außerordentlichem Sehen, durch Ziegelmauern hindurch, von übersinnlicher Wahrnehmung. Alles „zitterte und vibrierte wie die flimmernden Bilder eines Films. Alles bewegte sich ein paarmal heftig und löste sich schließlich in einem leuchtenden Meer auf..." „Aus dem alles vereinigenden Licht materialisierten sich immer wieder Formen – Metamorphosen, die mir das der Schöpfung zugrundeliegende Gesetz von Ursache und Wirkung offenbarten." Zum „Geist Gottes" sagt Yogananda: „Sein Körper ist aus unzähligen Lichtfasern gewebt."

> *„In der Unendlichkeit meines Selbst flimmerte der ganze Kosmos wie die nächtlichen Lichter einer aus der Ferne betrachteten Stadt." „Nach allen Richtungen ergossen sich die göttlichen Strahlen aus ihrem unerschöpflichen Quell und formten sich zu Galaxien... Immer wieder sah ich, wie sich die schöpferischen Strahlen zu Konstellationen verdichteten, um sich dann in einem transparenten Flammenmeer aufzulösen. Im rhythmischen Wechsel gingen Millionen und Abermillionen in diesem durchsichtigen Glanze auf, wurde Feuer zum Firmament. Ich fühlte, dass das Zentrum dieses Feuerhimmels als Ort meiner intuitiven Wahrnehmung in meinem eigenen Herzen lag."* [Anmerkung 3]

Wesentliche Punkte dieses Erleuchtungserlebnisses sind, dass der Feuerhimmel immer wieder zu Materie wird und diese sich dann wieder in das Flammenmeer hin auflöst usw.usf. = der ewige Schöpfungsrhythmus, die ewige Wiederkehr des Gleichen. Die Quelle scheint etwas wie eine schöpferische Konzentration von Lichtstrahlen zu sein, benennbar als Gott oder Geist Gottes. Als Zweites ist wichtig, dass es keine Trennung des Ichs gegenüber der Außenwelt oder dem All gibt; hier geht es also um ein Identitätserlebnis.

Das Identitätserlebnis und das Brahma-Ei. Die Entrückung. Liebe und Aggression

Dokument 11 (1970; K. A. B.):

> *Traurig, wegen unguter Beziehung, wanderte ein Student durch den Wald, legte sein Haupt am Fuße einer Pappel ab und summte einen Schlager („Nur die Liebe lässt uns*

leben...") Er wechselte den Ort. Legte sich nun unter eine Eiche und starrte und schaute lange von unten in das dunkle Geäst, mit dem blauen Himmel fern darüber. Es war Frühling, der Baum trug noch keine Blätter. Die schwarzen Äste vor dem hellen Himmel bildeten ein Muster, was monoton vom Studenten angeschaut wurde, bzw. was als auslösende, meditative Monotonie gewirkt haben muss. Denn es stellte sich mit der Zeit ein Umschlagsphänomen ein. Ich und Trennung – und Trauer sowieso – fielen von dem Studenten ab. Er hatte sich zuvor das Gegenteil von seinen Wünschen und Begierden vorgestellt. Er legte seine Ziele und das egoistische Wollen ab, sprach zu sich: „Ich schenke alles meinen Mitmenschen." Angesichts dieses Aufgebens aller Bestrebungen überkam ihn ein Gefühl außerordentlicher Befreiung. Freiheit und innere Glückseligkeit waren wohl nur auf diesem Weg zu erlangen. Das steigerte sich dann in die Gefühls-, Erfahrungsebene hinein: Umschlag in den Sinnen. D.h. die denkerische und die sinnliche Erfahrung wurden eins.

Auf einmal war er „identisch" mit den Ästen, dem Baum, dem weiten großen Feld vor dem Waldrand hier, also konkret mit den erdigen Ackerschollen, mit dem Kaninchen in der Ferne, mit der gesamten umgebenden Natur, identisch mit dem Kosmos, dem Himmel, der Luft, den Lebewesen. Er dachte bei sich: Ich bin ein Teil des Alls, meine Sonderrolle verblasst, alle Dinge sind mit einem durchströmenden Geist, mit dem System in Übereinstimmung; mein Selbst ist das Selbst des Weltalls. Ein Hochgefühl wie am ersten Tag der Schöpfung überflutete ihn, als würde er gleich als erster Mensch aus der Höhle kriechen, den Bau verlassen, in die frische, neue, noch unberührte Natur. Die Wahrnehmung der Umgebung war konkret, wirklichkeitskonform, aber es war zugleich auch der erste Schöpfungstag, gefühlt jedenfalls. Also eine Art Neugeburt. In Entrückungs- und Erleuchtungszuständen, in einem Out-of-Body-Erlebnis ist das Bewusstsein zwiefach. Man kann die übliche Realität nach den üblichen Kriterien genau beobachten, wie sonst, mit unseren fünf Sinnen, zugleich aber (!) erlebt, fühlt, registriert man auch eine andere (sonst unsichtbare, unbekannte) Dimension, superwach und angeregt, zudem sagenhaft intuitionssicher, also zweifellos, bei wachem Verstand, bei geschärften Sinnen, keineswegs vernebelt. Rauschhaft ist es, aber glasklar rational. Als Höhepunkt erfuhr der Student, dass er „mit dem Brahma-Ei identisch" war. Wörtlich und unvorbereitet tauchte der Begriff Brahma-Ei auf, was wir als Kosmos-Ei, ungefähr als die Summe der Schöpfungsenergie, im latenten Zustand noch, oder eventuell auch als ausgefaltetes, schon geschaffenes Universum übersetzen dürfen. Das Ei enthält die Schöpfungspotenz in Urform, konzentriert und verdichtet, die Energie-Essenz und -Vorstufe für das zu schaffende Universum. Alles (!), für die Zukunft, ist im Ei. Der Gott Brahma gilt dezidiert als „Schöpfer" des Universums, insofern war die Eingebung „Brahma-Ei" treffend und nicht zufällig. „Brahman" ist davon zu unterscheiden, es stellt die absolute Transzendenz ohne jede Eigenschaft dar; das Brahman-Bewusstsein ist für Menschen nicht beschreibbar, ein Gottesname für dieses absolute Sein ohne Wahrnehmungsmöglichkeit wäre fehl am Platz. Der kleine Mensch Student war also identisch mit der Gesamtenergiemenge für das Werden. Typisch für Erleuchtungsmomente ist: Was im unendlichen Universum geschieht, geschieht zugleich auch im Innern des betreffenden Menschen. Außen = Innen. Der Mensch i s t das göttliche Ei in solchen Momenten, das Schöpfungs-Ei oder die übergreifende Schöpfungspotenz. Der Student nannte sein Erlebnis Satori-Erlebnis, er hatte nämlich eine Zeit vorher das Buch-Manuskript eines Arztes Korrektur gelesen, das von

> *einem Aufenthalt im Zen-Kloster handelte, deshalb kannte*
> *er den japanischen Begriff Satori. Es handelte sich also um*
> *ein Erlebnis der Identität, des Einsseins mit dem All und mit*
> *dem Göttlichen, was viele Mystiker anstreben. Eine Trennung*
> *zwischen dem Ich (das nicht verschwunden war) und der Au-*
> *ßen-Schöpfung gab es nicht, ja nicht einmal eine Trennung*
> *bezüglich der Essenz und Potenz der Schöpfung, der Grund-*
> *energie, dem Ei also, gab es.*

Steht das Konzept des Brahma-Glaubens der Realität eines Gottes, einer beschreibbaren Gottesfigur nahe, am nächsten? Ist der
Gott ein Ei? Nicht zu beantworten.

Dieser Student berichtet auch ein späteres Erlebnis, das zwei typische Kriterien für Entrückungserfahrungen zeigt. – Man sollte übrigens die Worte, Bezeichnungen für die außersinnliche,
transzendente Wahrnehmung nicht auf die Goldwaage legen;
die Wörter beschreiben die Situation nur annähernd, ob man
nun Verklärung, Erleuchtung, Satori, Samadhi, Entrückung oder
ähnliche Begriffe verwendet. –

> *Es lag also der ehemalige Student ruhend bzw. im Halbschlaf*
> *auf einem Bett. Plötzlich empfand er sich und befand er sich*
> *als Ich in einer Art kleinen Wolke, welche durch den Raum*
> *kugelte, schwebte, flog. Dieses sein Bewusstseinsphänomen*
> *,besuchte' die Dachfenster, trieb sich an den hellen Fenster-*
> *stellen, wie bei Ausgängen, herum, alles gediegen langsam.*
> *Zugleich war dem Studenten völlig klar, dass er als Körper*
> *weiterhin auf dem Bett ruhte. Um die Erscheinung nicht zu*
> *stören oder aufs Spiel zu setzen, entschloss er sich, seine*
> *körperliche Liegeposition nicht im geringsten zu ändern.*
> *Wir haben also hier zwei parallele Bewusstseinszustände*

oder Ichs oder Empfindungen, Erlebnisse. Das ist typisch für plötzliche Entrückungen in die geistige, unmaterielle Welt. So eine Erfahrung geschieht in geistiger Klarheit, Wachheit. Man möchte sie festhalten – was aber eigentlich keinem Menschen gelingt. Der dänische Kosmologe und Seher Martinus (1890–1981) berichtet allerdings, dass er das kosmische Bewusstsein nach seiner Einweihung für immer behielt; das ist eine Ausnahme. In der Regel ist der Eingeweihte nach seinem Erleuchtungserlebnis so normal und banal wie vorher. Allerdings vergisst er das Erlebnis niemals, er weiß, dass er initiiert worden ist; er lebt aber im Praktischen so menschlich und alltäglich wie zuvor weiter. Erleuchtung ist ein Geschenk, eine Gnade, eine Charis. Man erhält diese Ekstasis, und sie wird auch wieder genommen. Erzwingen kann sie sich niemand. Wir erinnern also noch einmal dieses Kriterium: zwei parallele Bewusstseinszustände im Menschen! Das irdische, körperliche Bewusstsein und das transzendente, entführte Bewusstsein. Keines davon ist nebelig, im Gegenteil.

Das zweite Kriterium, was in Erleuchtungserlebnissen nicht selten ist, ist: die Wahrheit der ganzen Schöpfung, der Hintergrund ist reine „Liebe". Das erfuhr auch der ehemalige Student. Er hatte als geistige Kugel, Wolke, als Schwebender, Schwereloser in Liebe Kontakt mit seinen (keineswegs physisch im Raum anwesenden) Kindern. Er sah u.a. die Wahrheit über die älteste Tochter, dass sie nämlich ganz knapp am Tod vorbeigekommen war, es stand auf der Kippe, fifty-fifty, und er wusste, dass es genau so real bei der Geburt der Tochter zugegangen war. Und natürlich hatte das Mädchen dieses Seelenmuster auch aktuell noch in sich.

Die Geburt ist unser erster Umgang mit Welt. Sie ist eine gravierende Erstprägung. Viele Stationen im Leben werden nach diesem Urmuster angegangen und unbewusst abgehandelt. Z.B. eine aggressive oder rastlose Grundspannung des Lebens stammt aus dem Geburtstrauma. Schwangerschaft und Geburt (und Stillzeit) gestalten den Charakter des Menschen, erzeugen die Melodie unseres Lebens. Der Dichter Franz Kafka fand, dass sein ganzes Leben, zumal was Verweigerungen und Misserfolge anging, vom Geburtsmuster geprägt war. So sagte er 1922 in seinen Tagebüchern, zwei Jahre vor seinem Tod, weise und poetisch kurz: „Mein Leben ist das Zögern vor der Geburt..." Hier gibt es nichts zu kommentieren; die Erkenntnis und Wortwahl von Franz Kafka kann nicht verbessert werden.

Die „Liebe", die der Betreffende als Kugelwolke zu seinen Kindern empfand, war himmlisch-grenzenlos, in ihrer Intensität unüblich. Diese Totalität der Liebe war überirdisch. Sie blieb unvergesslich. Ein Wort zur Liebe und ihrem Gegenteil: Die „Liebe" steht insofern für das „Leben", als der Aggressionstrieb für den Tod steht. Sigmund Freud hatte mehrere Theorien zum Aggressionstrieb, z.B. ob er eigenständig sei oder ein Attribut anderer Triebe, z.B. des Sexualtriebs. Eine Theorie war, dass die Aggression als Destruktionstrieb im Prinzip identisch war mit dem Todestrieb, dem Thanatos-Trieb. Dies wollen wir hier bestätigen. Streitsüchtige erstreben unbewusst den Tod, für andere und für sich. Sie kommen aus dem Klima, dass Aggression ihr Leben als Foetus, Säugling, Kind bedrohte, und sie leben (wie alle) im Wiederholungszwang dieser Erstprägung, bzw. sie wollen den Thanatostrieb und die starke Tod-Erfahrung ‚abwehren', loswerden, als unaushaltbare Energie abführen. Dadurch wirken sie für ihre Umgebung zerstörerisch (auch wenn sie edle Ziele, verlogene Begründungen vorschieben). Der Streit ist eine Vorstufe der Aggression, ihr Kern ist das Töten. Der Erostrieb liegt dauernd im Konflikt mit dem Thanatostrieb (S. Freud). Die Liebe liegt im Konflikt mit der Aggression. Daher wird in Erleuchtungserscheinungen richtig gesehen, dass der Hintergrundstoff der Lebens-Erzeugung, des ganzen Lebendigen die „Liebe" ist. So ein Phänomen wie die „Liebe" wird nur erkannt auf dem Boden des Kontrastes, des Gegenteils. Erkennen heißt Unterscheiden. Und das Gegenteil der Lebens-, Schöpfungsenergie ist die Aggression; im Unterschied zu ihr wird Liebe als Lebensstoff bezeichnet. Man könnte auch sagen: ein wirkliches Samadhi-Erlebnis zeigt absolute Angst- und Aggressionslosigkeit; logischerweise wird dann der Kontrast „Liebe" deutlich und sichtbar.

Die Erfahrungen in hoch-spirituellen Träumen und in Erleuchtungserlebnissen, wie z.B. die Liebe, totale Akzeptanz, die überirdische Weisheit, das Einssein mit allem, die völlige Außerkraftsetzung der Zeit (alles ist uralt und neu zugleich, alles ist in einer Art Ewigkeit), das Licht-Erlebnis und das Gott-Identitätsgefühl, nicht zuletzt das Schweben lassen sich anderwärts im Schamanismus und unter Drogen (LSD, Iboga) bisweilen auch finden, ebenso in einigen Nahtod-Erlebnissen. Meistens wird es aber vom Publikum nicht so ernst genommen.

Wir sind auf der Erde, um den Menschen und dem Gott zu dienen. Es ist dem Autor dieses Buches eine Freude, hier Material zu hinterlassen, das den Leser zum Bewusstsein seiner eigenen göttlichen Entität führen kann. Dazu sind die Träume der ideale Weg.

Ein unspektakulärer Weg auf Erden, dem göttlichen Bewusstsein oder Bereich näher zu kommen, ist, den Energien, den Anstößen, dem Fluss zu folgen. Das geht natürlich mit der Akzeptanz und Liebe besser, als mit dem Kampf gegen alles und gegen jeden. Warum „Leidenschaft" in Hass umschlägt, hat oft damit zu tun, dass „verschmähte Liebe" der Grund ist (das Medea-Syndrom). In Freudscher Sprache können also der Eros- und der Thanatostrieb ineinander umkippen. Liebe und Hass sind ein Paar, ähnlich wie Freude und Trauer.

Der Fluss des Lebens. Alle Türen führen zum gleichen Ziel

Dokument 12 (20.05.2011; Renate W. u. a. m.):

In einem Traum fragt die Träumerin [Renate] am Ufer den Vater Rhein, in welche Richtung er fließe; sie möchte nämlich in das Wasser, ans andere Ufer. Der Fluss antwortet, das sei egal, das habe keine Bedeutung. Dann bemerkt sie, dass es wohl darauf ankomme, ob man schwimmen könne. Das sei ebenfalls egal, antwortet der Fluss. – In einer anderen Szene, anlässlich einer Sterbebegleitung, wird ein vorletztes Bild des Sterbenden, im Rahmen der nonverbalen Kommunikation, angesprochen. Der todkranke Handwerker (Lungenkrebs) hatte mit dem Malen seine letzten, tiefen Empfindungen ausgedrückt. Das Bild zeigte eine Art Stadt mit vier Toren, Eingängen/Ausgängen, einem Mandala ähnlich. Sein kurzer lapidarer Kommentar zu dem Bild – eigentlich zu seinem Leben – lautete: „Es ist egal, durch welches Tor man geht. Alle Wege führen zum gleichen Ziel." – In einem Vortrag über das Karma berichtete eine Frau aus dem Zuhörerkreis (Bonn) einen Traum: Im Innern einer großen Kirche (später eines Berges) ging sie eine Treppe hoch. „Ihre bange Frage: welche Tür sie oben, am Ende der Treppe, nehmen müsse. Ein Mann antwortete: einfach eine dieser vorhandenen Türen wählen. Als sie dann durch eine der Tür gegangen, sah sie, auf der Rückseite quasi, dass alle Türen zum gleichen Ziel führten..."

Was sagt also das Unbewusste? Es ist egal, welchen Weg wir wählen, welches Schicksal wir ergreifen, welche Biografie die unsere ist.

Was macht der Mensch sich nicht für einen Stress, möglichst die richtige Entscheidung zu treffen, nicht die falsche Tür zu wählen. Dabei kommen alle am Ende des Lebens zu dem Ziel, was vorgegeben war, was vorgesehen ist. Wie viel Druck lastet nicht auf den Schultern, möglichst die falsche Entscheidung zu vermeiden. Vertrauensvoll dem Flusse der Energie und den Begrenzungspfählen des Weges folgen wäre die Methode der Wahl. Das Gegenteil, heftig gegen sein Schicksal zu kämpfen und zu protestieren, verbraucht viel Kraft und führt am Ende nicht zu einem anderen Ziel, sondern zum gleichen wie der Hingabe-Weg. Wir kommen am Ende dahin, wohin wir sollen. Wir könnten den ganzen Entscheidungsstress von den Schultern werfen. Wir könnten wenigstens diese entlastende Lebenspraxis wählen: kein Weg ist falsch, um den ‚richtigen‘ Weg brauchen wir uns wenig zu kümmern, er ergibt sich von selbst. – Unnötig zu sagen, dass natürlich vielen ich-betonten Menschen das zu passiv klingt.

Die Jenseitsreise der elfjährigen Sophie

Dokument 13 (30.11.2011; Sophie K.)

Manchmal wird ein transzendentes Erlebnis, eine Entrückung so geschildert, dass ein Mensch vorübergehend in die Anderwelt erhoben, geholt wird, wir haben dann die berühmte „Himmelsreise" in der Literatur. Judentum, Islam, Christentum, aber auch andere Religionen kennen so etwas. Wie ehemals bei Parmenides gehören dazu ein unüblicher Aufgang, Eingang, eine gewisse esoterische Belehrung, und manchmal überirdische Wesen als Begleiter, die Zeitlosigkeit sowieso. Hier erwähnen wir einen Traum mit einem entsprechenden Spontanerlebnis des 11-jährigen Mädchens Sophie. Bei dieser Gelegenheit betone ich, wie oft in meinen Vorträgen, die Weisheit der Kinder:

Anstoß ihrer Reise in die Anderwelt war der Tod eines Kaninchens, beim Nachbarn. Dorthin sollte der Weg aus Mitleid, in der Gruppe von fünf Geschwistern, führen. Unterwegs, so schreibt sie auf, „sahen wir etwas glitzern, leuchten und glänzen. Es war ein magisches Portal. Aus Neugier gingen wir hindurch. Plötzlich befanden wir uns auf einem schwebenden Felsen im Nichts. Neben uns standen Glas-Eier mit kleinen Türen an der Seite. Innen waren bequeme lila Sessel angebracht. Da wir alle so neugierig waren, setzten wir uns in diese Eier aus Glas. Ich sah weiter vorne eine schwebende, hoch-moderne, interessant aussehende Station. Sie sah ein bisschen aus wie eine Weltraumstation in den Farben gelb und schwarz. Ich dachte, wie cool es wäre, dahin zu fliegen, und auf einmal flogen die Eier in die Richtung der Station, Meine Geschwister dachten anscheinend das Gleiche, weil sie hinter mir her flogen. Als wir ankamen, nannten uns die Menschen dort ‚die Auserwählten‘. Der ‚Bürgermeister‘ erklärte uns, dass es vor langer Zeit mal Helden gab." Die Anzüge der vier Helden waren blau, grün, gelb und rot. „Der ‚Bürgermeister‘ meinte, dass mein ältester Bruder mit mir die Kräfte teilen sollte... Er meinte, ich hätte die Kraft vom Kopf und mein Bruder den Hals. Wir hatten beide die gleichen Anzüge. Eines Tages kam ein Bösewicht. Er hatte genau den gleichen Anzug wie wir, nur in Schwarz. Er flog nur hinter mir her... Ich flog, flog und flog, aber ich konnte ihn nicht

abschütteln. Ich rief meinen Bruder um Hilfe. Wir vereinten
uns und besiegten den Bösewicht. "

Wir haben hier eine Jenseits- und Zeitreise in die Vergangenheit vor uns. Der Tod des Kaninchens symbolisiert den Tod eines Kindes (Foetus), ob per Abtreibung oder Fehlgeburt. Das Symbol des „Glas-Ei" für den spirituellen Aufenthalt wie auch für die Uterushülle ist faszinierend. Die „Geschwister" sind Familienmitglieder aus einem früheren Leben, mehr jedoch mehrere Foeten, die vorgeburtlich blieben, die das Diesseits nicht erreichten. Die Geister der Fehlgeburten (oder Abtreibungen) vor unserer eigenen Einzeugung tauchen im Traum gern in dem Archetyp „Geschwister" auf, was Sinn macht. Die Seelen der zu früh und zu schnell Verstorbenen erscheinen in einer quasi sehr schnellen Wiedergeburt. Ohne dass wir uns hier über die gedachten Zeiten zwischen zwei Inkarnationen festlegen wollen. Bei den Theoretikern der Wiedergeburt gibt es da unterschiedliche Ansichten, ich nenne nur Sokrates und Rudolf Steiner als Beispiele. Die alten ‚Helden‘ und die Kinder im Glas-Ei sind wahrscheinlich eigene Lebensversuche, Vorstufen der Träumerin. Insbesondere wird man annehmen, dass sie zuvor als „Bruder" im Mutterbauch zu inkarnieren suchte. Heute ist sie eine ‚Kombination‘ aus der früheren, bald tödlichen Erfahrung als männlicher Foetus und aus ihrem jetzigen erfolgreichen Lebensversuch als Mädchen. Die Eigenschaften, die wir aus einer kurzen (vorherigen) Diesseitsreise gewonnen haben, tragen wir in der momentanen Existenz mit uns, auch wenn der Diesseitsversuch ab der Zeugung nur ein paar Monate dauerte. Das lehren alle Träume. Das Reinkarnationsgesetz – und natürlich der Sinn der Reinkarnation – besagt, dass die guten und die schlechten Erfahrungen aus früheren Leben nicht verloren sind. Die Erfahrungen, früheren Rollen und Qualitäten werden hier als „Anzüge" und „Farben" dargestellt.

Das Mädchen „vereint" sich in dieser Existenz mit seinen Vor-Erfahrungen als fetaler Junge („Bruder").

Der Misserfolg früherer Schwangerschaft wird durch den „Bösewicht", im gleichen Anzug, in Schwarz, dargestellt – dagegen steht der Enderfolg des diesmaligen Lebens, Überlebens. Wie sollen wir die Relikte früherer Existenz, die Geister unserer Vergangenheit, unserer früheren Tode im Reinkarnationskreislauf nennen? Gelöscht sind diese Inhalte keineswegs, nur sehr unbewusst. Sind sie schwebende Engel im Himmel? Sind sie unbewusste psychische Komplexe? Sind sie Glas-Eier? Im Traum jedenfalls ist das Wissen über all dies da – das ist das Kernfazit einer solchen visionären Reise und der Grund, warum man ein solches Erlebnis notiert und interpretiert. Die Vorgeschichte wirkt subtil in unser Leben hinein, auch wenn sie selten bewusst oder erkennbar ist. Es sei denn, man findet wie das Mädchen den Zugang zum „magischen Portal". Und es sei denn, man kann „fliegen" (körperloser Zustand). Auch muss man Wissensinteresse haben (was auch Lebensinteresse ist), hier als „Neugier". In der geistigen Welt gibt es immer eine Art Gruppenführer, hier als „Bürgermeister". Wer will, kann ihn als Führungs-Engel bezeichnen. Bei der übersinnlichen Wahrnehmung taucht nicht selten der Archetyp „Weltraum, Weltraumstation" auf. Das ist sinnfällig und ist ein ideales Vergleichsbild für das All, das Jenseits, den Geist. Das Symbol wird besonders gern bemüht zur Darstellung der geistigen oder stellaren Vor-Welt, aus der wir kommen. Es mag aber der „Weltraum" möglicherweise konkreter sein, als wir symbolisch denken... Das Ich, unsere Erde, jeder Planet, jede Milchstraße ist wie „ein schwebender Fels im Nichts"; dies Bild kommentieren wir nicht weiter. Auch reicht unsere Einsicht nicht, zu verstehen, warum uns die Jenseitigen „die Auserwählten" nennen. „Gewählt", könnte man sagen, ist jeder. Wir sind alle beim Namen gerufen und als Erdenbürger ausgewählt. Sind die, die das Transzendente besuchen und kennenlernen wollen, auserwählt? „Auserwählt" ist stärker als „ausgewählt". Nebenbei verrät uns das Mädchen Sophie ein interessantes Motiv, warum wir in einem Uterus inkarnieren, in ein Glas-Ei wollen: „Neugier"! Das Wissen zu erweitern dürfte ein starkes Motiv sein, um auf der Erde zu inkarnieren. Neugier führt uns auch umgekehrt in die Geheimnisse der transzendenten Welt, der spirituellen Träume. Neugier führt uns zur Erde, Neugier führt uns in den Weltraum, per „Glas-Ei", per Vimana-Raumschiff.

Jeder Mensch hat einen Engel mit gleichem Gesicht, als himmlischen Teil seiner selbst. Der Paradiesverlust

Dokument 14 (August 2008; Monika O.)

Eine junge Frau hat einen Traum, den sie mit „Gefallener Engel" überschreibt:

Mit „einer kleinen Gruppe anderer Leute" hat sie sich auf einer „Insel versteckt". Ein Gruppenmitglied namens „Karl" hat ein Gewehr in der Hand und hat gerade geschossen. „Daraufhin fällt ein Engel mit blutenden, kaputten Flügeln zu Boden und genau in unsere Mitte. Der Engel ist tot durch den Aufprall. Er hat mein Gesicht! Auch wenn mich das überrascht und stutzig macht, bin ich nicht wirklich bestürzt... Karl dagegen ist ob seiner Tat wie paralysiert. Ich sage ihm, er habe mit seiner Tat Gott herausgefordert... Als ich seine tiefe Bestürzung sehe, füge ich hinzu, dass er lediglich einen Prozess in Gang gesetzt, vorgezogen habe, der früher oder später sowieso hätte stattfinden sollen. Dabei schwebt mir ungefähr vor, dass jeder Mensch einen Engel mit gleichem Gesicht, als himmlischen Teil seiner selbst, hat und dass es

72

gilt, ihn wieder auf die Erde zu holen..., sich wieder mit ihm zu vereinen (?). Dann wird mir plötzlich klar, dass ich Karl vor einiger Zeit zu diesem Handeln ermutigt habe und dass damit im Grunde ich es bin, die Gott herausgefordert hat."
... Nun nähern sich Verfolger in einem beleuchteten Boot der Insel. „Eine Frau aus unserer Gruppe und die andern tragen den gefallen Engel schnell in die nahe Blockhütte. Dabei schlagen sie notdürftig ein Tuch um das Gesicht, damit niemandem sonst offenbar wird, dass er mein Gesicht trägt."
Der Engel soll möglichst versteckt werden. Es geht nun weiter in der Art, dass die Verfolger ein Suchtrupp sind, der weiße Anzüge trägt, dass eine Ärztin dabei ist, so dass es auch nach Hilfe aussehen mag. Und dass die Träumerin eine schmerzliche, aber vergebliche Spritze bekommt.

Kommentar: das Ende des Traums leitet über zu einer personalen Abtreibungserinnerung, während der Anfangsteil allgemein menschliche Bedingungen aufzeigt. D.h. einen ‚Engel' im Mutterleib zu töten assoziiert zur Vernichtung des Engelhaften in allen Menschen. Der Abtreibungsversuch an der Träumerin ist geheim gehalten worden, die „Frau", das ist die Mutter, hat mit dem Verbergen, Verstecken (der Tat, des Vorfalls) zu tun – aber auch aus Sicht des betroffenen Foetus war ein Versteck lebensnotwendig. Stärker als nur ein Abtreibungsversuch drängt sich die Trauminterpretation auf, dass die Träumerin in einer kurz vorher vergangenen Inkarnation tatsächlich tödlich abgetrieben worden ist, inclusive Geheimhaltung. Oft in Träumen (übrigens auch im Leben) findet sich persönliches Schicksal als Lehre an sich über den Menschen, also generalisiert. Man kann das indirekte Lernen, was zwangsläufig mit jeder Biografie einhergeht, verstehen als Wissenserwerb generell über den Typus Mensch. Auch was individuelle Tiere einer Gattung lernen, geht in den

Wissensschatz aller Tiere dieses Typus – jedenfalls auf Dauer und bei vielen ähnlichen Erlebnissen – über, als Information im morphogenetischen Feld.

Das Allgemeine und Faszinierende des vorliegenden Traums ist die Ähnlichkeit mit den religiösen Inhalten des Sündenfalls, des Engelsturzes. In den großen Weltreligionen ist aber die Information, dass jeder Mensch eigentlich ein „Engel" ist, mit andern Worten einen Doppelgänger engelhafter Natur im Himmel hat, verlorengegangen. Heimat und Herkunft unseres höheren Selbst ist die als Engelwelt zu bezeichnende Dimension, transzendent und nur-liebend. Bezüglich Moral und Idealform „zehnmal besser" (in einem anderen Traum erlebt) als das vorübergehende, körperliche Abbild, das wir auf der Erde sind. Dieser unser sozusagen im Himmel gebliebener und parallel mitgehender Begleiter wird in der Gnostik als „Lichtmensch" im Menschen bezeichnet, bei den Jesiden als himmlische Schwester oder Bruder eines jeden Erdenbürgers, in Island als Fylgja = Folgeseele, beinahe einer Schutzengel-Vorstellung gleichend. Im biblischen „Engelssturz" sind wir alle direkt gemeint, die wir die Einheit mit Gott verlassen haben und unseren individuellen Engel, das ist unsere Vollkommenheit, in einer Ecke des Himmels zurückgelassen haben. Es trieb uns an die Lust am Schießen, eine aggressive, persönliche unverwechselbare Tatspur in der Materie (oder wo auch immer) zu hinterlassen und Gott herauszufordern. Der „Schuss" ist symbolisch männlich, er hat also auch eine männlich-sexuelle Bildlichkeit, und im Unbewussten gehört die Aggression grundsätzlich zum Mars, d.h. zur männlichen Imago (auch wenn Frauen sie ausüben). Über die Folgen sind wir Geschöpfe und Täter dann zutiefst erschrocken... Die Herausforderung ist ein genialer Begriff im Traum, besser als Sündenfall oder Blasphemie. Der ursprünglich engelhafte Mensch als Krone der Schöpfung, aber auch deutlich als abhängiges Geschöpf,

konkurriert mit dem Schöpfer, der ihm ähnlich ist, wie ein ner-
viger, in seiner Position nicht zufriedener Herausforderer. Ganz
simpel nach dem Motto: Was du kannst, kann ich auch. Das Geschöpf Mensch wollte auch schaffen, sogar Menschen schaffen,
also zeugen, was laut Paradiesbericht verboten war. Das Apfel-
tabu ist ein Sexualitäts- und Zeugungstabu. Die Imitation des
Schöpfers durch den Herausforderer gelang, er schuf, er zeugte
Menschen, allerdings in der Materie, nicht in der geistige Welt,
in einer Dimension, die bei jeder Kreation auch deren Ende, Un-
tergang, Tod mit einschloss. Das war die Vertreibung aus dem
Paradies, aus der Ewigkeit. Der Nachahmer schuf in der zeitlichen Dimension, das Vorübergehen und Sterben seines Produkts
war zwingend. Die scheinbar gelungene Herausforderung hatte ihren Erfolg und auch ihren gravierenden Preis und Misserfolg. Der „Schuss" = eine wahllose Aggression, ein Symbolon
des Sextäters und eine Zur-Schau-Stellung der eigenen Stärke.

Wie auch der Sündenfall nicht nur eine Sünde, sondern auch ein
geplanter Schritt in Werden und Vergehen, in Materie, in „Fühlen" hinein („Empfinden" ist das Charakteristikum des Menschen, so schon Epikur), in die beglückende Erfahrung, Wider-
stände zu überwinden, in das Selbst-Tun (ganz wichtig), in den
Erwerb von Weisheit hinein ist, also in eine attraktive andere
Erfahrung hinein ist, und in ein letztendlich doch von Gott vor-
gesehenes alternatives Erleben hinein ist – so wird auch weise
im Traum gesagt, dass es „früher oder später doch hätte stattfinden sollen". Die berühmte Adam-und Eva-Tat entspricht wohl
unserem diffusen oder unbewussten menschlichen Wollen. Wir
nennen es: die Sehnsucht nach dem Kontrast. Sie ist damals wie
heute lebendig, sie treibt den Kosmos an – genauso wie das Har-
monie- und Balanceprinzip. Die Trennung des Herausforderers
von Gott war von Gott vorgesehen – sonst wäre sie nicht geschehen. Da ist der Traum weiser als die Schwarz-Weiß-Religionen.

Der Traum weiß, dass der Sündenfall im Sinn steht, und nicht draußen in der Sinnlosigkeit. Auch vorgesehen war, dass jeder Mensch über kurz oder (sehr) lang heimkehren würde, wie der verlorene Sohn bei den Säuen, und sich mit Gott wieder vereinigen würde (als erneuter Pol des Kontrastprinzips). Dies ist der Sinn eines momentanen Erdenlebens, die wieder zu gewinnende Einheit mit Gott, im Koran deutlich angesprochen.

Der Herausforderer korrigiert seine Trennung und Gegenposition. Sich selbst schmeichelnd kann er sagen: ich war dabei großartig aktiv. Es ist der Trick der Natur und auch Gottes, den Geschöpfen die Illusion zu geben, sie täten dies und das um ihrer selbst willen und aus eigenem Antrieb, während es in Wahrheit die Vorsehung, die Notwendigkeit ist und der Sinn nicht ein persönlicher, sondern ein kollektiver ist. Als die Engel, als Himmelssöhne bezeichnet, den Himmel verließen und mit den Erdenmenschen, den schönen Töchtern, zeugten, wie in manchen Überlieferungen festgehalten ist, z.B. in der Genesis oder im Buch Henoch, waren sie als „Engel" tot. So ist auch die Frucht im Bauch der Mutter ein Engel, nach der Geburt aber nicht mehr.

Die Träumerin stellt unbewusst einen Zusammenhang dar zwischen ihrer irdischen Existenz und dem vermutlich damit verbundenen Tod im Uterus einerseits und der Menschheitsgeschichte überhaupt andererseits. Daher und dabei ist ihr „Gesicht" doppelt vorhanden! Auf der Insel unten sowie im von oben herabfallenden, ja abgeschossenen Engel, im Flügel-Wesen. „Insel" ist in den Träumen ein Archetyp für die Persönlichkeitsumgebung, Lebensdimension. Wenn man auf die Erde kommt, landet man auf einer Insel, und nach dem Tod strandet man an der Küste der „Insel der Seligen" (meist im Westen).

Es bleibt als Traumwissen, dass jeder Mensch symbolisch ein „gefallener Engel" ist, dass das Kontrastprinzip zur göttlichen Heimat durch eine Art Herausforderung entstand (welche Qualität auch heute noch in unserer Seele ist), dass durch den Wechsel der Welten Tod einzieht oder dass der Wechsel ein Tod ist, dass der ‚tote' Zustand der Menschenseele eine zu erwartende, nicht überraschende Notwendigkeit ist, dass das Sich-Verstecken vor dem eigenen Ego oder der eigenen Scham oder auch vor Gott sinnlos ist. Wie ein siebenjähriger Junge das zu seinem kleinen Freund einmal tatsächlich gesagt hat: das „Leben" beginnt nach dem Tod... Nach dem Tod vereinigen wir sterbliches Abbild uns wieder mit unserem engelhaften, vollkommenen, unsterblichen Ur-Bild, im Himmel, oder in welcher Galaxie auch immer: Dann erst fängt das wahre Leben an. Der Herausforderer hat zwischenzeitlich das Schöpfungswerk Gottes nachgeahmt, in der untunlichen Werkstatt, wo mehr Tod an der Wand hängt als es Instrumente gibt. Sein Engel war abgestürzt. Er selbst war abgestürzt. So ergibt sich der in der Theologie berühmte Begriff der Weltschöpfung, der Afterwelt als „Imitatio Dei" (Gnosis) = die mängelhafte, gar lächerliche Imitation Gottes. Das Nachahmungswerk, mit unbedachten Schüssen: irgendwann wird es entlarvt und platzt. Es gilt, wie die Träumerin denkt, den Engel wieder zu sich zu holen und sich mit ihm „zu vereinen" = das Bewusstsein von uns als Engel, der allerdings momentan gefallen ist, wieder zu erlangen.

Der Engel-Charakter im Neugeborenen, im Kind, im Menschen ist immer gefährdet, Verfolger lauern ihm auf, ja er stirbt. Der Engel stirbt, wenn der Mensch geboren wird, oder dann, wenn eine Aggression ihn trifft, wie ein sinnloser „Schuss" (der die Herrschaft Gottes in Frage stellt). Wie schützt man den Engel? Soll man ihn verstecken? Auch das thematisiert der Traum, in dem sich wie immer in Träumen das Banale, Biografische mit der spirituellen Lehre vermischen. Wenn man will, kann man den Traum prosaischer und persönlich deuten, dass er nämlich eine Erinnerung ist an die uterale Tötung einer unschuldigen Doppelgängerin der Träumerin. Die Doppelgängerin könnte eventuell ihr psychologischer „Schatten" sein, aber es spricht mehr für das Konkrete, dass die Träumerin als Frucht in einer vorangegangenen Inkarnation abgetrieben wurde. Es mag den Leser, der der pränatalen Psychologie, auch der Wiedergeburt fernsteht, überraschen, aber es ist eine empirische Tatsache, dass die Familiengeschichte in den Träumen der Menschen enthalten ist. Das Unbewusste weiß über Abtreibungen und Fehlgeburten Bescheid. Alle unsere Erden-Erlebnisse sind, auch ohne dass wir sie bewusst verstehen, indirekte spirituelle Belehrungen. – Und das Allgemeine, enthalten in diesem Einzelnen der Biografie, ist, dass wir uns der Tatsache der verlorenen, versteckten Existenz als eigener Engel, der wie ein Doppelgänger erschossen wird, bewusst werden, wenigstens im Traum.

Findhorn. Paradiesgarten. Krönung mit dem Partner

Dokument 15 (1988; Eileen C.)

Wir greifen den Begriff „die Auserwählten" aus dem Dokument 13 auf und beschäftigen uns mit einem Traum, den Eileen Caddy in ihrer Autobiografie „Flight into Freedom" [Anmerkung 4] erwähnt. Sie war Mitbegründerin der Findhorn-Gemeinschaft.

Sie beschreibt die transzendente Auserwählung der Art, dass sie mit ihrem Mann „gekrönt" wurde, doch „nicht wie gewöhnliche Sterbliche". In einem „herrlichen Garten", den man vielleicht mit dem Paradies vergleichen könnte, spielt sich die Zeremonie ab. Auffallend, dass sowohl die Personen als auch die Tiere, die Bäume und Pflanzen „uralt" waren als auch „springlebendig wie junge." „Alles war so alt und doch so jung und schön." Ihr Partner: „Peter wurde in dunklen Purpur gehüllt und sah uralt, gleichzeitig jedoch auch ganz jung aus." „Auch ich war uralt und doch jung", berichtet sie. Bei der Krönung Peters, erzählt sie weiter, "gebot ich ihnen, aus der Rückseite [der Krone], wo niemand es sehen konnte, einige Edelsteine herauszunehmen, und dann befestigte ich an ihrer Stelle ein Gummiband." – Zwischenkommentar: das Gummiband ist ein bekannter Traum-Archetyp und meint eine beständige, feste, aber auch lockere, nicht zu enge Bindung (z.B. eines Paares). – Während sie in diesem seltsamen Raum, nämlich dem „Speisesaal", mit den späteren (zukünftig auch realen) Söhnen und Enkeln sprach, auch mit einem „alten Mann" – dem Symbol für eine belehrende Führungsperson im Jenseits – erkannte sie auf einmal, was hier geschah: „O nein", dachte ich, „will ich das wirklich tun?" „Ich wollte nicht noch einmal an Peter gebunden sein, ... und doch wurden wir hier als Königspaar gekrönt. Eine überaus wichtige Arbeit lag vor uns, und wir mussten sie gemeinsam tun. Alles, was ich hörte, waren die Worte: „Kein Widerstand; fließe mit den Energien."

Die Auserwählung oder die Krönung beschreibt den vorgeburtlichen Zustand, in dem wir unsere Aufgabe, Bestimmung bekommen. Mit Wahl versehen, treten wir dann ins Leben. Es kann auch, so in einem anderen Traum, heißen: „wir sind eingeladen". Es ist keine Bevorzugung, wie vielleicht bei Königen, sondern nur eine individuelle Einmaligkeit, insofern also etwas Besonderes, was man behelfsweise als Auswahl oder Krönung oder Einladung bezeichnen kann. In den Begriffen kommt lediglich die Wichtigkeit und Sonderrolle und Sonderbedeutung zum Ausdruck. Deshalb die nicht banalen Begriffe, sondern die scheinbar auszeichnenden Begriffe. Tatsächlich kann man im Traum, wenn auch selten, seine schicksalhafte Bestimmung sehen, wie nachträglich in der Dimension vor der Geburt, und das Schöne ist dann, dass dem Träumer, späteren Wachen, klar wird: Genau das führe ich ja schon die ganze Zeit in meinem Leben aus! Man kann also sagen: Jeder Mensch hat seine (einmalige) „Aufgabe". Diese steht vor der Geburt schon fest, fügen wir hinzu, auch wenn manch einem das mit der Idee des freien Willens kollidiert. Nicht nur Meister Eckhart oder Laotse, viele andere haben schon die Freiheit und den Sinn des Lebens darin gesehen, die zugeteilte Aufgabe willentlich und gern zu übernehmen, also Ja zum Geschick zu sagen. Auch wenn das belastend ist, wie es sich im Leben der Eileen mit diesem schwierigen Peter zeigte. Die Paare sind oft schon in vielen früheren Leben aneinander gebunden gewesen. Die Beziehung mag ungut oder unglücklich sein, aber vielleicht war die gemeinsame Aufgabe noch nicht endgültig erledigt – für den Kosmos, nicht für uns selbst, nur indirekt und nebenbei für uns selbst. Wir Menschen sind tendenziell unwichtig für die Aufgabe oder sind als Subjekt untergeordnet, das kann man deutlich sehen. Wir dienen dem Schicksal, nicht das Schicksal uns. Ein Widerstand wird vom Himmel aus nicht empfohlen, er ist nicht sinnvoll, ein Widerstand gegen die Aufgabe chaotisiert das ganze Erdenleben. Die angemessene himmlische Empfehlung lautet: „Fließe mit den Energien." Manche „Aufgaben" müssen gemeinsam geleistet werden, ob als Paar oder als Zig-Tausend: „Eine überaus wichtige Arbeit lag vor uns, und wir mussten sie gemeinsam tun." Man kann also für die Lebensaufgabe auch den Begriff „Arbeit" wählen (so schon im Alten Testament). Im Mittelhochdeutschen hat „arebeit" viel mit Leid zu tun, nicht banal mit Job, und tatsächlich sind viele Leben oder Bestimmungen leidvoll. Es zählt das übergeordnete Ergebnis, wir als Werkzeug kaum.

Dass das ganze Leben mit der aktuellen „Aufgabe" – der Philosoph Kant würde hier den Begriff der „Pflicht" wählen – im Zusammenhang des Uralten mit dem zugleich sehr Neuen steht, ist ein deutlicher Hinweis darauf, dass der Wiedergeburtskreislauf der Hintergrund unserer Existenz ist. Was Eileen hier auffallend und wiederholt erwähnt, ist nicht kurios, sondern sinnvoll. Ein jedes Leben mit einer speziellen Bestimmung, Aufgabe, Arbeit ist brandneu – und doch in den Bahnen einer uralten Vorgeschichte. „So neu und doch so alt", kann Eileen nur immer wieder feststellen, „auch ich war uralt und doch jung". „Schön" sei es auch gewesen. „Und dann gibt es da noch die lautere Schönheit der Natur", ebenfalls in dieser Zeitlosigkeit der nicht-materiellen Welt, wo Vergangenheit und Neues zusammenfallen. Jeder Mensch startet in diesem Leben „jung", und ist in Wahrheit eine „alte" Seele. Mit einem weisen Blick kann man den roten Faden seines Lebens, der wie eine Bestimmung wirkt, auch an den äußerlichen Fakten der Biografie ablesen, also ohne Traum. Dazu muss man Symbole in den Fakten lese können. „Alles Vergängliche ist nur ein Gleichnis", so spricht der Dichter Goethe. Unser biografischer Ablauf ist ein Gleichnis für das Verhängnis, das uns gegeben wurde, das uns verfolgt. Im Focus-Symbol des Geburtserlebnisses leuchtet das Verhängte bereits deutlich auf. So kann der Dichter Franz Kafka sagen: „Mein Leben ist das Zögern vor der Geburt", d.h. sein ganzes Leben läuft indirekt oder symbolisch wie das Ur- und Kernmuster ab. An der Biografie der Eileen Caddy könnte man ihre innere Bestimmung nachträglich auch ablesen, aber keinesfalls so deutlich wie an ihrem grandiosen Traum. Eine wichtige Kleinigkeit an ihrem Traum ist: „und dann befestige ich an ihrer Stelle [an der Stelle der Edelsteine der Krone] ein Gummiband". Hier scheint durch, dass sie dem Ergebnis der Krönung, der Bestimmung ihres Lebens in der transzendenten Ebene zustimmte, dass sie das Partnerschafts-Gummi-Band mit diesem Peter aktiv wollte. Der unbewusste Geist oder die transzendente Seele des Menschen stimmt dem Schicksal, was verhängt wird – für diese eine Inkarnation – zu, mag er wegen des Leids des Lebens dies bewusst auch bestreiten.

Die „Aufgabe" kann auch eine „spirituelle Berufung" sein. So wurde das berühmte amerikanische Medium Edgar Cayce zwei Jahre vor seinem Tod in einem Traum mit Jesus und anderen Begleitern seiner spirituellen Aufgabe ansichtig [Anmerkung 5]. Der Traumrahmen war u.a., am Ozeanufer einfach weiterzulaufen nach oben in den Himmel, auf einen Platz mit einem riesigen Zelt: „ein außergewöhnliches Licht durchflutete den Ort." Nicht selten spielt das Licht in erleuchteten Erkenntnismomenten oder in Gottes-Visionen eine bedeutende Rolle.

Dematerialisation. Das Nahtoderlebnis eines vierjährigen Kindes

Dokument 16 (1.6.2004; Irmgard W. und Dorothee)

„Licht am Ende des Tunnels" – so heißen viele Bücher, die von Nahtoderlebnissen berichten, aber so formulieren auch Betroffene die Situation oder Vision, in der sie sich durch einen Tunnel angezogen fühlten bzw. ihn in hohem Tempo passierten und fern das attraktive Licht sahen. In dem oben zitierten Buch von Cayce spricht eine Frau: „Ich sehe ein rundes farbiges Licht am Himmel. Ich weiß, dass es ein anderes Bewusstsein ist" [vgl. Anm. 5, S. 137]. Nicht selten wird das Licht mit irgendeiner Art Wesen gleichgesetzt, meist mit einem übernatürlichen, aber auch mit einem irdischen in Transzendenz. Eine ca. 40-jäjrige Frau sah im Traum: "auf dem Wasser das Antlitz Jesu aus Lichtmaterial". Das Licht annäherungsweise als irgendein unbekanntes Bewusstsein zu definieren ist keine schlechte Lösung. In den

Nahtodberichten ist das Licht sehr hell oder weiß, blendet aber keineswegs, ist von überirdischer, unüblicher Konsistenz. Manche assoziieren indirekt Gott oder die Liebe oder die Heimkehr mit diesem Licht, so dass es einen personalen Charakter hätte. Treffend ist die Beschreibung der Nonne Hildegard von Bingen aus dem Mittelalter; sie nannte die Erleuchtungsgeschenke, die sie in ihren Visionen hatte: „Licht vom Licht" = also einen Abglanz in Form eines für Menschen erträglichen Lichtes vom unbekannt bleibenden fernen, großen, eigentlichen „Licht". Es können auch weiß-strahlende Helligkeit oder Feuer für den Einbruch transzendenter Kräfte als Begriffe gebraucht werden; in der Bibel wird das gern als „Verklärung" übersetzt. Im Deutschen wie im Englischen, auch im Lateinischen, gehört zu den Begriffen „Erleuchtung", „Enlightment", „Illuminatio" die Lichtmetapher automatisch mit hinzu.

In einem Traum der Dorothee NN sieht sie die Geburt und das Sterben des Partners, neben vielen anderen Akzidenzien, als „Dematerialisation".

Den Übergang von der transzendenten Welt in die hiesige kann man mit einem Materie-Wandel vergleichen. Der Geist ist Nicht-Materie, die Welt ist Materie. Deshalb können wir auch das Irdische „sehen", den Geist nicht. Den Wandlungszustand oder die transzendente Erscheinung ihres Partners erlebt Dorothee in einem *„Kegel aus blauem Licht".* Vielleicht können wir sagen: Wenn wir neben dem Materiellen eines Menschen auch etwas von seiner geistigen Entität sehen, von seiner Ausstrahlung, Aura, Spiritualität, neben der Zeitlichkeit etwas von seiner Ewigkeit sehen, dann ist das überirdische Licht ein adäquates Beschreibungsmittel. Oder so: Wir bestehen hier aus einer Art Materie und zugleich aus einer Art Lichtfluidum.

Eine Irmgard W. hatte im Alter von 4 Jahren ein Nahtoderlebnis. Ohne dass sie aber auffällig vom Licht berichtete. Ihr Schwerpunkt der Erfahrung war, dass wir im Jenseits dorthin kommen, wo wir zuvor gewesen sind. Sie erzählte uns – d.h. einer größeren Hörergruppe bei dem Vortrag des Autors über die apokryphen Evangelien –mit 80 Jahren ihr Erlebnis, wohl angeregt durch einen Auslöser. Plötzlich hatte sie Mut, und die ganzen Jahre über hatte sie das Geheimnis für sich behalten. Man kennt das, manche trauen sich erst dann, wenn irgendeiner mit einer affinen Kleinigkeit vorprescht.

Im Alter von 4 Jahren war sie aus dem Fenster gestürzt. Der Tunnel, das Licht am Ende des Tunnels tauchten auch in ihrem Erlebnis auf. Markanter aber war die Begrüßung ‚drüben': „Du bist zu früh. Du bist doch erst vor kurzem hier gewesen", hieß es. Auch sie selbst spürte: Sie war hier, „wo sie früher schon einmal gewesen war." Sie kannte den Aufenthaltsort von früher her. Es war dort sehr schön, und sie wollte da bleiben. Aber eine „Hand", von der Seite, von einer Person, nahm sie und führte sie zurück. Die Vierjährige widerstrebte. Da sagte die Person: „Deine Mutter wird weinen, wenn du hier bleibst. Möchtest du das?" Die Antwort war „Nein".... Später hörte sie, wie der Arzt zur Mutter sagte: „Wir haben gewonnen, sie bewegt sich" [wieder]. Als wenn sie außer sich sei, außerhalb von sich sei, schwebend, so hatte sie die Szene, sich, den Körper beobachtet. Zurück blieb eine schwere Verletzung an der Stirn. Das Mädchen erzählte der Mutter später ihr Erlebnis – aber die Mutter sagte: „Das hast du geträumt." Das Kind dachte: Ich lass die Mutter reden, ich weiß genau, dass ich das erlebt habe. Das Kind verschloss das Erlebnis in seinem Herzen, behielt es aber für immer.

Der Auslöser, dass die achtzig-jährige Frau, mit der guten Erinnerung und der schon eingeschränkten Sehfähigkeit, zum ersten
Mal das Erlebnis öffentlich erzählte, war, wenn ich mich recht
erinnere, ein apokryphes Jesus-Wort, dass unser Ende wie der
Ursprung sei, d.h. Alpha = Omega. Der Vortrag hatte die Ka-
talognummer 1.000. Nahtoderlebnisse können stattfinden vor
der Entwicklung des Bewusstseins und der Sprachfähigkeit, also
beispielsweise vor dem dritten Lebensjahr. In Träumen kann sogar aus tiefer Dimension ein Nahtoderlebnis bei der Geburt auftauchen. Überhaupt sind Geburtsträume sehr zahlreich. Die Geburt ist unser erstes Muster für den Umgang mit der Welt, eine
Erstprägung für das ganze Leben.

In Nahtoderlebnissen gibt es oft eine 'Schwelle', wovor noch
ein Zurück möglich ist, danach nicht. Dort kann man die Zu-
kunftsaufgaben gezeigt bekommen (die Jahrzehnte später bestätigt werden), oder die Bindung an geliebte Personen taucht auf,
bei dem antiken Philosophen Parmenides z.B. der Appell an seine eventuell zurückbleibenden Kinder. Die Nahtoderlebnisse beruhen nicht auf Sauerstoffmangel oder endogenen Morphinen,
mehrheitlich (es mag Ausnahmen geben) sind sie seriöse Berichte über eine realistische Grenzerfahrung, die als Urwissen latent
in unserer Seele liegen dürfte und, wie üblich, durch entsprechende Trigger geweckt wird. In der Mystik, in den Träumen,
in den Religionen tauchen Inhalte des Nahtoderlebnisses in der
Form von „Himmelsreisen" auf. Es geht um eine grandiose Aus-
nahmesituation der Erkenntnis. Der Sinn des Lebens wird, zum
ersten Mal, verstanden und die Biografie zeitlos, im Rückwärts-
gang meistens, vorgeführt. Ein klassisches Umschlagsphänomen
ist es, der Schmerz kippt um, und zwar plötzlich, in Frieden und
Wonne. Die Betroffenen wollen bleiben, weil es dort außerordentlich schön ist. An der ‚Schwelle' werden aber alle, die berichtet haben, zurückgeschickt – die anderen bleiben im Tod, im

Jenseitsbereich und erzählen uns natürlich nichts. Mittlerweile wissen wir sogar, dass ein Nahtoderlebnis nicht an eine Restfunktion der Gehirnströme gebunden ist. „Endeloos" (niederländisch) ist das „bewustzijn" , so der Kardiologe Pim van Lommel, „Beyond the Brain" heißt es nach Stanislav Grof; ähnlich belegt der Neurologe Eben Alexander in seinem Buch „Blick in die Ewigkeit", dass keine Gehirntätigkeit die Visionen des Nahtoderlebnisses erzeugt. Auch Träumen sind diese Erlebnisse nicht vergleichbar, denn dann müssten sie individueller sein, die Inhalte sind aber auffallend, weltweit, ähnlich und gleich. Tausende und mehr Nahtoderlebnisse kann man nebeneinander stellen, und immer wieder finden wir dieselben Punkte und Botschaften vorgeführt. Wir halten fest: Sofort nach dem Tod geht es in eine schöne, andere Welt. Die Charakteristika sind der Umschlag, das „Licht", der Tunnel, die Geschwindigkeit (im Tunnel), das Schweben, das unerhörte Sehen und Verstehen, die Akzeptanz des Schicksals, der Friede, die Liebe, die Schönheit, das Empfangen-Werden auf der anderen Seite. Die Übereinstimmung in den Berichten müsste auch den Skeptiker nachdenklich machen. Selbst Berichte aus der Kindheit oder der vorsprachlichen Zeit entsprechen der immer wiederkehrenden Muster-Botschaft. Kleinere individuelle Anteile gibt es natürlich auch. Kinder sind dem transzendenten Bereich noch näher als die Erwachsenen, es ist nicht unlogisch, wenn das oben genannte vierjährige Kind eine Begrüßung berichtet: „Du bist doch erst vor kurzem hier gewesen". Oder „Du bist zu früh." Es lohnt sich auch sonst, auf Kinder zu hören, z.B. wenn wir sie zu Bett bringen, sowohl für manche Lebensentscheidung als auch, wenn sie über den Himmel reden.

Ein Vorzeichen zum Tod 24 Stunden später

Dokument 17 (21.05.2005; N.N. Zülpich)

Ein Erlebnis in der Badewanne berichtet, vor Publikum, eine Kursteilnehmerin:

> *In dem Badezimmer, in der obersten Etage eines Hauses, gibt es Dachfenster. Während unsere Gewährsfrau badet, erscheint am Dachfenster, außerhalb des Raumes, also draußen, das Gesicht ihres Vaters. Es war am späten Samstagabend...*
>
> *Am Sonntagabend um die exakt gleiche Zeit (!) verstarb ihr Vater, wie sie uns berichtet. Er hatte am Sonntagmorgen einen Unfall gehabt und lebte dann noch 10 Stunden.*

Eine Vision, ein spiritueller, unerklärlicher Kontakt, mit dem Inhalt, dass der Vater sich 24 Stunden vor seinem Tod ‚verabschiedet'. Erlebnisse der Art, dass Sterbende sich in der Stunde ihres Todes verabschieden, etwa in einem Traum, auch über Länder, Kontinente hinweg, so z.B. im Krieg, gibt es öfter. Ein anderes Beispiel für solche Art von Information ist, dass eine Frau im Traum/Schlaf sieht, dass ihr Mann durch die Verandatür hinweg geführt wird und auf der Hauptstraße des Ortes von seiner längst verstorbenen Mutter begrüßt wird – und dass bald festgestellt wird, dass der Ehemann zur Zeit dieses Traumes real tatsächlich gestorben ist, sogar nahebei, im Ehebett. Hier aber haben wir, außerhalb des Dachfensters, eine Art Abschied in Form einer Vorankündigung. Wir können nicht entscheiden, von welcher Seite die Energie, eventuell Liebe, stärker war: Wollte sich der Tod nahe zeigen oder sog die Tochter die Information der Zukunft in sich hinein, produzierte sie sie als Bild, als mirakulöse

Erscheinung? Ähnlich unbeantwortbar ist folgendes Phänomen: Ein Telefonanruf von einer lange nicht mehr kontaktierten Person, die angerufene Person ‚weiß‘ voraus, wer anruft, und sagt zudem überrascht: Dich wollte ich auch gerade anrufen. Wir wissen nie bei Übertragungen, telepathischen Erscheinungen: Wo ist der Sender, wo der Empfänger? Wessen mentale Energie war entscheidend?

In unserem Falle ist der Archetyp „Dachfenster" auffällig. Das Symbol assoziiert zu der unbewussten Vorstellung: draußen ist eine höhere Anderwelt, etwas wie der Himmel, das Reich des Geistes. Welches Fazit ziehen wir aus dem Dokument (vor einer größeren Zeugengruppe freimütig vorgetragen)? Etwa dies: Der Tod ist vorbestimmt, sonst könnte er nicht diskret vorher angezeigt werden (?). Im tiefsten Unbewussten ‚weiß‘ der Betroffene davon oder wissen die Betroffenen davon; es gibt eine Kommunikationsschiene zwischen Menschen, die sich jeder bewussten Kontrolle entzieht. Die enge Verbindung von Blutsverwandten fördert den Austausch spiritueller Informationen; da geht es um viel mehr als bei einer ehemals vorsichtig von S. Freud formulierten „Übertragung"; es geht um die manifeste Wanderung unbewusster Inhalte innerhalb von Seelengruppen (als Komplexwanderung in der Systemischen Psychologie, in der Familienpsychologie bekannt). Wenn der Tod schon lange feststeht, könnten wir wohl viel von Belastung, Stress, nämlich den Tod zu vermeiden, von den Schultern werfen. Man darf aber auch gerne über die Nachteile dieses Voraus-Wissens sprechen. Doch dass man anscheinend nicht vor der festgesetzten Zeit stirbt, kann man nur im Nachhinein erschließen. Vorsorgend kann man in diesem Themenbereich der möglichen Todankündigung (weiterhin) nichts tun. Selbst diese Vision, eh‘ nur intim unter zwei Nahestehenden, ergab am Samstagabend keine Handreichung zur Intervention. Höchstens hätte die Tochter sagen können. „Papa, pass auf dich auf in der nächsten Zeit." Wie man halt so redet. Einen Effekt hätte es nicht gehabt. In der Badewanne hätte sie sich sagen können: „Uff, was habe ich denn da für einen unrealistischen Spuk kurz vor den Augen gehabt." So reagiert man eben. Auch Zukunftsträume tut man gern als Nervosität, Sorge oder Spuk ab. Wenn aber die Szene sich Monate, Jahre später realisiert, wird man nachdenklich. Z.B. träumte eine Mutter über den Freund ihrer Tochter: „Der Freund trennt sich nach einer Aussprache von meiner Tochter, die beiden behalten aber freundschaftlichen Kontakt." Zuvor noch hatte die Tochter real der Mutter über ihre Beziehung erzählt, dass sie ein gutes Gefühl hätte und sie bald heiraten würden. Zwei Monate nach dem Traum wurde er Wirklichkeit: Trennung. Zur Zeitfrage bei möglichen Zukunftsträumen lässt sich keine konkrete Aussage machen.

Schwebezustand. „So ist es, wenn du tot bist."
Vor der Geburt: auf der Tragfläche eines Flugzeugs

Dokument 18 (9.06.1995; Heide E.):

Heide berichtet mir (später):

1.   *„Der Traum, den Sie* [das ist der Autor dieses Buches, damals als Leiter eines Traumseminars] *,Out-of-body-Erfahrung' nannten und den ich heute noch bis ins Detail vor mir sehe (er ist ca. 4 Jahre her): Der Wecker hatte geklingelt und ich bin in einer Art Dämmerzustand. Plötzlich schwebe ich vom Bett hoch an die Decke und gleite an der Decke entlang durch alle Räume; ich sehe jedes einzelne Teil der Wohnung ganz deutlich und sehe mich selbst im Bett liegen. Ich schaue an meinem schwebenden Körper herunter, er ist nur bis etwa*

zur Hälfte zu sehen, Unterleib und Beine fehlen. Es ist ein herrliches Gefühl. Als ich richtig wach werde, bin ich fast traurig, dass dieser herrliche Schwebezustand zu Ende ist."

Ein ähnlicher Traum vor ca. einem Jahr:

2.   *„Ich gehe Straßen entlang, in denen wundervolle Kirchen und palastähnliche Häuser stehen, die Kirchtürme haben verschiedene Formen, lang und spitz, kuppelförmig oder Zwiebeltürme. Alle sind von blau-goldener Farbe, das Blau ist ganz intensiv, etwa kobaltblau, das Gold strahlt überirdisch schön. Das Ganze scheint von einem herrlichen Licht angestrahlt zu sein. Ich gehe ganz verzückt und benommen durch die Straßen – es ist nichts anderes zu sehen als diese Farben und diese Kirchen. Ich weiß im Traum auf einmal: So ist es, wenn du tot bist – vielleicht bist du ja schon tot? – ja, du bist bestimmt tot. Ich werde dann wach und bin erfüllt von diesem Traum, verwirrt und begeistert. Er verfolgt mich gedanklich noch lange und eigentlich noch heute, ich muss oft daran denken und sehe alles noch ganz genau vor mir. Ich hatte schon oft den Wunsch, so etwas Schönes noch mal zu träumen."*

Traum von der zerplatzten Kamera:

3.   *„Ich stehe mit meiner Spiegelreflexkamera in irgendeinem Land und schaue auf einen Berg mit einer Figur. Es ist eine große Figur in einem langen Gewand mit langen Haaren und ausgebreiteten Armen. Ich weiß: das ist Jesus. Ich will diesen Berg mit der Figur fotografieren. Als ich den Auslöser drücke, zerplatzt die Kamera in viele Stücke. Ich bin sehr erschrocken. Im selben Moment steht die Figur vor mir, hebt mahnend den Finger und sagt: Du darfst mich nicht fotografieren, das ist nicht richtig.... Zwei Monate später sehe ich im Fernsehen einen Bericht über Rio de Janeiro – und es wird der Berg mit der Jesusfigur gezeigt. In diesem Moment weiß ich: das ist genau der Berg von dem ich geträumt habe (den ich aber vorher noch nie gesehen habe). Ein so starkes Gefühl, dass mir die Tränen kommen."*

Ein weiterer Traum, noch gar nicht lange her:

4.   *„Ich hänge ganz gelassen über der Tragfläche eines Flugzeugs und schaue hinunter auf ein Meer; auch die Brandung kann ich sehen. Das Wasser ist grünlich und hat eine ruhige Oberfläche, die Brandung schäumt aber recht stark. Auf der Flugzeugnase sitzt eine Frau, angelehnt an die Pilotenkanzel, und liest in einem Buch; auf der anderen Tragfläche sitzt ein Mann. Ich wundere mich im Traum, wie man auf einer fliegenden Maschine so seelenruhig ein Buch lesen kann, schaue wieder aufs Meer und habe ein leicht mulmiges, schwindeliges Gefühl, finde es aber andererseits toll, so durch die Luft zu fliegen, wobei ich allerdings das Gefühl habe, dass das Flugzeug sehr langsam fliegt.*

Bei diesem Traum sagten Sie [das ist wieder der Autor dieses Buches], *dass es ein vorgeburtliches Erlebnis gewesen sei,
und die Frau und der Mann seien meine Eltern gewesen. Das
hat mich sehr beeindruckt, denn ich konnte mit dem Traum
selber nichts anfangen."*

Hier haben wir den Bericht einer etwas älteren Frau, die nach
Amerika ging und vorher dem Autor diese Träume sandte. Das
parallele Bewusstsein, dass man sowohl als Ich schwebt als auch
sich als Körper (hier im Bett liegend) erlebt, ist schon weiter
oben angesprochen. Es ist für Out-of-Body-Erfahrungen relativ
typisch, ist also kein singulärer Bericht, sondern z.B. in Nahtod-
Erlebnissen zig-fach beschrieben. Das Schweben ist emotional
befreiend: „ein herrliches Gefühl".

Unsere spirituellen, religiösen Träume zeigen gerade das, was
uns im Erdenbewusstsein fehlt, nämlich den Zustand nach dem
Tod (a), überhaupt unsere Möglichkeit, den Körper vorübergehend zu verlassen (b), die Begegnung mit Gott (c), den vorgeburtlichen Raum (d). So ist also eine Art Vorschau über unseren
Zustand nach dem Tod möglich. Die „Kirchen, Kirchtürme, Je-
susfiguren" sind natürlich Archetypen, die allgemein zu unseren transzendenten Gedanken oder Visionen oder Träumen passen, sind also Attribute, Symbole, die man für das Bild-Denken
eines Erdenmenschen erwarten kann. Ein klassisches Himmels-
Attribut ist der Lapislazuli, der wunderbare Gold-Einschluss in
Blau, in einem besonderen, fast einmaligen Blau, d.h. es geht um
goldfarbene Pyrit-Adern in einem Kobaltblau. Der Lapislazuli
wird schon im Gilgamesch-Epos erwähnt, er war der Stein der
ägyptischen Pharaonen, und der „Buddha im Lapislazuliglanz"
ist ein „heilender" Gott. Schon „Gold" allein ist in Träumen ein
bekannter Archetyp für das Spirituelle, und früher konkret ein

Attribut für die Priesterkönige. „Blau" ist als Heil-Farbe bekannt und passt vom Grundsatz her auch zur Himmelssymbolik. So ist es nach dem Tod: „überirdisch schön", in idealen Farben und religiösen Attributen, „von einem herrlichen Licht angestrahlt". „Verzückt und benommen" = selig ist man nach dem Tod. Als wenn es nur Farben gäbe, was meint: nur ein Meer von Gefühlen, kein intellektuelles Denken, keine rationale Einzelheit. Unsere Angst vor dem Jenseits ist nicht begründet.

Die zerplatzte Kamera überrascht nicht. Man denke an den auf der Welt verbreiteten Inhalt, sich kein Bild von Gott zu machen. Gott selbst ist unfassbar, und kein Adjektiv wird ihm gerecht, und Figur, Bild, Portrait schon gar nicht. Dass Christen vornehmlich eine Jesusfigur ‚sehen' verwundert nicht. Die Figur in Rio de Janeiro hat daneben noch eine besondere Ausstrahlung und Attraktivität, mit ihrer Positionierung, Haltung usw. Der Traum spricht ein Tabu „mahnend" aus: an keiner Gottesfigur, -illustration sollte man sich festhalten. Zwar ist es menschlich, religiöse Vorstellungen mit Bildern und Figuren zu füllen, aber „das ist nicht richtig". Alle unsere Kameras – und auch Sehweisen – versagen bei der Gottesabbildung oder -beschreibung den Dienst. Alle Gottesnamen und -beschreibungen in den zahlreichen Religionen sind nicht wirklich oder ausreichend zutreffend, sondern reine menschlich gemachte Bilder (Annäherungssymbole).

Zuletzt kommt als Nr. 4 ein klassischer Geburtstraum. Immer wieder stoßen wir in Geburtsträumen auf den Archetyp „Einfliegen, Einschweben, Landen". Ein weiterer oft gebrauchter Archetyp für die Geburt ist der „Strand", quasi in Assoziation zur Historie, wo das Leben aus dem Wasser später auch das Land eroberte. Auch wir kommen ja auch aus der Gebärmutterflüssigkeit, wo wir schwammen, auf die Welt. Das „Einfliegen" und

„Sehen" auf das, was einen erwartet, spiegelt eine noch vorgeburtliche Szene. Die „Brandung" selbst ist schon dem eigentlichen Geburtsprozess näher. Die Mutter wird als „Frau auf dem
Flugzeug" wahrgenommen, und das „Buch", was sie liest, ist das
Schicksal ihrer Tochter, was bei Gott „aufgeschrieben" ist. Die
Idee, dass unser Lebensskript = Schicksal bei Gott, z. B. auch bei
Allah als „Buch", aufgeschrieben ist und also feststeht für das
kommende Erdenleben, ist eine häufige spirituelle Erkenntnis,
nicht nur im Koran. Der Vater wird ebenfalls als fliegender Geist
gesehen – wie die Träumerin sich selbst ja auch empfindet, als
fliegende Seele vor ihrer Geburt. Es ist logisch, dass die Mutter,
die gebiert, einen zentraleren Platz hat als der Vater. Dass die
Beteiligten oder die Eltern so „seelenruhig" auf dem Flugzeug
fliegen, ist vermutlich der vertrauensvollen Schicksalsergeben-
heit der Eltern, als spirituelle Seelen. zu verdanken. Das schließt
aber eventuell große Aufregung auf der Erde nicht aus. Wir haben immer zwei Seelen in unserer Brust, eine menschlich-kör-
perliche, eventuell in Panik, und eine andere, transzendente in
göttlicher Ruhe und Klarheit. Die beiden Seelen der Träumerin
zeigen sich darin, dass es ein „mulmiges, schwindeliges Gefühl
im Bauch" gibt, das ist nämlich die Angst vor der Geburt, und
dass es „andererseits toll" ist, so zu „fliegen." Dass das Flugzeug
„sehr langsam fliegt", könnte bedeuten, dass sich der Geburtsprozess verzögert oder dergleichen.

Traum im Traum. Gott sagt, dass man keine Miete
zahlen muss, wenn man seine Schuldgefühle ganz ablegt.
Thomas Evangelium. Abtreibungsthema

Dokument 19 (02.07.2007; Monika O.)

*In einem Traum erinnert sich Monika an einen Traum aus
der letzten Nacht davor, und diesen Traum nennt sie „Gottes
Miete". Im Umschulungsunterricht des Rahmentraumes, so
beginnt es, geht es um die Frage, warum die Mieten so hoch
sind. Die Lehrerin zeichnet zwei benachbarte Inselgruppen
an die Tafel. Wo die erstgenannte Inselgruppe liegt (eventuell im Pazifik) und auch den Namen der zweiten Inselgruppe,
wo kaum einer wohnen möchte, hat sie vergessen, sie gibt
das Problem an die Klasse weiter. Monika hat die Antwort
auf der Zunge, kommt aber nicht drauf – weil ihr „plötzlich vage ein Traum von der letzten Nacht durch den Kopf
geht." „Dann fragt Frau K. [Lehrerin], ob Gott einem von uns
schon gesagt hätte, wie man die Mieten senken könne, aber
es scheint mehr eine rhetorische Frage zu sein..." Monika:
„Doch ich werde innerlich hellwach, weil ich mich plötzlich
wieder glasklar an den Traum von letzter Nacht erinnern
kann und daran, dass Gott mir im Traum sogar gesagt hat,
wie man überhaupt keine Miete mehr zahlen muss. Diese
Klarheit über den Traum und die Tatsache, dass Gott darin
eine Rolle gespielt hat, lassen den Wunsch in mir entstehen,
mich darüber in der Klasse mitzuteilen." Nun folgt eine längere Szene, wo die Lehrerin sich mit ihren Unterlagen ablenkt
und Monika partout nicht drannimmt.*

[Zwischenkommentar: Das ist natürlich eine heftige Ablehnung der Monika durch die Mutter früher gewesen, die noch

an weiteren Stellen des Traumes symbolisiert wird. Die Leidenden, so sind wir geneigt zu sagen, werden spirituell, religiös, sie bekommen Gottes Wort eher geschenkt. Allerdings, wer Gott kennt, erkennt, kann auch mit Stottern, Stummheit geschlagen werden. Bzw. diese Person findet zum wenigsten kein Gehör bei den Mitmenschen.]

Monika wird sogar wegen ihres Drängens beleidigt. Aber schließlich kann sie erzählen, bezieht sich nun aber nicht auf die Insel-Frage, sondern auf die Anfangsfrage des Rahmentraumes nach der Miethöhe. Irgendwie indirekt, so empfindet Monika, dürfte die Miethöhe mit der Inselfrage (wo wohnt ein Mensch) zusammenhängen. Monika: ... „erkläre, dass Gott mir in einem Traum sogar gesagt hat, wie man überhaupt keine Miete mehr zahlen müsse. Dann beginne ich den Traum:

‚Ich stehe an einem sonnigen Tag vor dem ... Drei-Parteien-Haus, in dem ich zur Miete wohne. Das Haus gehört Gott. Gott ist also mein Vermieter. Das Haus steht wohl an einer Steilküste und befindet sich somit auf einer Hochebene. In der Nähe steht ein dicker Baum (oder sogar ein Hain oder ein ganzer Wald?). Ich bin zwar froh über meine Wohnsituation, habe aber auch ein schlechtes Gewissen, Schuldgefühl: Zum einen, weil ich in einem Haus wohnen darf, dass Gott selbst gehört, und zum andern, weil er uns, seinen Mietern, eine verbilligte Wohnung gewährt hat. Aber wie ich vor dem Haus stehe und mein schlechtes Gewissen (aufgrund der Vorzugsbehandlung, Vorzugssituation) spüre, höre ich Gottes – sanfte! – Stimme in mir, die mir erklärt, dass gerade derjenige, der seine Schuldgefühle ganz ablegen kann, überhaupt keine Miete mehr zahlt.'"

Nun kommt in dem Rahmentraum der Monika eine Mutter mit einem zehnjährigen Mädchen in den Klassenraum,

Dadurch beginnt eine Störung, die Monika sprachlos macht. Monika behandelt diese Störenden sowohl mutlos als auch aggressionslos als auch besänftigend. Bittet um Verständnis, dass sie bei solchen Umständen ins Stottern geraten könnte. Da auch die Lehrerin Monika nicht wirklich unterstützt, beendet sie ihre Traumerzählung, Erinnerung aus der letzten Nacht. „Für so uninteressierte Hörer ist er [der Traum] mir zu schade. Stattdessen bin ich einfach nur froh, mich wieder so klar an den Traum erinnert zu haben, und fühle eine friedvolle Gelassenheit in mir." Sie sieht, „wie wenig Sinn es zurzeit hat", weiter zu erzählen. – Am Ende gerät noch ein Durst-, Trinkproblem in den Rahmentraum.

Sowohl durch das Stottern (Angst, Wut, Störung, Blockiertheit wegen einer Mutter bzw. wegen eines Erlebnisses im zehnten Lebensjahr [Missbrauch?]) als auch durch das Trinkproblem erkennen wir, dass Monikas Leben als Hintergrund ein Muttertrauma hat. Hier dürfte auch eine Ursache für den irdischen Schuldkomplex liegen: sie hat ihrer Mutter mit der Schwangerschaft und Existenz quasi große Probleme, Belastungen geschaffen, und in den meisten Fällen entwickelt das Kind, das nicht genehm ist, sondern Vorwürfe spürt (ob offen oder geheim), in einem solchen Fall Schuldgefühle, Aggressionsblockaden und ein sich selbst verratendes ‚Verständnis' für Missetäter. Das Muttertabu wirkt. Mit der Miete „bezahlt" man eine Art Schuld. Man hat ein schlechtes Gewissen, dass man bei jemandem, bei jedem – eigentlich bei der Mutter – in der Kreide steht. Das Leben kann dann in tragischen, falschen Schuldgefühlen ersticken (auch mit Symptomen, z.B. Stottern oder Ängsten). Aber gerade einem solchen Menschen sagt Gott im Traum: die Schuldlosigkeit wäre die Lösung!

Wir stehen bei der Interpretation vor der schwierigen Aufgabe, „Schuldgefühle" richtig zu deuten. Schuldgefühle bestehen aus einem Paar, nämlich aus echter, berechtigter Schuld und aus falschen Schuldgefühlen, aus dem sogenannten Schuldkomplex. Dies psychologisch, beim einzelnen Individuum zu trennen, ist sehr schwierig. Wo liegt der Unterschied zwischen einem falschen Schuldkomplex und dem begründeten Schuldgefühl? Von beiden Arten des Schuldempfindens befreit, hätten wir keine Verpflichtung, keine Verschuldung mehr gegenüber Gott, bräuchten dem Leben, dem Schicksal nichts mehr ‚bezahlen', entgegen zu leisten. Die „Mietzahlung" ist ja eine Gegenleistung – und wofür? Für unsere Existenz und für unsere Aktivitäten oder für unseren Genuss, im Traum: für unser Wohnen auf einer der beiden „Inseln" (welche wohl das Jenseits und das Diesseits meinen). Grundsätzlich im Kosmos, auch in einer amourösen Partnerschaft, muss man eine Gegenleistung erbringen, einen Ausgleich. Ohne Gegengewicht funktioniert nichts im Kosmos. Die Harmonie, Stabilität besteht aus zwei Ausgleichsgewichten. Irgendeinen Preis, eine ‚Miete' für das Dasein zahlen wäre also normal. Oder ergibt ‚Miete' sich nur, wenn wir etwas verschulden?

Zwei Wege gibt es, um Schuldgefühle zu löschen. Der eine Weg ist, ganz und gar schuldlos zu leben. Schwierig genug. Es erforderte ein sehr hohes Maß an Altruismus oder Liebe oder Hingabe an ein Ziel. Man kann das vielleicht erreichen, etwa durch eine gewisse Bescheidenheit oder Askese, durch Verzicht auf Töten von Tieren, durch Armut, durch Verzicht auf Sich-Durchsetzen. Da sind wir z.B. bei dem buddhistischen oder christlichen Ideal, d. h. bei dem typischen Mönchs-Ideal; oder auch beim weisen, verzichtenden Stoiker. Der andere Weg ist, das übertriebene Verantwortungsgefühl, dass man an diesem oder jenem „schuld" sei, ja vielleicht an allem, von sich zu werfen. Das ist ebenfalls schwierig. Denn hinter einem Schuldkomplex steckt die heimliche Rückseite des Omnipotenzgedankens. Mit anderen Worten, man lebt in der Vorstellung, man könne alles machen, kreativ gut, aber auch kreativ negativ, also schuldig. Man erhöht sich in beiden Richtungen viel zu sehr als Verursacher. Die Erfolge wie auch viele Schäden hingen vom Verursacher ab, so denkt man. Wer sich an allem schuldig fühlt, schätzt seine Rolle viel zu hoch, ja größenwahnsinnig ein. Und er hat natürlich eine arge frühe Geschichte, als Anklage-Opfer, als Sündenbock usw.

„Die Unschuld des Werdens ist verloren gegangen", sagt Nietzsche. Er philosophiert sowieso „jenseits von Gut und Böse". Das Unschuldsbewusstsein wiederzugewinnen, bezüglich der Biographie, aber auch bezüglich der Weltgeschichte, wäre sein Ziel. Seine Analyse ist: Der Ablauf des Daseins ist eigentlich unschuldig. Und diese Analyse müsste also das Bewusstsein, Selbstbewusstsein beherrschen. Das wäre vergleichbar unseren Kindertagen, der Tierwelt und überhaupt der Natur und dem Kosmos: dort fehlt ja das Schulddenken. Die moralische Kategorie Schuld entfällt in der Biologie oder in der Physik. Nietzsche verdächtigt die Mächtigen, z. B. die Religionsorganisationen, aus Beherrschungsgründen Schuld, Sünde, Anklage, Verurteilungen in die Welt gebracht zu haben. Je aggressiver und egoistischer eine Institution, eine Ideologie (oder ein Mensch) ist, umso mehr „beschuldigt" sie andere. Wenn wir eigene Schuldgefühle ganz löschen wollen, unsere Seele also rein und weiß machen wollen, uns als unschuldig empfinden wollen, müssen wir auch aufhören, andere zu beschuldigen, und zwar gänzlich. Sich selbst anklagen und andere anklagen gehört eng zusammen. Schon sieht man, wie schwer das ist, eigene Schuldgefühle zu entfernen...

Kann man sagen, dass letztlich der Mensch manisch einen „Schuldigen" sucht, weil er ständig mit seinen Minderungen,

Verlusten, Schädigungen konfrontiert ist und ganz besonders von der Kraft, die den Tod bewirkt? Das Sein des Menschen ist sehr fragil und ständig bedroht... Daran muss doch wohl jemand „schuld" sein? Auch kann der Mensch ja permanent das Prinzip von Ursache-und-Wirkung erkennen, erleben – wie soll er da erkenntnismäßig zu der großen Schuldlosigkeit gelangen? Außerdem haben die Götter zum Ablauf der Weltgeschichte in den Menschen die Illusion gepflanzt, es hinge alles von seinem Tun und Wollen ab. Die Götter haben die Fortpflanzung beschlossen, der Mensch ist dazu Werkzeug, glaubt aber, er täte alles aus freiem Willen, er täte es um seiner selbst willen, täte es um seiner eigenen Lust willen. Der Philosoph Schopenhauer hat sich in seiner „Metaphysik der Geschlechtsliebe" über diesen Trick der Natur näher ausgelassen. Die große Illusion des freien und autonomen Machers, der glaubt, sein Ego könne sich für dieses oder jenes entscheiden, beinhaltet zwingend die Illusion, die Gegenseite könne sich frei für Schuld oder Unschuld entscheiden. Der Kern des Problems liegt also im dualen Denken, das den Erdenmenschen, auch in der Bewertung von Recht und Unrecht, beherrscht. Die „Zweiheit", Unterscheidung, Vielheit ist ein Charakteristikum von „Welt". Die Weisen predigen den Ausstieg aus den Gegensätzen. Doch die materielle Welt hat mit dem Zerfall der Einheit, des Tao, d.h. mit dem Einzug der Gegensätze, mit Yin und Yang, angefangen. Der Weise erkennt hinter der Dialektik von These und Gegenthese das Dritte, die Einheit, auch dass Yin und Yang nur scheinbar Gegensätze sind und das Gegenteilige jeweils latent, geheim in sich tragen. Nur der Geist kann die Gegensätze auflösen, die Existenz des materiellen Körpers kann es nicht. Der Körper kann es sich nicht leisten, die Gegensätze von Leben und Tod, Schuld und Unschuld zu ignorieren, er ist gefesselt an die Dualität. Es geht den materiellen Objekten um Sein oder Nicht-Sein, nicht um das eine Vereinende. Aus Schuld-oder-Unschuld sich zu lösen, das ist wirklich nur etwas für Aussteiger, Asketen oder heilige Eremiten. Wie es sich aber anfühlt, zeigen wir an einem Ausspruch von Jesus in einem spät gefundenen Evangelium:

> *Spruch 38 des Thomas-Evangeliums: „Seine Jünger sprachen: An welchem Tage wirst du dich uns offenbaren, und an welchem Tage werden wir dich sehen? Jesus sprach: Wenn ihr eure Scham auszieht und eure Kleider nehmt und sie unter eure Füße legt, wie die kleinen Kinder, und ihr auf sie tretet, dann [werdet ihr (sehen)] den Sohn des Lebendigen, und ihr werdet keine Furcht haben."* [Anmerkung 6]

„Scham, Selbst-Scham, Sich-Schämen" ist ein abgeschwächtes Synonym für Schuldgefühlempfindung. Jesus empfiehlt, Schamgefühl und Schuldgefühl mit den Füßen zu zertreten, lustig zu zertrampeln. Das Thomas-Evangelium gehört zu den gnostischen Schriften des Urchristentums, 1945 gefunden bei dem ägyptischen Ort Nag-Hamadi. Das Thomas-Evangelium ist ursprünglich griechisch geschrieben, stammt wohl aus sehr früher Zeit, aus dem 1. Jahrhundert n.Chr., wie die theologische Forschung meint, in archaischer alter Form als Lehrgespräch gehalten, in einem koptischen Dialekt schließlich überliefert. Es beansprucht, Jesus original zu zitieren. Hier empfiehlt der Meister Jesus seinen Schülern auch, die „Zwei zu Eins" zu machen, die „Innenseite wie die Außenseite und die Außenseite wie die Innenseite" und die „Oberseite wie die Unterseite" usw., auch „damit der Mann nicht Mann sei und die Frau nicht Frau" (Spruch 23). Das meint: In Eins, Einheit, Einheitlichkeit, Monos-Struktur denken, nicht in Dualität. Jesus selbst ist „mono-genes", d.h. abstammungsmäßig aus der Eins, Einheit (monos), im Deutschen hilflos als „ein-geborener" Sohn übersetzt. Wir körperlichen Menschen stammen alle aus der Zwei – wenn auch rein geistig aus der Eins – so werden wir auch die Dualität von Schuld und Unschuld nicht los. Also frei von Schuldgefühlen zu sein, um auf den Miet-Traum von Monika O. zurückzukommen, ist ein Ziel – solange wir jedoch in der Materie sind, ist es mental schwierig zu erreichen.

Die Spannung zwischen zwei Polen, ob in der Elektrizität oder in den Planetenbewegungen, oder auch in der Erotik, macht diese Schöpfung aus. Und dazu gehört auch der unüberwindbar erscheinende Kontrast zwischen Schuld und Unschuld. Schauen wir uns den dramatischen Fall der vergewaltigten und geschwängerten Frau an. Zwei Lebensinteressen von zwei Lebewesen kollidieren. In abgeschwächter Form gibt es auch sonst bei jeder Abtreibung diesen Interessenskonflikt. Wer will behaupten, dass sich ein Lebewesen im Himmel ein so kurzes Leben, nämlich ein paar Wochen Dauer ab der Zeugung, freiwillig ausgesucht hat (oder wer will das Gegenteil vertreten)? Wer kann überhaupt den Charakter eines Embryos als „Person" definieren? Von diesem Problem abgesehen, sind als Folgewirkung weitere Menschen, Kinder betroffen: Der Platz im Herzen und im Uterus der Mutter ist für das nächstfolgende Kind ‚besetzt'. Die vorher abgetriebenen oder abgegangenen Wesen/Einzeugungen ‚wohnen' dort. Immer wieder zeigen das die Träume: Die Späteren wissen im Unbewussten von der Existenz vorangegangener toter Geschwister, auch wenn ihnen alles verschwiegen wurde. Je mehr Verdrängung und übersprungene Trauerarbeit, umso mehr kollidieren die neuen Kinder mit den ‚Geistern' ihrer Geschwister. Eventuell sind die Neuen sogar dieselben Seelen von damals. Manche Kinder sind der zweite oder dritte Versuch... Aber bezüglich Geschwister: Wenn beispielsweise zweimal männliche Foeten den Tod erlitten und das nächste Kind ist ein Mädchen, dann belasten diese Brüder, ob im Unbewussten oder in der geistigen Welt, das Erdenleben dieses Mädchens als Tochter und später als Frau sehr. Man könnte es so ausdrücken: Die Energien dieser beiden eventuell schockierend abgetriebenen Brüder sind nicht erloschen. Unterschlagene tote Verwandte, geleugnete Liebhaber, verdrängte große Missetäter im Clan, zurückgestoßene, unschuldige Opfer – man soll sich nicht wundern, wie und wo solche Tabuisierte mit einer mirakulösen Wirkung präsent sind, nicht nur im Traum. Auf einer Metaebene oberhalb dieser Ereignisse ist dann auch die Schuld-oder-Unschuld-Frage, die wir hier behandeln, schwerlich zu beantworten, sie ist relativ und ambivalent. Im Entrückungszustand jedenfalls ist nichts negativ, falsch, in der Sicht aus der geistigen Welt ist nichts „schuldig".

Entrückung. Besuch im Jenseits.
Die eigene Biografie verstehen. „Deine Zeugung war gut."
Gegensätze und Einheit

Dokument 20 (04.10.1998; Renate W.)

Eine Vorbemerkung: Da erzählt uns eine Frau von ihrem Erleuchtungserlebnis „beim Staubsaugen" – ja warum nicht. Entrückungen, Erleuchtungen erfolgen nicht unbedingt nach langer Meditation oder Askese, sondern sie werden geschenkt, sie sind eine Gnade; bei jeder Gelegenheit kann es passieren:

> *Beim Staubsaugen also sah sie auf einmal die „Weltkugel". Und sie sah, dass „alles richtig war", mit ihren anderen Worten: „sinnvoll zusammengepuzzelt" war, und sagte dazu: „auch die Kriege." Alles war „so einfach!"*

Zu den Kriegen unterlassen wir hier einen Kommentar. Wenn man auf die Weltkugel sieht, was nicht sehr selten im Traum vorkommt und wo die Kugel dann sehr klein ist, hat man einen distanzierten, neutralen Blick. Es ist dann schlagartig ein anderes, ein zweites Bewusstsein, neben der irdischen Orientierung als Staubsaugerin. Dieses zweite Bewusstsein nennen wir das körperlose Bewusstsein, im Unterschied zum körperverhafteten Bewusstsein.

„Erleuchtung" bedeutet, von den Fesseln der irdischen Wahrnehmung für einen Moment frei zu werden. Die Seele lebt dann wieder in Geist und Wahrheit, in ihrem eigentlichen Metier. Sie ist aus der Welt der Nachahmungen und Abbilder (der irdischen Abbilder des Geistes) herausgetreten und lebt dann wieder in ihrer Heimat.

Bei Erleuchtung sprechen wir auch von einer spontanen „Entrückung" oder von einer „Jenseitsreise". Dabei geht es oft so zu, dass man eine Erklärung, eine Wahrheit, eine Geschichte, einen Zusammenhang gezeigt bekommt, den man auf der Erde nicht sieht, nicht versteht, jedoch im Himmel bzw. so, als ob man momentan im Himmel wäre. Es ist eine Vorzugsaufklärung. Im europäischen Mittelalter gab es eine relativ reiche Literatur zu Jenseitsreisen – nicht nur Dantes Göttliche Komödie – mit pädagogischem Zeigefinger, als christliche Erziehung, mit einem abschreckenden Blick auf die Hölle, als eine Warnungs-Literatur. Wenn wir hier Jenseitsreisen vorführen, ob als Staubsauger-Erlebnis oder mitten in der Nacht im Traum, zitieren wir sie natürlich so wertfrei und neutral wie möglich:

In Renates Traum geht es um eine „Gedenkfeier für Oma und Opa". Aufbruch geschieht. „Plötzlich kriege ich die Gelegenheit, eine Reise ins Jenseits zu machen." An einem Eingang wird sie von einer Sofia mitgenommen: ... „oben ist eine

Lichtschranke." „Der Augenblick, wo das Licht stark wird und uns ‚verwandelt', ist schrecklich, mit Angst verbunden, aber sehr kurz. Dann sehe ich noch einen schmalen Gang, wie eine Röhre, der nach unten führt. Dann sind wir auch schon drüben. Wir haben noch unsere normale Gestalt, sind aber ganz leicht und fliegen oder schweben. Zuerst war es noch etwas schwer, und ich bin ein bisschen ungläubig, dass es klappt, aber dann schweben wir, zuerst zusammen, dann jeder für sich. Alle Wesen, die dort sind, sind so um die 30 Jahre. Es gibt keine alten Menschen und keine Kinder." Dann erwähnt Renate Räume, Gänge, Dimensionen. „Ich schwebe in einen ‚Raum'. Dort sagt mir ein Mann, er hat eine sehr spitze, dreieckig geformte Kopfbedeckung: ‚Deine Zeugung war gut, schön'; dabei bläst er schelmisch ein Präservativ auf, das vorne ein Loch hat. Dann bekomme ich einen Film gezeigt, der meine Kindheit zeigt. Ich sehe eine glückliche Familie..." Renate erlebt da auch ein früh verstorbenes Kind aus der Nachbarschaft. „Dann sagt eine Frau: ... ‚das war bis zum Alter von 5 Jahren, dann kam diese Hexe, die Frau..., und hat dich gequält'. Ich frage nach: ‚Wie hieß die'? Und verstehe den Namen schon wieder nicht. Dann sagt die Frau noch: 'Sie quält dich gerade heute noch'. Ich bin ja nur zu Besuch dort, deshalb ihr Tipp.

Ich muss weiter, wir werden wohl in Gruppen eingeteilt. Ich stoße wohl immer in neue Räume, wo ich mit meiner Vergangenheit konfrontiert werde, manchmal werde ich auch ein bisschen geschubst und zur Rechenschaft gezogen, aber es ist nie schlimm. Auf dem Weg zu meiner Gruppe höre ich weiter weg, wie jemand sagt: ‚Du bist also der Mann ohne Herz, mal sehen, wo sich dein Opfer befindet'.

Ich stoße zu einer Gruppe von 3 Männern und Sofia, mit mir sind es also 5. Dann lehne ich meinen Kopf schwebend *gegen den Oberkörper eines Mannes ...und sage: „Jetzt fühle ich mich total glücklich', und ich bin fröhlich. Ich frage, ob sie auch einen Film über ihre Kindheit gesehen hätten, und sage, dass er unheimlich schön gewesen wäre, bis zum Alter von 5 Jahren, und sage: ‚Ach daher habe ich bestimmt meine Kraft'. Wir warten darauf, ob es weitergeht. Plötzlich sage ich: ‚Ach du je, gleich sehe ich mich ja dann selber beim Orgasmus'. Davor habe ich irgendwie Angst. Ich weiß nicht, ob das erlaubt war, was ich gemacht habe." – Dann werde ich mitten in der Nacht wach von diesem Traum.*

Renate ist eine Lehrerin, die, wie schon eine Vorfahrin in Posen, etwas tanzwütig ist. Da wird wohl per Tanz codiert eigentlich oder symbolisch ein sexueller Höhepunkt gesucht, jedenfalls Lust in Eros und Emotion und Bewegung. Und sinnigerweise bricht der Traum vor einem Orgasmus ab. Nur kurz erwähnen wir zum Privaten, dass Renates Zeugung nach diesem Text vermutlich aus einem verbotenen Sexualverhältnis stammt, wo eigentlich Verhütung durch den Mann hätte greifen müssen und wo die Mutter Sex und Orgasmus als nicht erlaubt und angstbesetzt empfunden hat. Es dürfte ein Geheimnis sein, was auf Erden nicht wirklich erledigt, akzeptiert ist, eher noch im Tabu steckt. Allein die Wichtigkeit des Sexualitäts- und Befruchtungshöhepunktes bei dieser Jenseitsschau ist auffällig, da liegt auf Erden höchstwahrscheinlich eine Verdrängung vor. Wie zu erwarten, spricht der Himmel aber anders, er enthüllt Wahrheit, und er spricht positiv über die Existenz: „Deine Zeugung war gut, schön." Renate hat quasi in ihr Unbewusstes übernommen ihre Zeugungsumstände: der Vater wollte zeugen trotz Verhütungsszenario, die Mutter schämte sich ihres Orgasmus', d.h. auch ihres Empfangens. Lehre: Aus einer Himmelsperspektive könnten oder können alle abgelehnten, bekämpften Existenzen auf der Welt, die Zeugungsunfälle also, einen Anker für ihr Urvertrauen sich holen. Jede bekämpfte Frucht, mit lebenslangen versteckten, aber nagenden Minderwertigkeitskomplexen, ist vom Himmel her, bei Gott gewollt. Im Übrigen ist grundsätzlich im Traumwissen das Ereignis der eigenen Zeugung vorhanden, also in jedem abgespeichert. Wie vergleichsweise im buddhistischen Tibetischen Totenbuch der eigene Zeugungsmoment erlebt wird und beschrieben wird: die weiße und die rote Essenz fließen zusammen, und das Bewusstsein entschwindet ab da langsam. Bei der Geburt endet das vorgeburtliche und transzendente Bewusstsein bzw. dieses hier so genannte körperlose Bewusstsein dann vollends: So wird es auch in den indischen uralten Upanishaden beschrieben. Das himmlische Wissen fällt ab der Geburt „in Ohnmacht", rutscht ins Vergessen. Es geht verloren, genauer: es ist in die Tiefen, in die untersten Kammern des Unbewussten hinab gesunken. Das körperlose, vorgeburtliche Wissen ist aber nicht wirklich gelöscht, sondern nur unzugänglich – Schlaf, Traum, Ekstase, Erleuchtungsmomente holen es wieder hervor.

Die biografischen Einzelheiten, Bezüge des visionären Erlebnisses der Renate interessieren uns nicht primär. Sondern: Welches allgemeine Fazit kann man aus so einer Jenseitsreise ziehen? Was lernen wir? Die „Gedenkreise" zeigt, dass eine Erinnerung, Rückschau der Anstoß, der Eröffner der Himmelsreise ist. Die Verwandlung in das körperlose Bewusstsein und in das transzendente Wissen (retour) wird mit „Lichtschranke" behelfsweise, aber auch bildkräftig beschrieben. Schmerzlich, aber kurz sei das – nun, so können auch Geburt und Tod verlaufen. Irgendetwas muss nach menschlichem Ermessen geschehen bei unseren Dimensionswechseln. „Licht" wird da in vielen solchen Erlebnissen genannt. Der „schmale Gang, der nach unten führt" zeigt den Geburtsweg, beiläufig, und natürlich jetzt von oben, bzw. es ist nun der Weg in die geistige Welt und in die Vergangenheit. So ein Röhrensymbol gehört zur Wandlung. Es ist eine kurze Replik zum Weg auf die Erde, der aber hier im Moment nicht ansteht. Vielleicht sollte man besser sagen: Diese Art von Geburtsröhre erfüllt einen wichtigen Sinn in der Vision, weil ja bei der Jenseitsreise gezeigt wird, was „unten" ablief, seit der Entstehung der weltlichen Person. „Schweben" und „fliegen" ist das (erste) ganz Zentrale, was zu dem Zustand gehört, ein nicht-irdisches, nicht-körpergebundenes Bewusstsein zu haben. Der irdischen Wahrnehmung enthüllt sich die Wahrheit nicht. Ein Grund dafür ist, dass die Materie eine Welt der Nachahmung und Imitation ist, sie ist nur „Abbild" (des geistigen Äons, wie es in der Gnostik heißt).

Die meisten Berichte zum Thema Himmelsreise, Nahtod-Erlebnis, Entrückung beschreiben die Personen bzw. die Verstorbenen in der geistigen Welt als relativ jung. Dies Alter markiert einen optimalen Zustand der Vitalität und Reife und steht symbolisch für die Aussage: die Seelen in der geistigen Welt befinden sich in einem optimalen Zustand, sie sind nicht der Zeit unterworfen. Das ist das römische Alter des iuvenis = bis 30 Jahre ist man noch Jüngling. Dies optimale Alter um die 30 als optimale mentale Qualität markiert a) die Alterslosigkeit und Zeitlosigkeit der geistigen Wesen, und dazu noch, dass es b) diesen Menschen oder Geistern sehr gut geht.

Die „Räume und Gänge" sind psychische Zustände bzw. alternative Erdenerlebnisse bzw. verschiedene Zeiten in Renates Leben. Bei ihrer irdischen Existenz muss man eine Reinkarnationsreihe voraus setzen. Das wird deutlich, wenn ein Vorleben von ihr angesprochen wird, wo sie Mann war und grausam war. Wir wollen uns manchen Theoretikern der Wiedergeburtslehre anschließen, dass man abwechselnd als Mann und als Frau geboren wird. Diese Ansicht wird von den Träumen bestätigt. In einem bestimmten ‚Raum‘, in einer bestimmten Zeitstufe erlebt Renate ihre Zeugung, und es zeigt sich, dass besonders der Vater/Mann ihre Zeugung damals wollte oder aber jetzt wenigstens im Nachhinein das Gute und Schöne seiner Befruchtungstat sehen und nennen kann. Für das Selbstbewusstsein eines jeden Menschen ist es wunderbar und stärkend, irgendwo sicher zu erfahren, dass die eigene Existenz gewollt, gut und schön ist, auch wenn dies aus dem Himmel kommen muss und auf der Welt fehlt. Bei Gott ist jeder gewollt.

Das Generelle solcher Erlebnisse in der nicht-materiellen Welt besteht u.a. darin, dass wir erfahren, dass wir versteckt im Erdenleben auch ein körperloses Bewusstsein sind bzw. haben (Pim van Lommel: „endloses Bewusstsein“; Stanislav Grof: „beyond the brain“). Das führt schon zu einer wunderbaren konkreten Erfahrung bzw. Gewissheit, dass wir ohne Materie, d.h. nach dem Tod sofort weiterleben. Nächstes Konkretum: Es gibt die geistige Dimension tatsächlich, und sie zeigt Wahrheit, von neutraler Distanzposition aus. Diese Wahrheiten sind schlagend, z.B. stimmig und überzeugend und faktenbasiert zur Familiengeschichte, sie leuchten sofort ein, können aber in der Materiewelt nicht gut oder gar nicht gesehen werden. Es sind nie Lügen, wenn auch wie Orakel und Symbole manchmal nicht leicht zu übersetzen – wogegen die Erde unvollkommene Informationen und Lügen enthält. Endlich ist die Seele in der anderen Dimension ein „Seher der Wahrheit“ geworden (nach der Nag-Hammadi-Gnostik).

Da Renate nur einen kurze Erleuchtungstraum hatte, im Schlaf also, und nicht schon für immer „drüben“ war, hat sie neben dem körperlosen Bewusstsein auch noch das irdische, hiesige Bewusstsein.

So bemerkt sie zwischendurch:

*Dann sagt die Frau noch: 'Sie quält dich gerade heute noch'.
Ich bin ja nur zu Besuch dort, deshalb ihr Tipp.*

Das Jetzt der irdischen Existenz ist ihr parallel bewusst. Das ist oft so, wird manchmal erwähnt bei visionären Erlebnissen, die Erwähnung fehlt aber auch zuweilen.

Es folgt die biografische Einzelheit, Aufklärung, dass es einen negativen Umschwung in ihrem fünften Lebensjahr gegeben hat, bis heute wirksam. Interessant, dass eine „Frau" als Urheberin genannt wird. Eventuell als Symbol für eine geistige Kraft? Oder ist eine konkrete weibliche Person gemeint? Vielleicht ist es sogar die karmische Talion dafür, dass Renate in einem früheren Leben grausam gegenüber einem Mann war? Ohne Renate hier zu interviewen, können wir das nicht beantworten. Immerhin wird man in der geistigen Welt (d.h. in der Regel nach dem Tod) „mit seiner Vergangenheit konfrontiert", das überrascht nicht. In der geistigen Welt ist nichts gelöscht, und eine Vergangenheit, wie wir sie kennen, gibt es dort nicht. Vorbei ist nichts und gelöscht ist nichts. Es lohnt sich also für einen jeden Menschen, sich moralisch gut und sozial zu verhalten, etwa nach dem Kantschen Imperativ. Dass man zur „Rechenschaft" gezogen und ggf. geschubst wird, steht unter der Ägide: „aber es ist nie schlimm." Der Himmel besteht eben nicht aus Rache, sondern aus Verständnis und Liebe.

Den Archetyp „Film" gibt es oft in Träumen: er zeigt unbewusste Erfahrungen, Inhalte, keine Erfindungen, sondern biografische Fakten. Auch per Roman, Video, Bühnenstück oder Foto können vergessene oder auch verdrängte Lebenseinzelheiten im Traum vorgeführt werden. Renate ist in diesem Jenseitstraum oder -trip mit ihrer Person identisch geblieben, z.B. mit ihrer Klugheit, deshalb sagt sie logisch und überzeugend, dass die ersten glücklichen Jahre der Kindheit wohl ihr Kraftreservoir geblieben und gewesen sind. Solches genau trifft für eine gelungene Kindheit zu. Die Menschen ziehen ihre Vitalität oder den Optimismus aus einem ähnlichen Fundus, bei manchen fehlt solche Basis aber, diese können daher sogar suizid-gefährdet sein.

Ganz typisch, dass wir in der geistigen Welt zu einer „Gruppe" (von harmonischen Seelen) gehören. Man kann das auch als innere Ganzheit deuten. Zumal hier die Drei für den männlichen Aspekt einer Person und die Zwei für den weiblichen Anteil stehen. Die Fünf ist die Zahl von Partnerschaft, Power, Aggression, Tatkraft und Männlichkeit. Es verwundert nicht, dass sich an einen Mann anzulehnen Renate glücklich macht. Vielleicht hat sie da ein Defizit im weltlichen Bereich. Vielleicht kann sie sich auch innerlich wenig „anlehnen". Vielleicht ist auch die Sexualität ein heikles Thema in ihrem Leben. Diese Details interessieren uns aber nicht so sehr wie das Allgemeine.

Zu den personalen Phänomenen, ob als Trolle, Tiere oder Menschen auftauchend, im Traum, im Unbewussten, in der Entrückung, die wir gerne auch Geister nennen und die wir entweder für gut oder für böse halten, ist zu sagen, dass sie die Positiv- oder Negativ-Bewertung von den Menschen erhalten. Tatsächlich sind von uns unabhängige, für sich existierende Wesen in der geistigen Welt eher als neutral zu bezeichnen. Im Himmel oder Nirwana gibt es nicht die zwei Seiten Gut und Böse. Sondern diese zwei Seiten sind als Liebe und Hass irdisch. Wir ewige Wesen sind in der Welt, um zu „fühlen". Wir sollen hier Polarität erfahren sowie ein Ich, was nur in Abgrenzung, Unterschied zur Umgebung, zu anderen Wesen erfahren werden kann. Zur

Ich-Erfahrung gehören Fühlen und Empfinden und zwingend die Polarität von Ablehnung und Sympathie. Also Unterscheidungen (im Gegensatz zum Einheitsgefühl) gehören bedingend zur Ich-Erfahrung. Das Hauptcharakteristikum der Welt ist das Phänomen der Gegensätze, nachhaltig im hassenden und liebenden Fühlen dargestellt und erfahrbar. Wir Menschen können die in der geistigen Welt bestehende Einheit, Verschmelzung und Identität der Gegensätze nicht verstehen, das ist die coincidentia oppositorum, wie C.G. Jung sagt. Die Übereinstimmung der Gegensätze ist schon in jedem Traumsymbol, Archetyp als „Ambivalenz" zu erleben und zu beobachten. Das Symbol „Wasser" kann sowohl positiv als auch negativ sein, ja als Sein ist es beides gleichzeitig. In der unbewussten Welt, die eine Art geistige Welt ist, fallen Yin und Yang zusammen. Der Zusammenfall der Gegensätze betrifft sogar die Phänomene Außenwelt und Innenwelt. Unsere äußeren biografischen Einzelheiten korrespondieren deckungsgleich mit den psychischen Inhalten in unserem Innern. In vielen Erleuchtungserlebnissen wird das gesagt: was außen abläuft, erleben wir zugleich auch innen. Auch der Karma-Gedanke versucht diese Erkenntnis darzustellen: Die Einzelheiten des Lebens oder persönlichen Schicksals entsprechen den gesammelten, mentalen Karma-Bausteinen im unsichtbaren Innern eines Menschen. In den spät gefundenen Nag-Hamadi-Evangelien sagt Jesus, dass man die Zwei zur Eins machen solle (weil es keinen Unterschied gibt), u.a. auch keinen Unterschied machen solle zwischen der Außenseite des Bechers und der Innenseite. Aber er predigt umsonst, man versteht diese Lehre nicht. Die berühmte „Tabula Smaragdina", angeblich von Hermes Trismegistos (antikes Ägypten), lehrt, dass oben und unten, innen und außen gleich sind. Das ist wie eine Hintergrundwahrheit, nicht verstehbar, und realistischer Weise muss man anerkennen, dass unser augenblicklicher Materie-Aufenthalt die Einheit der Gegensätze nicht sieht, nicht anzieht, nicht versteht, ja einfach aussetzen muss für das Agieren in der Welt. Wir sind hier in einem Gefängnis, und die Regeln der Gefängnisflure heißen: Gegensätze! Nur wenn wir in Distanz „draußen" wären, sähen wir die Einheit und Einheitlichkeit der Gefangenen. Zu Außen = Innen gehört auch die Beobachtung, dass wir Menschen gegenüber dem Mitmenschen, in Beruf oder Therapie, unser je analoges, inneres, ähnliches Trauma reparieren, ersatzweise heilen. Wer als Vaterloser sich betont väterlich den Gleich-Betroffenen zuwendet, repariert sein Vatertrauma im Innern. Ähnlich leben wir im Außen auch ersatzweise unsere im Innern verborgene Aggressivität aus, als wäre es ein Gesundungsventil.

Immer wieder sind Mystik-, Transzendenz-, Erleuchtungserlebnisse und die spirituellen Träume erfüllt und durchstrahlt von Erfahrungen der „Einheit". Dazu gehört auch, dass die Verstorbenen in der geistigen Welt nicht polar denken und, wenn sie manchmal in unseren Träumen sind, so auch agieren. Alle geistigen Wesenheiten sind neutral, sie bekommen die guten und schlechten Eigenschaften von uns zugeschoben. In ihrer Funktion für uns werden sie entsprechend unserem Gegensatz-Muster als schmerzlich oder erfreulich empfunden. Die ‚Geister' sind erstens neutral und zweitens sind sie Gleichnisse, Stellvertreter für Kräfte in unserem Innern. Die ganze reale wie mentale Außenwelt ist in diesem Sinne Projektion. Wir begreifen aber den Zusammenhang zwischen dem Außen und unserem Innern nicht. Es gibt keine allein, für sich existierende Hölle, sondern nur diejenige Hölle draußen, die der Hölle in unserem Inneren entspricht. Es gibt den Gegensatz zwischen dem lieben Gott und dem Teufel nicht. – Ganz abgesehen von der Möglichkeit, dass die erschaffenden sogenannten ‚Götter', gerade in der Genetik-Kunst, dimensional völlig anders gewesen sein können, also weder Gott noch Teufel, sondern vielleicht höher entwickelte Wesen aus dem astralen Raum gewesen sein können.– Allein schon, wenn man sich bewusst macht, dass die Religionen die Konkurrenz-Götter als satanische und als zu bekämpfende darstellen, wird die ganze Lächerlichkeit, Götter in gute und in böse zu unterteilen, offenbar. „Hexen" und „Teufel" sind Projektionen des verdrängten Hassens im Menschen. Wir wiederholen aber, dass wir die Zusammenhänge des äußeren Feindes mit der inneren Feind-Qualitas als Erdenmenschen nicht wirklich verstehen können... Wir bleiben an der Oberfläche und sagen: Es muss sich um zwei verschiedene Dinge handeln; Krieg und Frieden können doch nicht eins sein. Unsere ganze Orientierung als Erdenmensch hängt von de Gegensätzlichkeit ab.

In der Ewigkeit gibt es keine Veränderung.
Die Seele als Taube, die sich vom Körper trennen kann.
Brief einer Verstorbenen

Dokument 21 (2001 und 29.03.2019; Elisabeth und Wilhelm)

Elisabeth sieht in einem Traum, dass der Himmel bzw. die Ewigkeit bzw. Gott aus der „Einheit" besteht. „Keine Veränderung, nichts Zweites. Anderes gibt es oder ist da nicht zu erwarten."

Das muss man nicht kommentieren. In der himmlischen Welt gibt es keine Gegensätze, keine Vielheit, kein Wachsen oder Untergehen. Das Bild entspricht der Nirwana-Vorstellung. Es gibt keinerlei Entwicklung in der Ewigkeit, aller Wandel ist Illusion. Diese Aussage kennen wir auch von anderen Visionären.

Ein Gleichnis für den wunderbaren Vorgang, dass sich unsere Seele nach dem Tod vom Körper löst und, weiterlebend, aufsteigt in den transzendenten Bereich, ist das folgende Traumbild von Wilhelm:

> *Eine Taube steht mit ihren um die Leibesmitte rotierenden Flügeln (im Kolibri-Stil) neben dem Träumer, schraubt sich senkrecht in die Höhe bzw. hält in einer bestimmten Bodenhöhe ihre in Schwirrflügeln stehende Position. ‚Sie steht in der Luft mit Auftrieb‘, könnte man sagen. Den Träumer durchfährt das schlagende Gefühl: Die Seele oder das Herz hat sich, als Taube, aus seinem Brustkorb gelöst (!), steht quasi neben ihm. Der Schreck im Traum bzw. Schlaf lässt ihn aufwachen. Doch bald ist der Vogel wieder ganz im Körper verschwunden, ist wieder sinnvoll integriert.*

Dieses Traumerlebnis zeigt, wie es im Tod vor sich geht. Das Geistige oder Ewige in uns tritt hinaus und startet in den senkrechten Flug nach oben. Vögel sind generell ein Archetyp für den von der Materie befreiten Geist, besonders die Taube. Das Bild der „Flügel/Federn um die Leibesmitte in Torsion" hat viele Vorbilder in den alten Skulpturen, die im Zweistromland die Götter (Besucher aus dem All?) darstellen sollen. Vgl. dazu die sumerischen Keilschrifttexte, Schöpfungsmythen. Diese Wesen sind nicht an die Erdenmaterie gebunden. Der Träumer hat kurz gesehen, wie auch seine transzendente Seele ihr Eigenleben führt, dass man also ein solches Element in der Brust hat, dass dies Element das eigentliche „Leben" darstellt, garantiert, dass dies Element gar das absolut Wesentliche für Leben und für Lebendigkeit ist und dass dann, wenn dies Element sich auf den Weg nach oben macht, der Körper tot ist. Ob es zum Adler, zum Falken, zum Raben, zur Taube oder einem anderen „frei schwebenden" Symbol passt, es ist das unsichtbare Element in uns, das im Sterben weiterlebt, nachdem es sich getrennt hat, das unser Kern des Körpers ist und diesem die Lebendigkeit geschenkt hat.

Die Verstorbenen, generell Seelen, ob als Vogel oder nicht, die nicht mehr mit der Materie verbunden sind, wirken uns Erdenmenschen gegenüber indirekt, gefiltert, verstellt, getarnt, als Symbolon oder Parabel, als Zufall, als Schicksal – oder im Traumbild, wobei die Betonung auf Bild liegt. Ihr Wirken als Gleichnis oder Bildgeschichte kann leicht missverstanden werden. Zeichen, Bilder und Symbole erreichen uns von oben. Die Strukturen der menschlichen Rationalität staunen, versagen, müssen sich mystisch und symbolisch erfassen lassen, mehr ist nicht möglich. Man denke z.B. an die hochpoetisch verschleierten Erlebnisse der Religionsstifter. Jeder Mensch erhält im Traum ‚Götterbesuch' und schwimmt dann in einem vielsagenden Gleichnis mit einer berührenden Information, die nur mit Mühe in intellektuelle Gesetzmäßigkeiten umgeformt werden kann – oder eben unverstanden bleibt. Der Mensch paddelt mit der Trauminformation herum wie einer, der nicht schwimmen kann, aber trotzdem nicht untergeht.

Wilhelm erhielt so im Traum einen Brief von seiner verstorbenen Schwester. Er war auf der Rückseite einer Zeitung geschrieben, abgedruckt. Er war absolut neutral, sachlich, ohne jede Form von Sympathie und Antipathie. Der Inhalt des Briefes, so muss man vermuten, wird durch die Beigaben zum Brief erklärt. Das ist nämlich ein „Filter" in Trichterform, gefüllt mit kleinen stein- oder zahnartigen Gebilden, dreieckig-spitz, aber mit sanft abgerundeten Kanten, Ecken, in einer beige-gelben, creme-artigen Farbe, die das Seih-, Sieb-Element, den Filterfaktor also darstellen sollten. Dieser Filter wird niemals abgenutzt oder verbraucht, so hieß es, bleibt immer so = unveränderbar! Das Filtermaterial gehört zu einem sich nicht wandelnden Ist-Bestand.

Das könnte man vergleichen mit einer mechanischen Filterung in einer Kläranlage (wo es ja auch noch andere Methoden gibt). Die Botschaft ist so verschleiert, dass man bei der Interpretation eigentlich passen muss. Immerhin könnte man deuten: das Himmlische landet auf der Erde nur gefiltert. Oder auch: Wenn wir das Himmlische filtern, erhalten wir ein Ergebnis. Immerhin, ein Traumdeuter ist jemand, der die Bilder ‚filtert' und den sinnvollen Extrakt herausholt. Typisch für Verstorbene ist die emotionale Neutralität, aus der Welt von Liebe und Hass haben sie sich verabschiedet. In diesem Falle hier hatte es zu Lebzeiten viel an konträren Gefühlen zwischen den Geschwistern gegeben, nichts mehr davon ist übrig. Auf der Erde erhalten wir die gefilterte Botschaft, vielleicht auch die gefilterte Lebenskraft. Ein „Filter" ist es auch, den Brief mit sehr indirektem Inhalt zu schicken und ihn auf der Rückseite des Nachrichtenträgers zu platzieren. Also eindeutige, oberflächliche, simpel handgreifliche, direkte, ungefilterte Botschaften aus dem Jenseitsreich gibt es grundsätzlich nicht. Doch verbraucht sich dieser Kontaktweg, dieses Lebenszeichen aus dem Transzendenten nie. Die Brücke, über den Filter, besteht ewig. Und als „Zeitung" ist es eine wichtige Brücke (das Symbol „Zeitung" im Traum steht meist für Wahrheit). Insgesamt zeigt sich, dass die Verstorbenen existieren, eine angenehme Neutralität im Herzen haben und ‚Briefe' schicken können, auch wenn diese codiert sind. Die Botschaft ist: Die „Rückseite" des Sichtbaren, der Zeitung oder Realität ist das Wichtigere auf der Welt.

Es ist eine verbreitete Erfahrung, dass die Verstorbenen, wenn sie im Traum erscheinen, nur gefilterte Botschaften, nur indirekte, codierte, symbolische Informationen senden. Viele Menschen bedauern, dass die Verstorbenen zwar in ihren Träumen erscheinen, aber nicht klar und wörtlich sagen, was sie wollen, was sie meinen. Diese Menschen warten in ihren Träumen auf ein Wort der Liebe oder auf einen speziellen Ratschlag. Oder sie hoffen auf einen speziellen Verstorbenen, Angehörigen, dieser aber zeigt sich gerade nicht. Das ist die Standarderfahrung: Die Verstorbenen zeigen sich, in Gleichnis, Gestik, Symbolik, mit wenigen oder keinen Worten – und die Hiesigen haben enorme Schwierigkeiten, die Traumszene zu begreifen. Dass die Verstorbenen „leben", nicht gelöscht sind, wird vorgeführt, aber eine direkte oder intellektuell erfassbare Kommunikation tritt meist nicht auf. Die Zwischenwelt, die Dimension zwischen den Transzendenten und uns Erdenmenschen ist zu groß. Der Unterscheid ist zu gewaltig. Die Sprachmittel, die Informations-Bits sind zu verschieden. Allenfalls im spirituellen Unbewussten, in Traum und Erleuchtung, und über symbolische Parabeln und Zeichen gibt es Kontakt, eine Art Austausch. Im obigen Beispiel des Auftretens der verstorbenen Schwester haben wir genau so eine codierte Form: Der Brief ist auf der „Rückseite" eingetragen, er erscheint „leer", und als Information wird das Symbol des „Filters" eingeflochten. Das gilt für alle Erdenmenschen, die Informationen aus der geistigen Welt suchen: Du müsstest Zeichen, Symbole, Träume, Visionen deuten können – und auf dein Inneres hören. Einen „Filter" müsstest du durchbrechen können... Die Erkenntnis der jenseitigen Botschaften liegt eher in der Intuition als im Intellekt. Zum Trost aber lässt sich sagen: die Qualität dieser Botschaften variiert, es gibt auch deutlichere Informationen; für direktere, klarere Informationen muss man nicht unbedingt Abraham, Moses oder Mohamed heißen. Die Gnosis für die Erfahrung des Jenseitigen schlummert in jedem Menschen.

Die Erfahrung des Jenseitigen kann als „Ewigkeitsanwesenheit" beschrieben werden. Viele Tode erzeugen eine Ewigkeitserfahrung – neben den argen körperlichen Todeserfahrungen und den entsprechenden Schmerzen im Tod. Das Jenseits nachdrücklich zu erfahren, ist das Nebenprodukt von vielen Toden. Eine Reihe von frühen, unerwarteten, schockierenden Toden, ob als junger Mensch oder per Abtreibung, Fehlgeburt, erzeugt in der Kette der Wiedergeburten einen weisen, spirituell orientierten Menschen bei der nächsten Inkarnation. So kommen geläuterte, liebende, zum Jenseits und zu Gott blickende Typen auf die Welt, nach einer Kette von tödlichen Vorgeschichten. In Albträumen kann man die Kette von Toden in früheren Inkarnationen erkennen. Soweit wir wissen, hat lediglich der geniale Rudolf Steiner in der Traumtheorie dargelegt, dass man im Schlaf seine früheren Inkarnationen, und sogar zukünftige Inkarnationen, sehen kann. Diese These ist nicht ins Allgemeinwissen gelangt. Solche Träume kann man nur haben bzw. verstehen, wenn man von der Kontinuität der Ewigkeit hinter den Wiedergeburten, wie hinter den Träumen, ausgeht. Die großen monotheistischen Religionen haben das Reinkarnationswissen, das Reinkarnationsempfinden der Menschen bzw. der Vor-Religionen gelöscht – aus welchen Motiven wohl?

Akzeptabler erscheint den Menschen, wenn die „Ewigkeitsanwesenheit" schlagartig, innerhalb eines speziellen, einzigen Lebenslaufes, erfahren und berichtet wird bzw. durchbricht. Wenn man also von einem Erleuchtungserlebnis oder einer spontanen Vision sprechen kann, oder vielleicht von einem einzigen, unvergesslichen Traum oder von einem spontanen Gotteserlebnis. Wir meinen: dieses schlagartige Licht illustriert, dokumentiert, als kurzer Spot, das sowieso im Hintergrund immer vorhandene, latente Dauerlicht.

Atheistischer Patient erfährt die innere Gottanwesenheit

Dokument 22 (1990; ein ehemaliger Atheist berichtet)

Wir schauen hier als Beispiel auf einen körperlich und seelisch kranken Menschen, der sich als Patient mit der Zeit zu einer besonderen Selbsterfahrung hin bewegte, über den ein Fachmann aus der psychosomatischen Sprechstunde der „Zürcher Medizinischen Poliklinik" sich wundert und berichtet [Anmerkung 7]:

Er [der Patient] begann zunehmend in seinem Inneren, im ganzen körperlich-seelischen Innenraum, vornehmlich in der Gegend des Bauches und Herzens, eine – wie er sagt – „strahlende Kugel mit unendlichem Radius, eine absolute, unvergängliche, ewige Macht, Größe, Herrlichkeit, eine unendliche Wärme und Zärtlichkeit" zu verspüren. Er nennt diese Ewigkeitsanwesenheit in seiner Innerlichkeit das „unendliche Unbewußte" oder das „Überbewußtsein" – oder einfach „Gott". Die Eigenschaften dieser inneren Gegenwart schildert er so: „Sie ist immer da, und sie ist wohl auch in jedem anderen Menschen. Sie ist der Himmel auf Erden. Wenn man sich durch tägliche Übung daraufhin öffnet, kann sie verspürt werden. Sie ist unerschütterlich. Sie hat keine Zeitgebundenheit und – obgleich im eigenen Inneren verspürt – keine Ortsabhängigkeit. Sie ist unendlich in jeder Hinsich: sowohl erfahrbar als auch unerforschlich. Für den Menschen und seine Welt der Vergänglichkeit ist sie die eigentliche Geborgenheit im Unvergänglichen. Diese innere Gottesanwesenheit kann mit dem inneren Auge geschaut werden. Sie schenkt unentwegt Liebe, Seligkeit, Frieden, Verzeihen, Licht, Barmherzigkeit." Der Patient wurde im Laufe eines Jahres zu einem innerlich vertrauenden, selbständigen Menschen. Seine Angst wandelte sich in Urvertrauen. Sein Atheismus machte einer elementaren Religiosität Platz.

In den Träumen, sofern man geübt genug ist, die meisten Träume am Morgen zu erinnern, hat man allgemein, hat also jede Person Kontakt mit der geistigen Welt. Das ist eine Welt, die nicht den Gesetzen der Materie unterliegt und auch den Raum und die Zeit erheblich anders, abweichend, oder gar konträr, darstellt und vorführt, als wie wir es im Tagbewusstsein gewohnt sind. Subtil, kontinuierlich, peut à peut und selbstverständlich kommt diese sonst unsichtbare, alternativ strukturierte Welt daher. Zuweilen sprechen wir von spirituellen Träumen oder von transzendenten Ereignissen im Traum – wenn wir überhaupt fähig sind, eine Erklärung für die ‚andere' Welt zu finden, die nicht (!) dem Wollen und dem Bewusstsein gehorcht. Die geistige Welt ist im Schlaf ständig da, kann aber auch jederzeit in das Bewusstsein, in das Leben „hineinbrechen" – dann haben wir eher einen punktuellen Akt der Erleuchtung vor uns. Die Träume sind voller Erleuchtungen, das wird aber nicht als Besonderheit empfunden, verstanden, weil wir selbst im Fluidum des erleuchteten Wissens schlafend mitschwimmen. Am Tag jedoch stehen wir einer Erleuchtung ‚gegenüber', der Unterschied zu unserem sonstigen Zustand, in dem wir von Blindheit geschlagen sind, fällt dann auf. Eine Erleuchtung im Tagumfeld ist dann ein Aha-Erlebnis. Manche Erleuchtete können das „Erleben" mit klugem Erkennen weiter verbinden und also etwas philosophisch einordnen, so. z.B. Meister Eckhart. Das Organ des Erkennens und die Richtung des Erkennens sind in den spirituellen Träumen und in den Erleuchtungen gleich. Nach einem Terminus der Antike läuft das „gnostisch" ab (Gnosis oder Gnostik als Weltanschauung, wörtlich übersetzt: Erkenntnis).

Das Unerschaffene, Ewige im Menschen. Erkenntnis der Gottgleichheit. Die spirituelle Armut und die Erleuchtung

Dokument 23 (13. Jh.; Eckhart)

Nun also Meister Eckhart, ein Dominikaner-Mönch, Lehrer (Magister) und Prediger (1260 – 1328), zusammengefasst:

Der Mensch hat ein zweifaches Wesen, ein Wesen dem Werden nach, ein Wesen dem Sein nach. Die Existenz, die Seite im Menschen, die nicht entsteht, sich weiter formt und untergeht, hat ein „Unerschaffenes" in sich, das ewig ist, das mit keinem Bild beschreibbar ist, das keine Form hat, kein Gegenüber, also auch keinen „Gott", ebenso wenig wie ein unterscheidbares Ich – das also das absolute Sein hat und ist. Diese Dimension, als eine Analogie zum Göttlichen, ist ein „Seelenfünklein" in jedem, das Gott nicht als Figur oder Vorstellung erkennt, auch nicht erstreben will, sondern letztlich wie Gott ist. Die Potentialität des Göttlichen ohne Schöpfung bzw. vor der Schöpfung nennt Eckhart hilfsweise, in gewisser Alternative, „Gottheit" (statt Gott). Die Erkenntnis Gottes ist die Bewusstwerdung der Gottgleichheit: da erfährt man nicht den christlichen Gott oder sonst einen Gott, sondern da ist man wie Gott bzw. die Gottheit. Aus dem Urzustand ohne Formen und Schöpfung kommen wir her, dort ist das Lebewesen die Ursache seiner selbst (!), eine Herkunft, ein Urgrund, aus dem heraus man erst geschaffenes Lebewesen wird oder sein will. Um dieses sein ewiges, wahres Wesen zu erkennen, muss man „arm, abgeschieden, quitt sein" aller Wünsche, Taten und Gottesvorstellungen, also die Anhaftung gegenüber allem aufgeben, auch die Ich-Anhaftung – das ist dasselbe wie im Buddhismus.

Das Erleuchtungserlebnis zu diesen Erfahrungen hin nennt Meister Eckhart ein „Durchbrechen", es ist vergleichbar dem „Satori" im Zen-Buddhismus. Die praktische Konsequenz ist, das Schicksal vollständig anzunehmen, als „das Beste", was von oben kommen kann, sei es Leid oder Glück. Völlige Hingabe ist angesagt. Nicht, dass man Gutes tut, ist wichtig, sondern, dass einem Gut und Böse gleichgültig sind. – Das Unerschaffene, Ewige, mit dem man identisch ist (immer schon, unbewusst, auch vor der Erleuchtung) kann man auch im Traum erleben. – Das Unerschaffene „göttlich" zu nennen ist dabei nur eine Metapher, ein Beschreibungsversuch in einer Annäherung. Trennungen, Individualitäten gibt es bei der Gewahrwerdung des Unerschaffenen nicht mehr, man existiert dagegen in einem völligen Einheitsbewusstsein, im „Identitätserlebnis", ohne Zeit und Raum, ohne den Bereich des Werdens und Vergehens.

Zum Armuts- und Verzichtsideal des Menschen sagt Eckhart: „...so muss er seines geschaffenen Willens so ledig sein, wie er's war, als er [noch] nicht war." Man war ein „lediges Sein", in seiner „ersten Ursache", wollte nichts, begehrte nichts, wusste nichts. Erst, so sagt Meister Eckhart, „als ich aber aus freiem Willensentschluss ausging und mein geschaffenes (!) Sein empfing, da hatte ich einen Gott." Vor der Erschaffung der Kreaturen war Gott nicht Gott, nur später „in den Kreaturen war er Gott". Nur für die geschaffenen Wesen also ist er ‚Gott', an und für sich er das nicht. Um in den Urzustand zurückzukehren, ist die Willensaufgabe wichtig (wie im Paradies oder wie im Nirwana). „Der Mensch soll aller Dinge und aller Werke ledig sein." „Allhier, in dieser Armut [gemeint ist die spirituelle Armut] erlangt der Mensch das ewige Sein [wieder], das er gewesen ist und das er jetzt ist und das er ewiglich bleiben wird." Zum Durchbruch in die

Erleuchtung sagt er: „Denn mir wird in diesem Durchbrechen zuteil, dass ich und Gott eins sind. Da bin ich, was ich war, und da nehme ich weder ab noch zu..." (Aus: „Selig sind die Armen im Geiste, das Himmelreich ist ihrer." Predigt zu Matth. 5,3) [Anmerkung 8].

Ähnliches ist auch das Fazit der Traumdeutungs- und Traumerinnerungskunst, anders ausgesprochen, es ist das Fazit der „spirituellen Träume". Die Gottverwandtschaft, Gott-Identität, die eigene Ewigkeit kann man in solchen Träumen erfahren. Bescheidener ausgedrückt: In spirituellen Träumen kann man überraschend eine geistige Seite seines Seins erleben, die sich vom irdischen Sein in Raum, Zeit und Materie unterscheidet... Anders gesprochen: Dass wir als Seele nie und nimmer dem Tod als einer endgültigen Vernichtung unterliegen, das zeigen die Träume.

Der Mystiker Meister Eckhart, im Zen-Buddhismus als der vielleicht größte europäische Denker gewürdigt, erkennt Leere und Wahn des Diesseitigen: „Alle creaturen sind ein lûter niht. = Alle Kreaturen sind ein (lauteres) reines Nichts." „Wir preisen das Sterben in Gott, auf dass er uns versetze in ein Sein, das besser ist als Leben: ein Sein, in dem unser Leben lebt, darin unser Leben ein Sein wird. Der Mensch soll sich willig in den Tod geben und sterben, auf dass ihm ein besseres Sein zuteil werde."

Im Indischen würde man den seligen Nachtodzustand als Brahman- oder Atman-Identität bezeichnen können oder als Vorstufe zum Nirwana. Die Affinität zur buddhistischen Forderung der Nicht-Anhaftung und des Ich-Verzichts ist nicht zu übersehen.

Wer es bildlicher beschrieben haben möchte, stelle sich die ewige Seele in einem Wolkengleichnis vor oder als Lichtkreuz. So auch in einem Traum geschehen.

Die Wolke mit Lichtkreuz als transzendentes Selbst

Dokument 24 (1996; W.)

Ein Träumer sieht sich als

> *„Wolkengebilde am Himmel, geradeaus vor mir, oben. Im Unterschied zu den anderen, weißen, separierten Wolkengebilden, ist diese meine Wolke in Auflösung, d.h. in Durchlässigkeit, Transparenz, so dass der blaue Himmel hindurch scheint. Meine Wolke besteht aus schönen, kleinen, weichen Schäfchenwolken. Auch gibt es ein Lichtkreuz, mit Gelb, Orange, Rosa etwa mittendrin; das Licht kommt indirekt von der Sonne. – Es folgt im Traum ein ähnliches Gebilde, nun aber plastischer und materieller, bestehend aus rotbunten Früchten, Trauben. Es ist wie vorgeschaltet, bildet sich ab auf dem vergleichbaren Hintergrund-Umriss, d.h. der transparenten Wolke. Diese Gebilde wirkt wie ‚Bunt' (wie eine bunte, dingliche Wolke) auf grauer Fläche."*

Kommentar: Auch in seiner geistigen Lebens- oder Seinsweise hat man ein Ich-Bewusstsein, das zeigt sich als die umgrenzte „meine Wolke" gegenüber den anderen Wolken = den Mitmenschen. Es entspricht der archetypischen, allgemein symbolischen Konstellation, dass man den geistigen Teil des Selbst als leichter, schwebend und himmelsnah empfindet oder so darstellt bzw. so vorfindet in der Selbsterfahrung. Seele = transzendente

Wolke gehört zum Bilderschatz des kollektiven Unbewussten. Hier haben wir allerdings einen Träumer, der sich mit himmlischen, ewigen, geistigen Dingen stark beschäftigt, Eine solche Spiritualität, mit entsprechender innerer Entwicklung, lässt die Ich-Abgrenzung aufweichen. Der Träumer ist der Einheit mit der Ewigkeit, mit dem Kosmos, mit dem Göttlichen, mit dem Hintergrund, also mit dem „Himmel" näher, als es wohl üblicherweise für Erdenmenschen entspricht.

Ein Selbst ist immer auch ein Energiezentrum, ob nun ein Lichtkreuz, Lichtrad oder Lichtdreieck oder auch vielleicht ein Stern. Man kann sagen: als Geist oder ewige Seele sind wir so etwas wie „strahlenförmige Materie" (so spricht der dänische Mystiker Martinus).

Man könnte auch im Platonischen Sinne sagen: Gott ist idea, eidolon, eikon, die sogenannte „Idee" des Menschen; durch Teilhabe an diese Art Urbild/Idee haben wir Existenz, vorübergehendes Leben, auch Energie. Das Ich als irdische, bunte Wolke hat die transzendente Wolke als Hintergrund.

Folgende Weisheit im Traum ist erkennbar: Unsere Energie verdanken wir einer Mutterenergie. So sind wir, oder sind alle Lichter, Abglanz des Zentrums „Sonne". Welches Sein wir auch von uns ansprechen, wir sind Abglanz, Produkt einer Schöpfungskraft – besonders, wenn wir materiell auftreten. Die materielle Form seiner selbst sieht der Träumer, ebenfalls in Weisheit, so, dass sie seinem geistigen Hintergrund entspricht. Das ist die Analogie von Soma (Körper) zum Mentalen oder zur Psyche. Wir sind geschaffen, geworden nach unserem geistigen Modell (auch inclusive leider der Traumata). Lebenskräftig, diesseitig haben wir die materielle Erscheinungsform als „Früchte, Trauben" und, nicht überraschend, als „Buntes" hier vorliegen. Vgl. Goethe: „Am farbigen Abglanz haben wir das Leben". Mag sein, dass unser Körper die ‚Frucht' ist von den mentalen Kräften im Hintergrund, dass er so verstanden werden kann. Als Früchte und Trauben ist er nicht wenig lustvoll. Das Ich als Körperliches ist ‚verdichtet', wie eine gewachsene Frucht, als würden sich Wolken zu Obst wandeln. Das Ich oder Selbst als Geistiges von uns: lebt in Transparenz, Durchlässigkeit. Starke Abgrenzung und Verdichtung gehören zum irdischen, körperlichen Ego, unser Geist aber ist viel freier, sozusagen dünner und transparenter, er schwebt immer, er ist dem Licht und den Wolken vergleichbar.

Wir haben in dem Traum drei Niveaus: die weißen Wolken (1), die transparente Wolke (2) und die bunt-materielle Wolke (3). In drei Stufen, Seinsweisen ist der Kosmos aufgebaut: die ewige, absolut transzendente (vielleicht lichte oder weiße, aber primär unsichtbare) Welt (1), das transparente, durchlässige geistige Zwischenreich, etwas personal bereits (2) und die bunte Materie (3).

Die Seele des Menschen, bezogen auf die irdische Biografie, also auf ihre (hiesige) Entwicklung, wird in Träumen auch gern als Archetyp „Teppich" gesehen, und zwar als Teppich-Kunstwerk mit vielen Einzelelementen, -schlingen. Dann taucht etwas wie ein Wandteppich, Gobelin auf, der erst dann fertig gewebt ist, wenn der Mensch stirbt. Die Knüpfung bis zur Vollendung und allerletzten Schlinge ist dann das Lebenswerk, materiell wie seelisch. Das Muster stellt die Lebensaufgabe dar sowie alle Einzelheiten der Aktivitäten und Erfahrungen. Auch ein Mensch, der länger schon dement ist, webt noch, unbemerkt von andern, an seiner Bestimmung, seiner Vollendung. Statt eines Symbols kann die Lebensaufgabe auch in menschlicher Sprache, in verständlichen Worten im Traum durchgegeben werden. Auch wenn das selten ist, gibt es dazu genug historische Beispiele von Akteuren der Geschichte. Die Aufgabe, Rolle, Lebenswahl oder Schicksalsbestimmung wird erfüllt, egal ob bewusst oder unbewusst, ob bekannt oder unbekannt. Die meisten Menschen kennen ihre Aufgabe nicht, bestreiten sie sogar. Sensitive, spirituelle Menschen erkennen wenigstens bei ihren Misserfolgen im Leben, dass sie nicht im Einklang mit den Göttern, also mit dem verhängten Schicksal handelten. Solche Bekenntnisse findet man aber eher bei Akteuren der frühen Antike, z.B. im Zweistromland, heute weniger. Es ist den Menschen abhanden gekommen, dass sie dem Schicksal „dienen", moderne Selbstherrlichkeit ist Trumpf.

Der Autor dieses Buches erhielt im Traum den Auftrag: „Du musst einen Beitrag leisten zur Erforschung des Unbewussten." – Da dachte er: Das tu ich ja schon die ganze Zeit.

Einen weiteren Kommentar hier anzufügen ist nicht nötig.

Stattdessen zitieren wir einen Traum von einem weiblichen Mitglied einer Traum-Gruppe, in indirekter Rede:

Die Seele leer fegen

Dokument 25 (1996; R.W.)

Traum einer Frau über den Autor:

Ich würde mit einem großen Wasserschlauch die Seelen meiner Traumgruppenteilnehmer ausspritzen, leer fegen.

> *Dann würde ich meine Teilnehmer in die Wüste schicken, und sie sollten nun sehen, wie sie mit dem Sand unter den Füßen bzw. mit der Leere zurecht kämen.*
>
> *Als Drittes gäbe ich ihnen rote Bänder (Stoffstücke, Fahnen), mit der Aufschrift: „Habt Spaß."*

Einen Kommentar, in diesem Falle über mich = den Autor dieses Buches (hier als „Ich") füge ich nicht an. R.W. war eine Teilnehmerin über eine längere Zeit.

Die Schicksals-Karte ziehen, und zwar die mit dem eigenen Engel

Dokument 26 (1995; Tina B.)

Traum der jungen Tina:

> *Ich bin Schülerin in einer Klasse, wo eine blonde Frau die Lehrerrolle übernimmt. Sie hatte einen Packen Karten in der Hand und fragte: „Wer eine Karte ziehen möchte, der kann zu mir kommen." Einige gehen auch hin und ziehen eine Karte, worauf die jeweilige Karte von der Lehrerin gedeutet wurde.*
>
> *Nachdem ich es mir einige Zeit angeschaut hatte, ging ich zu ihr und fragte, wer sie sei? Sie schaute mich kurz an und sagte „Gott", drehte sich sofort um und ging wieder, worüber ich mich zuerst ziemlich aufregte. Dachte aber dann, dass es durchaus Seelen gibt, die diese Reife erreichen können.*
>
> *Ich zog daraufhin aus dem Stapel eine Karte: einen weiß-goldenen Engel, lächelnd, mit übergroßen Hasenzähnen.*

Merkwürdig war, dass ich, obwohl ich nur eine Karte zog, plötzlich alle Karten aus dem Stapel in der Hand hatte. Ich war überrascht über den Engel und schaute mir die restlichen Karten ebenfalls an.

Dabei fiel mir eine Karte besonders auf: ein Planwagen mit Pferdegespann (2 Pferde) und ein Indianer. Ich nahm diese Karte und zeigte sie einer Mitschülerin und sagte: „Die hast du doch bestimmt gezogen?"

Ich wartete auf meine Deutung von der Frau Lehrerin – zuvor erwachte ich jedoch.

Kommentar: Man findet hier im Prinzip vor, was oft in den Träumen mitgeteilt wird, dass das Schicksal nämlich sowohl zugeteilt wird (a) als auch von uns gewählt wird (b). Im Himmel ist dieses Verfahren kein Verständnisproblem, auf Erden tun wir uns mit dieser seltsamen Mischung schwer und hätten gern ein Entweder – Oder. Eine „Lehrerin" ist immer auch ein Archetyp für eine Mutter. Tatsächlich: Mütter machen das Schicksal (Mütter machen Helden), sie sind das Schicksal, weniger die Väter. Wie an Gottes Stelle verhängen sie die Bedingungen für das Aufwachsen und charakterliche Werden des Babys. Wobei daran zu erinnern ist: im Uterus schon wird unser Charakter gemacht. Die meist zurecht weiblich gedachte Schicksalsmacht oder -frau, hier als „Gott" bezeichnet, was also der Logik der Müttermacht entspricht, zeigt sich natürlich nur kurz. Bei Gotteserlebnissen im Traum ist das die Regel: Gott kann nur indirekt, z.B. über sein Vorzimmer, um die Ecke herum oder hinter einem Vorhang, gesehen werden, oder indirekt als Geist, Engel, Feuer, Wind und ähnlich, oder über seine Stellvertreter, wozu im Katholizismus der Papst auftreten kann. Es ist ja auch interessant, dass die Träumerin sagt: „Lehrer-Rolle", wodurch nur die Funktion, die Rolle der Kartengeberin betont wird, nicht ihr Wesen.

Dass die Lehrerin die Karten „deutet", ist insofern aus Träumen bekannt und vergleichbar, als in Schwangerschaftsträumen die Frau den Auftrag erhält, die Einzelheiten des zukünftigen Lebens ihres Kindes zu „verstehen", manchmal zu „zählen". Ist hier Verständnis, Empathie als Zuwendung gemeint? Oder ist angedeutet, dass ein Erdenleben nicht nur durchgemacht werden soll, sondern möglichst auch letztendlich der Sinn einer Biografie verstanden werden soll (denn welchen Effekt hätte das Leben sonst)? Und für das kleine Kind müssen natürlich die Eltern stellvertretend „verstehen und deuten".

Nun, unsere Träumerin hält die „Gott"-Bezeichnung zuerst einmal für anmaßend. Aber wer weiß? Hier geht es um „Seelen", gott-verwandte – also um dich und mich. Kann eine Seele die Gott-Reife erreichen? Das dürfte eine Vollkommenheit meinen oder die Möglichkeit, alle Karten in der Hand zu haben. Die Schicksalsfrau hat natürlich eine Macht wie ein Gott.

Dann, so möchte ich meinen, zieht die Träumerin ihr Schicksal, und zwar als ihr Ebenbild. Der „Engel" als Symbol ist ihr geistiges Selbst, ist die Platonische Vollkommenheit/Idee ihrer Gestalt in der geistigen Welt. Die Platonische, „wahrhaft seiende Idee" (idea, eidolon, eikon) des Menschen ist übrigens auch wie Gott, ist sein Vollkommenheits- und Ursprungs-Bild. Ihr Unsichtbares sieht die Träumerin in dem „weißgoldenen Engel" dargestellt. Diese Karte, dieses Modell ist ihr Leben, für dieses Mal. Deshalb auch die profanen, markanten „übergroßen Hasenzähne", die die Träumerin in der Realität hat. Sie zeigen auch ein Mutterbrusttrauma an (verbunden überhaupt mit einem Muttertrauma), was diesmal ihr Schicksal ist; verzweifelnd nagend an der Befriedigung durch Mutter und überhaupt am Glück, an den Lüsten des Lebens. „Gold" ist übrigens ein Ewigkeitssymbol.

„Merkwürdig", auf einmal aber doch hat sie „alle Karten" in der Hand. Das verstehen wir auf zweierlei Art: Aus diesem vorgegebenen Schicksal kann sie viel, viel anderes machen. Eine Menge Biographieformen und Entwicklungen könnte sich aus der vorgegeben Karte ergeben. Zum andern hat es die Bedeutung, dass sie in diesem einmaligen (entrückten, geträumten) Moment auch alle anderen möglichen Leben sehen kann, im Kontrast allerdings zu diesem einen (augenblicklichen) Engel, den sie separat empfindet, anschaut. – Überflüssig zu sagen, dass wir alle „Engel" sind, d. h im Prinzip geistige Wesen sind, und nur vorübergehend körperlich.

Das Fazit der Gesamtheit der Karten ist, dass wir in unserem Reinkarnationskreislauf alle mögliche Leben, Biografie-Varianten durchmachen. So wechseln z.B. Opfer- und Täter-Leben und Mann- und Frau-Leben. – Nach der „Chaldäischen Genesis", gefunden in Keilschiften-Tafeln im Zweistromland, welche die wesentliche Vorstufe der biblischen Genesis ist (die man als späte, verkürzte Abschrift verstehen kann), haben die Götter den Menschen geschaffen „für den Dienst an den Göttern" und die Frau für eine Art Dienst gegenüber dem Manne; da sieht man, welche Sprengkraft in der Reinkarnations- und Gerechtigkeitsfrage liegt. – Die Kartenverteilung durch Gott ist wohl am Ende gerecht. Allerdings verteilt über viele Leben. Niemand braucht sich, in der Gesamtschau, beklagen. Ob nach irdischen Maßstäben gerecht oder nicht, alle Optionen werden uns über kurz oder lang zugeteilt. Zur Bestätigung dieser zwar unausgesprochenen, aber sich aufdrängenden Idee oder Interpretation ‚sieht' die Träumerin am Ende ein anderes (Indianer-) Leben. Ich würde sagen: eines der eigenen vergangenen Leben, wahrscheinlich hier das letzte, kaum ein zukünftiges.

In dieser geschauten Art Vor-Existenz empfindet sie sich im Nachhinein wie eine Mit-Schülerin, das ist natürlich etwas fern und verfremdet gegenüber ihrer jetzigen Existenz, da war sie sich sozusagen ähnlich, aber nicht gleich. Sie ordnet das Leben (Schicksalsbild) mit dem Planwagen, den Pferden und dem einen Indianer zweifelsfrei einer Person zu. Das ist logisch, ebenso logisch ist, dass sie eine voll aufklärende Antwort zu dieser Indianer-Lebens-Variante in diesem Leben nicht mehr bekommt. Unsere früheren Leben sind „vergessen" – allerdings in Traummomenten noch schemenhaft zu sehen, und manchmal sogar deutlich. Für den Anthroposophen Rudolf Steiner ist es selbstverständlich, dass wir in Träumen frühere Leben und zukünftige sehen können. Logisch, dass dieser Lebensentwurf, das Modell, die Erinnerung sie alternativ als Mann (Indianer) zeigt. Was für eine exakte Rolle jedoch dieser Indianer in einem früheren Leben hatte, können wir nicht genau sagen.

Der Schluss ist sinnvoll: Sie wartet auf die Deutung ihrer Karte durch die Lehrerin. Es ist jedoch so: das Verstehen der eigenen Biografie muss jeder Mensch selbst leisten! Alle warten jedoch auf die großen Lehrer, die ihr Leben deuten, das ist nicht ohne Tragik und Illusion. Spätestens im Tod gehen dem Menschen die Lichter an. Im Sterbeprozess, bzw. knapp drüben, versteht man alles. Hildegard von Bingen sagt dazu lakonisch: „Im Tod verstehst du Gott", und zwar erst dann. Bei der Abfassung dieses Textes erzählte mir zufällig eine Vortragsteilnehmerin, dass sie drei Nahtoderlebnisse hatte. Am Ende, persönlich kam sie zu mir mit zuerst diesem Wort: „*Wissen* ersetzt das Glauben", jedenfalls nach einem Nahtoderlebnis. Die Freiheit der Lebenswahl, die Willensfreiheit hätten wir v o r dem Erdenleben, nicht darin. Die Reinkarnationstheorie sei für sie Fakt. Ich widersprach ihr nicht.

Einheit und Vereinzelung zugleich im Menschen

„Gott" ist die Platonische Idee des Menschen, d.h. das geistige, wahrhaft seiende Urbild, von dem wir als Abbild vorübergehende Existenz, also unsere Erscheinungsform und viele Eigenschaften haben. Die Urform als unser Vorbild und unsere Energiequelle können wir auch gnostisch als „Lichtmensch" oder „Anthropos" bezeichnen, angesiedelt in der fernen Transzendenz oder tief im Unbewussten. Das Unbewusste ist „vollkommen", das Bewusstsein besteht aus Mängeln, so spricht Nietzsche. Wenn wir unsere Fähigkeit der Selbst-Transzendierung oder der Distanz zu unserer sichtbaren, körperlichen, materiellen Erscheinungsweise leben, nähern wir uns der Urform an. Wir können uns auch als einzelner Schneekristall oder Wassertropfen der großen Gotteswolke verstehen. Unser Bewusstsein lebt gern in diesem Vereinzelungs- und Aufsplitterungszustand. Die Einheit der Wolke (Dokument 24) und unsere Identität mit allem übersehen wir. Aber das ist unser Wollen für den Inkarnationskreislauf. Der buddhistische Lebensdurst (eine Gier) produziert unser Ich, das als Gewordenes später auch wieder vergeht. Wir können von Ichverlöschung am Ende sprechen, aber auch sagen, dass das Schneekristall-Ich auf Dauer wieder wie der große, einzige Diamant-Kristall wird, der die Einheit, das Ganze darstellt. Wir können auch sagen, wir finden dann unsere Göttlichkeit zurück, sind wieder Teil des Ganzen, sind das Ganze selbst. So changieren alle Phänomene, Schöpfungen zwischen Individualität und Gemeinschaft. Wir wollten aus dem Gesamten als blinde Ichs einmal herausgeschleudert werden – und wollen wieder zurück. Die Individualität unseres Ichs, d.h. das Maß unserer Individualität entspricht unserer Entfernung von Gott, und zwar in der Vorstellung, im Willen und auch teil-wirklich. So wie wir immer Teil des Ganzen sind, so sind wir immer Teil des Gottes oder der Liebe – auch wenn es vorübergehend anders scheint.

Das Vorübergehende ist die „separatio", die Bedingung der Materie.

Alle Schritte, so auch die in die Vereinzelung hinein, müssen kongenial rückwärts gemacht werden, damit sie ausgeglichen, ausgelöscht sind, damit es weitergehen kann. Das ist der Sinn der Dialektik, des Gedankens von These und Antithese. Das bezieht sich auf eine Biografie, besonders aber auf mehrere Inkarnationen, d.h. auf das Karma. Das Karma ist einem „achteckigen Chip" (7.4.1996) vergleichbar, der deckungsgleich ein zweites Mal auftauchen muss oder geschaffen wird, mit verändertem Vorzeichen, damit dieses Karma-Element, diese Entwicklungsstufe aufgehoben wird. Der achteckige Karma-Chip ist immer zweimal vorhanden, und das trifft auch zu für den Ausgleich von Gut und Böse, also auf Elemente, die wir nicht als deckungsgleich, sondern als Gegensätze, als konträr, als unvereinbar empfinden. Wie Jesus in den apokryphen Evangelien sagt: „Das Licht und die Finsternis, (15) das Leben und der Tod, die Rechten und die Linken sind Brüder voneinander. Es ist nicht möglich, sie voneinander / zu trennen. Deswegen sind weder die Guten / gut, noch sind die Bösen böse." [Anmerkung 9]

Wer im Einheitsbewusstsein der o.g Wolke lebt oder des Gottes, der kann die Einheit der Gegensätze im Traum oder in der Erleuchtung erleben. Man kann dann so philosophieren, wie Nietzsche: „Jenseits von Gut und Böse". D. h. außerhalb, jenseits der Gegensätze.

Ein Traum dazu:

Kreis und Quadrat sind eins. Überlegungen zum Gottesbild

Dokument 27 (31.05.2019; E.A.):

> *„Ein Quadrat sagte zu einem Kreis: ‚Ich bin wie du'.“*

Der Träumer dessen war zu der Zeit, in seinem realen Alltagsleben, in Hochstimmung, da er glaubte, vorher seine „Dualseele" (weiblich) getroffen zu haben, welche zu dem Traum auch nachträglich ein Lied komponierte. Der Träumer selbst erstellte eine Fotomontage,

> *in der er die Verschmelzung eines „viereckigen" Würfels mit einer „runden" Kugel inszenierte und als Hintergrund des Fotokunstwerks eine „Wolke" nahm.*

Eine Überlegung zum Gottesbild: Mit dem monotheistischen Gott wollen ja manche Religionsstifter die Vielgötterei, mit ihren endlosen Verwandtschaften und Streitigkeiten (Kriege unter Göttern), hinter sich lassen. Die alten Schriften und Mythen erzählen uns viel von den Kämpfen der Götter und von den Fehlversuchen in ihrem Schöpfungstun. Warum wimmelt es in diesen Berichten von Riesen, Männern mit Pferdeleib oder Fischleib, Menschen mit Flügeln oder Stierhufen, von katzen- oder vogel-köpfigen Menschentypen? Selbst die Cherubim auf der jüdischen Bundeslade, wozu es eine Kopie (oder ein Original?) in Äthiopien zu geben scheint, waren nur eventuell klassische Engel, sondern vielleicht Mischgestalten aus Tier und Mensch (Göttermodelle in kindlicher Anschauung). Überaus viele archäologische Funde aus dem Zweistromland zeigen solche Mischgestalten. Und warum heißt es – ebenfalls oft belegt –, dass die Götter aus Ärger durch eine riesige Flut die aktuelle, missratene Schöpfung auslöschten, mit einer Ausnahme (für den biblischen Noah gibt es viele andere Namen in den davorliegenden Schriften). Oder warum zerstörten die Götter einen ominösen Turm und schufen die Sprachenvielfalt als Strafe? Der sekundäre Schöpfungsprozess, aus dem „Chaos" oder der Ödnis heraus, der mit Wasser-Land-Trennung, mit Licht-Finsternis-Trennung anfing, dann zu Pflanzen, Tieren führte, spät dann zu Menschenschöpfungen überging – welche kreative biologische Werkstatt ist hier gemeint? Kann man die „vielen Götter", wie Extraterrestrische aus einer speziellen astronomischen Heimat, als die Physis-Kreatoren, genialen Wissenschaftler der irdischen Lebewesen verstehen, mit Fehlversuchen und Klon-Fehlern – im Unterschied zu dem einen ewigen Gott, der nicht entstanden ist und der nicht schuf (d.h. der Werden und Vergehen nicht kennt oder nicht berührt)? Für diese Hintergrund-Gottheit sind das Gute und das Böse, der Quader und der Kreis gleich, nicht aber für die „vielen Götter", von denen die Völker berichten. Vielleicht stößt der Monotheismus zu dem einen einzigen Gott, dem wahren Urheber, durch? Doch die Berichte von den vielen Göttern müssen, innerhalb ihrer historischen Fakten und Belege, eben auch erklärt werden – sie und die lang-dauernden Schöpfungsprozesse, mit ihren Fehl-Entwicklungen, entstammen nicht unbedingt reiner Phantasie. Sonst könnte auch der *eine* Gott leicht der Phantasie entstammen. Wir brauchen eine Erklärung über die zahlreichen historischen Berichte und Mythen über die vielen „Götter".

Das Problem liegt auch in der Sprachverwirrung, Sprachungenauigkeit: Was sind eigentlich „Götter"? Die transzendente monotheistische Instanz hinter allem können sie wohl nicht darstellen. Viele interpretieren sie als mythische oder tatsächliche Stammväter, sekundär vergöttlicht. Jedenfalls behaupten die Menschen, dass sie von diesen „Göttern" abstammen würden, genetisch. Zudem haben wir noch die Geister und Engel, die Verstorbenen, die Avatar-Erscheinungen, vielleicht auch die negativ gedachten Dämonen. Diese verschiedenen Namen lassen sich vielleicht zusammenfassen als geistige Wesen in der Zwischenwelt, welche Verstorbenen gleichen, daneben auch psychologischen Komplexen gleichen. Jedenfalls gibt es ausreichend Zeugnisse dafür, dass geistige Wesen überraschend „eingreifen", z. B. um jemanden zu retten, oder dass uns umgekehrt Komplexe als „Geister" lähmen. Unbeeinflussbar von uns ist das alles, auch nicht unbedingt alltäglich. Die Menschen kennen diese Ausnahmephänomene jedoch – auf welcher Basis, nicht unlogisch, der Schutzengel-Gedanke entstanden ist. „In höchster Aufregung" und einmaliger Sonder-Situation kommen Unsichtbare herab und greifen rettend ein, um z.B. einen vorzeitigen Tod eines Kindes zu verhindern oder um jemanden in der Erleuchtung aufzuklären oder um jemanden im Traum über Geheimnisse zu informieren. Man kann diese geistigen Gestalten auch von sich aus „besuchen", dann haben wir die Vorlage für die Reise des Helden in die „Unterwelt". Die Befragten – meist geht es um Verstorbene – können und dürfen nicht lügen, aber sie können weiterhin ausweichen, schweigen und tricksen, wenn ihre irdische wie nachtodliche Aufgabe oder ihr Starrsinn es ist, Aufklärung zu verweigern. Diese „eingreifenden Geister", gern als verstorbene, schützende Eltern oder auch als Schutzengel gedacht, machen uns nicht extrem große Schwierigkeiten bei der Definition. Die früh-historischen „Götter" jedoch, die vom „planetarischen Himmel" kommen, die Pflanzen und Kreaturen basteln und den geschaffenen Menschen Kenntnisse vermitteln, sie aber auch bekämpfen oder vernichten, sind schon schwieriger zu erklären; sie produzieren und beleben auf der ursprünglich eher leeren Erde. Sie entsprechen dem Schöpfergott, dem „Mann an der Töpferscheibe" oder auch dem engelhaften Imitator des wahren Gottes, dem Nachahmer als Materie-Kreator. Ihre Namen und Heimaten scheinen in der Astrowelt zu liegen, und außerdem sind sie typische Stammesgötter. Diese „Götter" haben zuletzt einen „Vater" oder auch ein Ur-Elternpaar, weit außerhalb von Erde und Materie, unerschaffen und ewig, im Unterschied zu den „Göttern", die sich permanent bekriegen und auch Kinder kriegen können und sogar Propheten in ihre astrale Heimat erheben, mitnehmen können. Können wir die Vater-Mutter-Urkraft, „noch über den Göttern", erfahren und verstehen, wenn wir den heiligen, unerschaffenen Kern von uns selbst begreifen, im Sinne des Monotheismus?

Die Abhängigkeit von den Vorbetern

Dokument 28 (1.11.1995; K.A.B.)

Es gibt eine hemmende Sperre, Angst gegenüber dem Verstehen. Es gibt eine „Angst vor der Erlösung". Einen Widerstand gegen die Gotteserfahrung, gegen die Erleuchtung, gegen die Wahrheit:

> *Aus einem Traum berichtet ein Mann, dass er „vor der Wandlung" in der christlichen Kirche „spontan losstürmt zum Altar", für den Kommunionsempfang. Was passiert? „Die Menge der Besucher ist pikiert", der Mensch steht da ganz allein. Alle warten auf die weiteren „Vorgaben, Kommandos, Gebote und Verbote, Abhängigkeiten, Konventionen". Der Ungehorsame, Ungeduldige steht allein da, wie ein Übertreter, Aussätziger. Bald schämt er sich und fühlt sich schuldig. Er hat seine Bewegung gestoppt. Er entwickelt sich zu einer*

Peinlichkeit, meint er. Er steht in Starre und ist angegriffen
– alle anderen folgen dem Vorbeter auf der Kanzel oder dem
Priester am Altar, eben sklavisch, mit bösem Blick und ver-
bohrt. Wehe dem, der unkonventionell und allein auf Gott
zulaufen will...

Unabhängig von den Problemen der Gottes-Vorstellung und von der Gottes-Kontakt-Frage wird der ‚Ungehorsame‘, der die Gebote und Verbote überschreitet, angegriffen. Ein eigener, authentischer oder auch schneller Weg zu Gott wird bekämpft, wie damals das gnostische Urchristentum vernichtet worden ist und Jesus gekreuzigt worden ist. Mit Schuldvorwürfen wurden die Gnostiker, wie auch ihre gewissen Nachfolger, die Katharer, Bogumilen und andere mehr, überhäuft, ebenfalls wird der eigenständige Mystiker, der autonome Gottsucher gern angeklagt – oder auch verbrannt. Wie schwer ist es nicht, an sich selbst oder an das Richtige zu glauben. Sapere aude.

Das Zeugungsgeschehen. Der engelhafte Wärter. Die zugedachte Aufgabe. Das morphogenetische Feld

Dokument 29 (10.08.1996; R.N.)

Ein Traum, vielleicht allgemein zur Lebensaufgabe, beginnt mit einer fernen Erinnerung an eine erste fehlgeschlagene Einzeugung. Das wird so dargestellt, dass Nahrung, und zwar Kokosmakronen auf einem etwas höher gelegenen Erdstück abgelegt werden: Eine der süßen Makronen fiel dabei ein paar cm tiefer in eine kleine Erdrille und wurde sofort von dort liegenden Ameisen belagert.
Über den Anfang des Traums schreibt meine Gewährsfrau R. N.:

„Ich befand mich in freier Natur. Es herrschte eine Gefahren-situation – eine herannahende Überschwemmung. Der Wasserspiegel stieg höher... [Insgesamt ist dieser lange Traum hier etwas gekürzt.] Mir war sofort intuitiv klar, dass bald alle Makronen von den Ameisen verspeist würden (wenn ein Wesen einer Art etwas weiß, wissen es bald die anderen Artgenossen auch). Es war ebenfalls eine intuitive Gewissheit für mich, dass die Verspeisung durch die Ameisen ein Regulativ/Zeichen ‚von oben‘ (höhere Kräfte, die das Schicksal lenken) war, dass eine weitere Bergung von Nahrung sinnlos sei, da das steigende Wasser auch dieses etwas erhöht liegende Erdstück erreichen würde.

Nach dieser Erkenntnis änderte ich sofort meine Handlung... Ich ging zu einem unterirdischen Schutzbunker, an dessen Eingang ein Wärter stand ... Am Eingang galt nur ein Kriterium für den Einlass: Der Wärter legte seine Hand ein kleines Stück oberhalb meines Kopfes und empfing eine Intuition/Stimme ‚von oben‘, die entschied: herein dürfen oder nicht. Ich wusste nicht, nach welchen Kriterien die Instanz von oben auswählte (vielleicht mein gutes, mitfühlendes bisheriges Wirken?). Mir war bewusst, dass ich nicht nur Gutes getan habe im bisherigen Leben. Während der Wärter seine Hand über mich hielt (ein paar Sekunden), bat ich gedanklich die höhere Instanz, mich zu retten. Als der Wärter mich eintreten ließ, war ich zwar etwas erstaunt, schlussfolgerte aber direkt daraus, dass ich vielleicht noch eine mir zugedachte Aufgabe zu erfüllen hätte (Hilfestellung für andere?) und dass auch dies mit ein Einlasskriterium sein müsse.

... Ich bewegte mich intuitiv auf ein kleines, einzeln stehendes Kind, das ängstlich aussah, zu. Ich nahm es sanft in meine Arme und sagte (oder dachte?): ‚Wollen wir uns etwas kuscheln und eine Höhle suchen‘? Das taten wir sogleich.

Engumschlungen kauerten wir uns in eine kleine Erdhöhle (in der großen Erdhöhle), was das kleine Kind trösten und beruhigen sollte und mir die Gewissheit gab, noch eine Aufgabe (und später vielleicht noch weitere Aufgaben) erfüllen zu sollen. Dort warteten wir geborgen und vertrauensvollauf die Dinge und Entwicklungen, die noch kommen sollten. – Dann wachte ich sanft übergleitend auf mit dem Gedanken, diesen Erkenntnistraum aufschreiben zu müssen."

R.N. schreibt zu ihrer Definition von „Erkenntnistraum": Im Traum die Gewissheit haben, dass etwas so ist (keine Zweifel, kein Abwägen des Verstandes).

Weitere Erkenntnisse aus diesem Traum: Wenn ein Einzelner oder einzelne Geschöpfe etwas wissen, haben auch sehr bald andere dieser Gattung Zugang zu diesem Wissen (Beispiel Ameisen). Ich hatte im Traum auch noch ein anderes Beispiel, sagt R.N., auf menschlicher Ebene, das mir aber nicht mehr einfällt. Wichtig ist nicht das Beispiel – das ist nur Mittel zum Zweck – wichtig ist die Erkenntnis. Jeder erhält die Bedingungen, Umstände (z.B. Lebensumstände, Krankheiten, Probleme), die er zum jetzigen Entwicklungsstand benötigt, um weiter zu wachsen/reifen. Man solle die Sichtweise fördern, dass diese Umstände Mittel zum Zweck sind.

Kommentar: Nun, wir haben hier wir eine Fülle von wichtigen, transzendenten Erkenntnissen, abgesehen davon, dass man ihre Schlussforderung verallgemeinern kann, nämlich: Träume liefern „Gewissheit"... und „keine Zweifel". Für die Familienpsychologie und die Traumforschung ist relevant, dass ein Wissen von einer einzelnen Person sofort überfließt auf das unbewusste Wissen vieler anderer; alle im Clan wissen eben (unbewusst) über das tabuisierte Trauma Bescheid!

Die Kokosmakronen sind Elemente des Spermas, die ‚durchfallen' und nicht (als Nahrung für...) eine Fruchtbarkeit bewirken können (zumal als Kokosmakronenflocken). Bzw. sie sind ein ‚süßer' Früh-Embryo, ein erstes zelluläres Gewebe, ein Klumpen/Blutklumpen, wie es im Koran heißt, der bald nach der Einzeugung nicht überlebte. Die „Ameisen" stehen für die Insekten der Natur, die Verstorbenes, Übrigbleibendes durch ihre Verspeisung entsorgen (a), ähnlich den Fliegen, und zum zweiten für peinigende Probleme, für Stress (b), wie allgemein Insekten als Archetyp in Träumen; dieser Stress der damaligen Mutter zerstörte die Fruchtbarkeit für den Embryo. Interessant, dass als Ausgleich oder Lehre eine bergende, fürsorgende Schwangerschaft als Mutter (vgl. „Erdhöhle") als „Aufgabe" auftaucht. Wir lassen offen, welche weibliche Person, welche Mutter (zur „Nahrung" gehört immer Mutter) fehlging bei der Sorge für die Kokosmakrone: die Träumerin, ihre Mutter, Großmutter oder eine eigene frühere Inkarnation (Komplexe können wandern)?

Dass eine „zugedachte Aufgabe", primär als „Hilfestellung für andere", d.h. zum Nutzen der Gemeinschaft und der Weltentwicklung, das „Einlasskriterium" ist für eine Erdenexistenz, können wir aus vielen anderen Träumen nur bestätigen. Man ist Funktion. (Auch Verbrecher oder böse Taten können eine Aufgabe für die Entwicklung darstellen. Ein Mensch kann solches nicht bewerten.) Die „Instanz von oben", die die Träumerin erfährt, läuft als Stimme, Intuition, Gewissheit, Zeichen, Regulativ oder als „höhere Kräfte, die das Schicksal lenken": Hier haben wir eine göttliche Entscheidung vor uns, die wir nicht begreifen und beurteilen können. Behelfsweise können wir dies das verhängte Schicksal nennen. Die göttliche Instanz ist unsichtbar, wir Menschen können höchstens einen Stellvertreter, Mitarbeiter, Boten, Engel (= angelos), einen „Wärter" unseres Lebens, einen eingeweihten Bediensteten Gottes erleben, und auch das nicht im Wachbewusstsein, sondern in Mystik, Erleuchtung, Traum. Das ist bekannt, verwundert nicht. Hier haben wir für den Mitarbeiter Gottes natürlich eine sehr schöne Figur: den Wärter mit dem Handauflegen. Wächter, Wärter gibt es wohl ähnlich auch am Eingang des Jenseitsreiches. Man erkennt sofort: das siebte Chakra über dem Kopf ist in dem Traum gemeint, das Scheitel-Chakra. Wer bezüglich der Chakren meditiert, hat hier eine interessante Anregung. Das siebte Chakra dokumentiert unseren spirituellen, transzendenten (also auch vorgeburtlichen) Zustand, es beinhaltet auch eine göttliche Segnung, Fürsprache.

„Der unterirdische Schutzbunker" ist die Erde, die Mutter Erde, die Gebärmutter, der Beginn der irdischen Inkarnation. Diesmal, zum quasi zweiten Mal, gelingt die Einnistung in den Uterus besser. Die Träumerin begreift: Der Zugang zu einer irdischen Inkarnation ist (vermutlich immer) mit einer Aufgabe auf Erden verbunden. Eine Pflicht als Mutter, Schwangere, evtl. auch als Adoptivmutter oder ähnlich, wartet auf das Wesen, was im Moment noch im Mutterbauch ist, am Anfang der eigenen Schwangerschaftszeit steht. Der Traum ist ein Rückblick, mit weiser Aufklärung, zu dem Punkt, als das Leben der Träumerin auf Erden einmal begann. Ein zeitloser Überblick – das gibt es oft in Träumen. Die Kuschelhöhle für das kleine Kind spiegelt, verrät das Sein der Träumerin im Mutterbauch (1), aber auch ihre Aufgabe als spätere erwachsene Mutter (2). „Trösten und Beruhigen" für einen Mitmenschen, das ist doch eine sinnvolle Aufgabe, Lebensfunktion. Wie hieß es auch: „Hilfestellung" als „Einlasskriterium"...

Zur Erkenntnis in diesem transzendenten Wahrtraum gehören unbedingt noch zwei Dinge:

Erstens die Vernetzung der Lebewesen im Unbewussten. Jeder hat es schon erlebt: Wenn ein Vogel eine Nahrungsquelle aufgetan hat, folgen bald weitere Vögel der gleichen Gattung aus ferneren Gegenden. Oder der Fund einer Wasserstelle verbreitet sich unter Tieren als unsichtbare Informationslinie, als Info-Welle über viele Kilometer. Das geheimnisvolle Nachrichtennetz funktioniert gut. Wir können hier behelfsweise vom „Morphogenetischen Feld", vom „Gedächtnis der Art" nach dem englischen Biologen Rupert Sheldrake sprechen. Auch Menschen verfügen über diese unsichtbaren Nachrichtendrähte, besonders sogenannte Ur-Einwohner. Glauben Sie aber auch, lieber Leser, als moderner Mensch nie, die anderen würden nichts merken von Ihren Vergehen oder heimlichen Absichten, oder nichts von ihrer Liebe oder von der Antipathie. Das ist das Geheimnis der Evolution, des Fortschritts: Ein Lebewesen erkennt oder erfindet etwas Neues, das genügt – dann geht die Welle bzgl. der andern los. Eine Taube auf dem frisch eingesäten Acker zieht Massen von Tauben aus den verschiedensten Umgebungen an, und zwar überraschend schnell. Im Unbewussten sind wir (immer noch) Einheit. Gerade die Träume informieren aus diesem Terrain. „Alles vollkommene Tun ist unbewusst, das Bewusstsein drückt einen unvollkommenen Zustand aus" [Anmerkung 10]. Das Unbewusste also ist (allein) vollkommen, das Bewusstsein (das Ich, das Denken) hat viele Mängel. Das Unbewusste ist der Bauplan eines Baumes, des Weltmeeres, der Galaxien, eines Menschen oder der DNA. Die „unbewusste", unsichtbare Struktur der Weltphänomene kann man Intelligent Design nennen oder Gottes Handschrift, eingerollt, latent liegt sie als Bauplan in jedem noch so kleinen Samenkern. Deshalb heißt dies Buch „Gott im Traum", das meint, Gott ist zu finden im Unbewussten.

Und deshalb definiert meine Gewährsfrau R.N. ihren Traum als „Erkenntnistraum". Im Gegensatz zu Traum, Erleuchtung, Mystik kommt die bewusste Rationalität nur zu unvollkommenen Ergebnissen über das Göttliche, zu Ideologien und Theorien mit Mängeln. Das Buch heißt nicht „Gott finden im Denken" – in diesem Falle würde ich beinahe an mein Buch selbst nicht glauben.

Unsere Lebensumstände sind „Mittel zum Zweck". „Jeder erhält die Bedingungen/Umstände, die er zum jetzigen Entwicklungsstand benötigt, um weiter zu wachsen/reifen in geistiger/spiritueller Hinsicht." Da müssen wir keinen Erläuterungskommentar anfügen. Zum Lernen und zum Wachsen sind wir hier. „Wichtig ist nicht das Beispiel", d. h. der konkrete Lebensumstand ist genau so unwichtig wie das konkrete Traumbild – es kommt auf die „Erkenntnis" aus den Einzelheiten, also auf das Fazit an. Die Einzelheiten der Biografie, der Schmerzen und der Leiden sowie der Lüste, sind nicht wichtig, sie dienen nur als Mittel, Beispiel – die Konsequenz dagegen, die wir aus dem ziehen, was uns geschieht, ist das Wesentliche. Die Konsequenz ist, eine Ahnung zu erhalten von der eigenen „Aufgabe – der nächste Schritt ist, diese anzunehmen oder abzulehnen. In diesem Punkt sind Träume ähnlich wie Nahtoderlebnisse, denn an der Schwelle zum Jenseits kann man seine „Aufgabe" (z. B. über das, was nach dem Nahtoderlebnis noch ansteht) mitgeteilt bekommen. Träume und Nahtoderlebnisse sind in gewissem Maße vergleichbare Reisen in die geistige Welt.

Das Hochzeitssymbol. Die Frau in Weiß. Die Schutzlosigkeit als Schutz. Absprung aus dem Flugzeug, der liebevolle göttliche Pilot. Die Verneigung der Braut. Das Licht des großen Sterns. Jeder ist von Gott geliebt.

Dokument 30 (06. bis 09.1996; Elisabeth H.)

Aus einem größeren Konvolut von mir schriftlich mitgeteilten Träumen zitiere ich einige transzendente Szenen oder Erkenntnisse dieser mir bekannten Frau im mittleren Alter. Sie kann verschiedentlich in die geistige Welt sehen, wo sie die Vorzeitigkeit, das Ideal, die Weltaufgaben ihrer Person sieht, wo sie Gotteserlebnisse hat – aber natürlich auch ihre Traumata erlebt:

> *„Ich träumte, ich würde jetzt heiraten, in einem weißen, langen Kleid. Zwei weiße Stoffröschen aus Batist kommen darin vor. Mindestens eine Rose geht offensichtlich ab. Sie scheint an einer Schnur irgendwo hinzugleiten. – Auf der Erde liegt ein großes, weißes Blatt, auf dem Kopf und Hals meiner Mutter aufgemalt sind. Da beginnt meine Mutter zu sprechen ... (macht deutliche Aussagen) ... doch es ist mir entfallen, was sie sagte. ... Da begann ein Krieg und eine Bombe fiel auf den Mund meiner Mutter. Als sich der Rauch verzogen hatte, sah ich, dass die Konturen meiner Mutter auf der linken Seite ... verwischt waren."*

Das Heiraten ist ein zentraler Entwicklungszustand oder -anfang. Als Archetyp ist es immer symbolisch zu verstehen, nicht konkret. „Heiraten" ist ganz werden, vollkommen sein, meistens im Hintergrund himmlisch, d.h. vorgeburtlich, nachtodlich. Es ist ein zentraler Punkt für eine neue Aufgabe. Es ist eine besondere ‚Hohe Zeit', eine Hoch-Zeit, ein Höhepunkt, kein

Dauerzustand, sondern eher ein Kurz-Aufenthalt, ein Sonder-gefühl im Licht oder in einer Art Seligkeit. Das weiße Kleid ist die Bekleidung der Geister und Engel und Jenseitigen sowie der reinen, unschuldigen, idealen Seelen. Wir haben hier einen Vor-geburtszustand, wo die inkarnieren wollende Seele der E.H. ihre zukünftige Heimat, nämlich die Mutter auf Erden sieht. In die-sem Zusammenhang ist „Heirat" als Zeugungserlebnis transzen-denter Art zu deuten. Hochspirituell, aber nicht erinnerbar gibt es zu diesem Zeitpunkt eine Kommunikation zwischen Mutter und zukünftigem Kind. Für Jenseitige sind Erdenmenschen wie Gemälde = d.h. eine Art Abbilder, denen vorübergehend das wahre oder ewige Leben fehlt, wie ein auf die Erde gefallener, verblasster Stern.

Real hat die Mutter der E.H. als junges, ziviles Lebewesen den Krieg erlebt. Das hat für immer im Leben der Mutter die „Kon-turen verwischt", d.h. eine seelische Schädigung hinterlassen, besonders im Gesicht, dem Zeichen und Organ der Liebe. Das Kriegstrauma traf auch die Tochter, Träumerin E.H. In einem an-deren Traum hat E.H. für die „Prüfung" über eine bestimmte Re-gion, nämlich genau der Kriegserlebnisse der fliehenden Mutter, zu wenig gelernt, so dass sie ein negatives Erlebnis befürchtet. Das besagt, für uns als Lehre: Es ist immer sinnvoll, für unsere Selbstwahrnehmung, für das psychologische Verstehen (der El-tern wie der eigenen Person), sich mit der Geschichte der Ah-nen, besonders deren Traumata zu beschäftigen. Kriegserlebnis-se wandern als unbewusste Komplexe durch die Generationen.

Als Nächstes berichtet E.H. ihren „eindrucksvollsten Traum", wie sie sagt:

„Ich sah eine Frau vor mir im weißen Kleid. Sie stand vor mir in ihrer unendlichen Schutzlosigkeit. Der Raum um sie war ausgefüllt mit ihrer Ausstrahlung von Liebe und Güte (die Ausstrahlung lässt sich mit Worten nicht richtig beschreiben, aber Liebe und Güte sind noch am treffendsten). Ich stand da und sah auf diese Frau und empfand ein Glücksgefühl, das sich ebenfalls nicht beschreiben lässt und kein irdisches Gefühl ist. Es war ein Glück, diese Frau anzusehen. Ich sah ihre Schutzlosigkeit und wusste jedoch im gleichen Augenblick, dass niemals jemand sie angreifen oder verletzen würde, da ihre Schutzlosigkeit ihr Schutz war. Ich staunte, schaute voller Glück auf dieses Bild. Da wechselte die Frau die Farben. Sie wurde mir nacheinander in den verschiedensten Pastelltönen gezeigt, mal zart-violett, mal mai-grün usw.; das war alles.

E.H. behielt diesen Traum wegen „seiner außergewöhnlichen Ausstrahlung", wie sie sagt.

Kommentar: Wir haben es hier mit einem Vollkommenheitsbild zu tun, das, so könnten wir sagen, im Menschen schlummert, das in der Regel vergessen ist oder für unwirklich gehalten wird. Diese Imago ist das Höhere Selbst, die ideale, ewige Seele in jedem Menschen, seine spirituelle Heimat oder Herkunft oder Vorstufe. Diese „Ausstrahlung" ist der transzendente, göttliche Anteil im Menschen. Sie ist sein Unsterblichkeitsaspekt. Dies Urbild ist: Liebe, Gut-Sein, Güte, Glücksgefühl. Diese Liebe und Aggressionslosigkeit passen zu den Entwicklungszielen, die E.H. unter anderem per Meditation in der Realität anstrebt. Die „Schutzlosigkeit als Schutz" ist tatsächlich „kein irdisches Gefühl". Im Himmel braucht man keinen Schutz und keine Gegenwehr.

Die weiße Frau im Gegenüber ist ein Geheimnis, eine latente Seinsweise im Innern der E.H. selbst. So ähnlich muss man sich auch die Gotteserscheinungen der jungen Mädchen in Lourdes, Fatima, Banneux (Ardennen) oder Hede (Emsland) vorstellen und erklären. Die Jungfrau Maria im Draußen verrät und spiegelt eine Vollkommenheits- und Liebes-Potentialität in den Mädchen selbst, also im Innern. Für die Unsterblichkeit der eigenen Person wählt man gerne unbewusst bekannte göttliche Figuren, Bilder im Gegenüber. Gerade im Traum ist es üblich, Eigenes in Personen „gegenüber" darzustellen. Diese Entäußerung erleichtert die Bewusstmachung. Das ist auch der Sinn der Weltschöpfung: Innere Strukturen sind per Entäußerung, sind per Außendarstellung vorgeführt. „Tat twam asi" = das alles bist Du, heißt es im Indischen über die Dinge, Personen, Schicksale, die einem draußen begegnen. Dieser Erfahrungsweg hilft uns, und aus diesem Grunde letztlich gibt es materielle Erdenleben. Wir werden uns unserer selbst bewusst, indem wir uns als Körper erfahren und erleben – besser als durch transzendente, religiöse, philosophische Belehrungen. Vielleicht wird sich auch der Weltgeist (Gott) seiner selbst bewusst durch die materielle Geschichte, wie A.W. Hegel meint. Durch (viele) Erdenleben erfahren wir indirekt am besten, „wer wir sind". Die realen körperlichen Erlebnisse und die Träume sind die zwei Informationsmedien für die Wahrheit unserer selbst und des Kosmos; sie sind gleichwertig und aufeinander zu beziehen. Man lernt und entwickelt sich durch Erfahrung und handfestes Erleben, nicht durch Belehrung.

Zuhause beschäftigte sich E.H. weiter mit diesem Symbol der schutzlosen Frau, das ihr eine Freundin als „Lebensprinzip, Ideal" kommentierte. Sie stand unter einem „starken Eindruck", wie sie formuliert, „so dass ich dachte: ‚noch ein bisschen, und ich fange an zu fliegen'..." Bei so einer Weißen Frau, so dürfen wir sagen, kann eben die Seele schnell Flügel bekommen.

Zur Traumstelle „eine Rose geht offensichtlich ab" kann man vermutlich Informationen aus anderen Träumen der E. H. assoziieren. Da dürfte es um eine vorangegangene erfolglose Einzeugung gehen (Abtreibung oder Fehlgeburt). Todeserfahrungen in einer Vorstufe, in einer Vor-Inkarnation im Mutterbauch haben eine große Auswirkung auf das dann folgende Leben. Dieser Tod ist keineswegs vergessen, natürlich „unbewusst" nicht vergessen. So träumte E. H.:

> *„Ich sehe einen Vogelkäfig und dann ganz kurz, wie ein Vogel herabstürzt. Ob er tot ist, weiß ich nicht."*

„Vogel" ist ein klassischer Archetyp für eine Seele im Uterus (oder auch postmortal). Es ist wenig daran zu zweifeln, dass hier ein Embryo oder Foetus gestorben ist und dass es zum unbewussten Erinnerungsschatz, also zu vielen Träumen, der E. H. gehört. Als passende „Synchronizität" (vgl. zu diesem Begriff C. G. Jung) entfloh der E. H. real am Vormittag nach diesem Traum ein Wellensittich, für immer.
„Nach diesem Traum musste ich nun denken, dass er gestorben ist. Aber ich hatte auch das Gefühl, das hat noch was anderes zu bedeuten."

Natürlich hat es etwas zu bedeuten, ihr Gefühl täuscht nicht. Ob sie begriffen hat, dass Traum und Realität, zusammengefasst als Synchronizität, ein Zeichen, ein Omen, eine Information sind? Man muss Traum und reales Leben so lesen, als wären sie zwei Seiten in ein- und demselben Buch, nach einem Gedanken von A. Schopenhauer. Es ging um die verdrängte Info, Bewusstmachung über einen frühen vorgeburtlichen Tod, gerade jetzt, speziell für E.H., auf zwei verschiedenen Schienen (Realität und Traum synchronisieren).

Im Zusammenhang eines Traumes über einen „Bahnübergang" und über „unterbrochene Gleise" träumt E.H. von einer Bahnschranke, vor der sie früher immer endlos warten musste. „Ich konnte schon von weitem alles überblicken". „Im Laufe des Tages wurde mir bewusst, dass ich von dieser Schranke schon oft geträumt hatte, allerdings war sie immer geschlossen, und die Szene war immer düster."

Die Symbolik der „Bahnschranke" spricht für eine blockierte, gehemmte, schwierige Geburt, also für irgendein Geburtstrauma. Die Mutter hatte die Geburt unbewusst verhindert, verhindern wollen, zum wenigsten war sie überfordert (wahrscheinlich war schon die Empfängnis problematisch – das tritt dann beim Geburtsprozess zutage). Deshalb ist die Geburtspforte, sind die mütterlichen „Bahnübergangsschranken geschlossen".

In einem weiteren Traum musste E.H. ein hilfloses Kind mitnehmen, dabei als Erwachsene selbst ihre Angst verbergen (gegenüber Mann, Wald, Schnee):

> *„Ich sah, wie das Kind Mühe hatte, die Füße zu heben. Als wir zu Hause angekommen waren, musste ich der Mutter des Kindes sagen, dass dessen Schuhe auf dem Weg kaputtgegangen wären."*

Auch das ist in der Person des Kindes, im Gegenüber, eine Information über das Kind in der Träumerin selbst. Ängste, Gefahren, über die wir jetzt nicht spekulieren, haben dazu geführt, dass dem Kind die Basis zerstört worden ist. Das Traumsymbol „fehlende Schuhe" kann, noch ärger, zeigen, dass einem Kind beide Elternteile verlorengegangen sind. Hier haben wir nur „kaputt", d.h. die Schuhe sind weitgehend unbrauchbar oder schwer beschädigt. Mit den „Schuhen" bestreiten wir unseren Weg ins

Leben, deshalb stellen sie traum-symbolisch die Ausrüstung, die Hilfsmittel dar, die man von den Eltern für diesen Weg erhält, ab der Geburt, aber auch schon vorgeburtlich, und zwar seelisch, materiell, sozial, eigenständig oder abhängig. usw. Wir finden also hier eine belastete, traurige, schwierige Kindheit der E.H. vor (oder auch wieder Kriegs-, Fluchterlebnisse der Mutter). Wirklich innerlich hatte eine Mutter sich wahrscheinlich nicht um sie gekümmert (die Mutter war real ein Flüchtling aus dem Osten und heiratete in der neuen westlichen Umgebung nach Kalkül einen Bauern, bloß um eine Lebensgrundlage zu haben). Zu Menschen mit einer ausgeprägten spirituellen Entwicklung gehört sehr oft ein großes frühkindliches Trauma (nicht nur bei Jesus und Mohamed [Vaterverlust und mehr]).

Am 6.7.1996 hatte E. H. wieder einmal einen transzendenten Traum, in welchem sie unmittelbar vor der Geburt auf ihr nahes Erdenleben blickt. Diese Vorstellung ist im übrigen volkstümlich, esoterisch, religionsgeschichtlich verbreitet, dass man nämlich kurz vor der Geburt sein ganzes zukünftiges Leben sieht. In den indischen Upanishaden heißt es: Vor der Geburt oder ab dem achten Monat ist der Foetus/Säugling vollständig und allwissend:
Garbha-Upanishad [zitiert in: Bellinger, Anmerkung 11]: „Im neunten Monat endlich ist er [der Foetus] in allen Stücken und auch in der Erkenntnis vollständig; dann erinnert er sich [solange er noch im Mutterleib weilt] an seine früheren Geburten und hat Erkenntnis seiner guten und bösen Werke." Im siebten Monat etwa würde der Foetus mit der individuellen Seele (Jiva) ausgestattet. Dazu schreibt Gerhard J. Bellinger, Professor für Religionsgeschichte: „Gemäß dieser Vorstellung ist der Fötus schon im Mutterleib im Besitz des Wissens der eigenen früheren Geburten, vergisst jedoch bei seinem Austritt aus dem Mutterleib dies alles."

Traum der E. H. also:

> *„Ich fliege in einem Flugzeug. Unter mir ist ein Haus. Es ist das einzige, das mir eventuell Schutz bieten kann. Ich versuche, mich an eine bestimmte Stelle im Flugzeug zu begeben. Der Pilot hat das im Auge und achtet, dass ich durch das Rütteln und Schütteln im Flugzeug nicht falle. Es drängen sich viele Leute im Flugzeug. Eventuell will ich an einer bestimmten Stelle aus dem Flugzeug springen. Allerdings nur, wenn ich das besagte Haus unter mir sehe. Der Pilot scheint daran interessiert, dass ich das alles schaffe. ... [Eine Art Szenenwechsel:] Meine Mutter wundert sich über irgendetwas. Aber ich sage ihr, dass ich doch etwas im Steinhaus habe. Dorthin, wohin ich offensichtlich abspringen will, ist, so glaube ich, nur Sandwüste, und es steht ein Haus dort. Das Steinhaus war eigentlich gar kein Steinhaus, sondern eher ein Windlicht aus Keramik in Haus-Form. Warum ich es Steinhaus genannt habe?... Anmerkung: Bei diesem Traum hatte ich ein schönes Gefühl. wenn ich an die liebevolle Beobachtung des Piloten dachte. Ich überlegte, ob das Gott war. Auf jeden Fall ein Übergeordneter, Liebevoller. – In dieser Nacht träumte ich noch einmal vom Abspringen aus dem Flugzeug. – Außerdem träumte ich noch, dass Frau F. eine Überraschungsparty für mich inszenieren will."*

Diese Frau F. ist eine Freundin. Als Mutterersatz, stellvertretendes Muttersymbol organisiert sie hier eine Empfangs-, Begrüßungsparty bei dem Geburtserlebnis oder als Geburtserlebnis. Das ist ein bekannter Archetyp: eine „Begrüßungsfeier" gibt es für uns, nach vielen Traumbelegen, bei den Übergängen, d.h. bei der Geburt und auch bei der Ankunft am Strand der Inseln der Seligen, im Jenseits also. Bei unerwünschter Geburt entfällt die

Party und die frohe Begrüßung, und es sind „*keine Geschenke da*" (was bekanntlich nicht selten vorkommt).

„Fliegen" zeigt den Zustand der partiell oder vorübergehend nicht-irdischen Seele der Träumerin: ein häufiger Archetyp, ein häufiges Traumerlebnis. Es meint die Loslösung von der Materie, von Zeit und Raum. Logischerweise hat man dann einen außerordentlichen Überblick, auch über Vorgeburtliches und Nach-Todliches. Die spirituelle Seele kann also allein gedacht werden und auch allein etwas erleben, also ohne Körper. Sie fliegt. Das ist altes bildliches Wissen = die Seele trennt sich nachts, im Traum, vom Körper und geht auf Reisen. Manchmal werden symbolisch große Distanzen zurückgelegt, und dann hat man einen Wahrheitstraum, Entrückungstraum, Erleuchtungstraum, Zukunftstraum, Gott-Traum. Hier also sieht die Seele vorgeburtlich, dass sie auf der Erde in eine Behausung muss. Für eine erfolgreiche Geburt müssen zusammenpassen: die Absprungposition, der Absprungzeitpunkt und die Landefläche unten, d.h. diese Behausung! Der Stress der Mutter vor der Geburt äußert sich durch „Rütteln und Schütteln im Flugzeug". Flugzeuge, Eisenbahnzüge, Auto-Anhänger und Schränke sind, um nur einige wenige zu nennen, bekannte Archetypen für den Uterus. „Springen" ist ganz klassisch für den Übergang zwischen zwei Dimensionen. In der Antike findet man viele Abbildungen (z.B. griechische) für den Tod: Es „springt" ein Jüngling kopfüber von der Höhe ins tiefe Wasser.

Es ist nicht überraschend, sondern logisch, dass plötzlich die „Mutter" ins Spiel des Traumes kommt. „Meine Mutter wundert sich", das könnte die Überforderung der Mutter damals ausdrücken. Der Blick aufs Erdenleben, auf den zukünftigen Körper unten, variiert in Aspekten, als würde die Träumerin hilfsweise verschiedene Bilder, Assoziationen wählen, um die körperliche

Situation nach der Geburt, besonders aber auch die Ankunfts-station namens Mutter, d.h. den Beginn der hiesigen Säuglings-zeit beschreiben zu können. Also: Was erwartet sie unten? Ein „Steinhaus" z.B. Das könnte man als Aversion (emotional Un-weiches) . aber auch als feste Kontur, Bindung bezeichnen. Es könnte aber auch ein Haus in einer „Sandwüste" sein. Und das ist kein lebenslust-betonter, herzlicher Empfang. „Haus" steht hier als Archetyp für die materielle, nach-geburtliche Ich-Per-sönlichkeit sowie für die allgemeinen Lebensumstände, auch für eine Familiensituation. Auch könnte man von oben sehen, sagen: Meine zukünftige irdische Existenz sieht aus wie „ein Windlicht aus Keramik in Haus-Form". Dann hätten wir das pas-sende Bild des Lichtes oder geschützten Kerzenlichtes als Le-bensflamme; im Körper = in Haus-Form. Das mysteriöse oder skeptisch zu sehende „Steinhaus" dürfte ein Voraussehen, ein Zukunftswissen sein (vielleicht über ein hartes irdisches Leben?). Den Hintergrundsinn zu sehen, wird der Träumerin nicht gege-ben; dem Menschen wird in der Regel sein Schicksal nicht er-klärt, es wird nur benannt, gezeigt. Das Lebensgeschenk, der Sprung auf die Welt wird als „schönes Gefühl" bezeichnet. Lo-gisch, es ist das Gegenteil von Sterben (das kein schönes Gefühl sein dürfte). Lebenslust stellt sich eben im Umfeld der Geburt ein, unabhängig davon, ob man erwünscht ist oder die Geburt schwierig ist.

– Selbst mit sexueller Lust sind Geburtsgefühle im Foetus/Säugling vergleichbar. So kenne ich Mütter, die die Geburt ih-res Sohnes so träumen, als hätte der ein erigiertes Glied – also hoch-energetisch, in maximaler Spannung, gefühlvoll, „vor dem großen Sprung hinab". Wird dem Jungen nun die Geburt ver-weigert, also z.B. durch einen Kaiserschnitt oder durch extre-me Verzögerung, Blockade, bricht die Erektion zusammen, der Sprung wandelt sich zu einer erbärmlichen, problematischen

Landung... Auch das ist wieder ein Indiz für die allgemein gültige Beobachtung, dass ein Geburtstrauma im Unbewussten die spätere Sexualität stört, beeinflusst!

Und nun die große Frage: Wer ist der „Pilot"?! Die Anmutung der Träumerin, dass es „Gott" sein könnte, will ich weder kritisieren noch kommentieren. Ein „Übergeordneter, Liebevoller" sei es, das leuchtet uns ein. Vielleicht entspricht der Pilot dem „Geburtsengel", den es in vielen Religionen und Mythen gibt, genauso wie den Todesengel. Engel werden verstanden als Helfer, indirekte Vertreter Gottes, Gestaltungsformen der göttlichen Obhut. Vielleicht ist es auch eine Vaterfigura, bei den Aborigines trägt der Vater das zu zeugende Kind schon lange im Herzen, im Plan, auffälliger als die Mutter. Vielleicht ist es der Animus, d.h. das männliche Unbewusste in der weiblichen Person. Diese Pilotenkraft jedenfalls will unbedingt das Leben auf die Erde bringen und will genauso unbedingt dies Leben schützen. Man kann Gott und seine Engel als „liebevoll und übergeordnet" verstehen. Wichtig ist das Fazit: Wir verdanken eine (gelingende) Inkarnation höheren, stärkeren Mächten, einer führenden Vertrauensperson oder Kraft. Also vergleichsweise einem Piloten. Aus uns allein heraus vermögen wir wenig, zumindest im Mutterbauch. So ein „Pilot" kommt nicht nur einmal vor, sondern öfter in entsprechenden Geburtsträumen, die nicht selten als „Anflug" daherkommen. Der Pilot ist ein bekannter spiritueller Archetyp. Seiner Führung und Mithilfe verdanken wir unsere Existenz bzw. wenigstens die gelingende Geburt. Er ist das Equipment, damit unser Fallschirmsprung gelingt. Er ist eine Variante, Annäherungsform der göttlichen Führung – im transzendenten Bereich. Wenn wir auf der Erde sind, finden wir keinen Piloten mehr rechts und links um uns. Eher Steinhäuser und Sandwüsten.

In diesem Zusammenhang schauen wir uns einen Traum der E.H. an, in dem es um das Dienen auf der Erde geht – das könnte doch zu Dank und Vertrauen gegenüber dem Piloten passen.

(13.07.1996; Auszug, in alter Orthografie):

„Irgendjemand heiratete um kurz vor 16:00 Uhr. Eigentlich sollte die Trauung schon vorher sein, aber sie wurde immer mehr nach hinten verschoben. ... Kurz bevor man in die Kirche ging, wechselte die Braut noch schnell die Schuhe. Sie zog gelbe Schuhe an... Sie paßten überhaupt nicht. Überhaupt war das Outfit nicht so in Ordnung. ... Das Verneigen der Braut erkannte er [der Priester] nicht an, sie mußte die Verneigung noch einmal wiederholen, gemeinsam mit ihm. Die Verneigung hatte so tief zu erfolgen, daß man den Boden hätte küssen können.

Dies habe ich 2x geträumt. Allerdings unterschieden sich die Versionen geringfügig. Ich glaube, beim ersten Mal kam die Szene mit dem Schuhwechsel nicht vor, und mit der Verbeugung war es auch etwas anders.“

Hier haben wir die Szene, den Zeitpunkt, bevor symbolisch die Schuhe des Lebens angezogen werden, also eine Lebensstart-Szenerie, wobei das „Heiraten" wieder als Kern den Geburtsarchetyp meinen dürfte. Sicherlich meint das Heiraten aber auch die Partnerschaft, d.h. insgesamt das Leben in Beziehung(en), sagen wir: das soziale Leben allgemein, vielleicht auch insbesondere als Frau. In der Antike wusste man generell: die Menschen „dienen den Göttern"; auch der Koran sagt, dass wir nur für Gott leben. Aber der Mensch möchte das Dienen umgehen, er meint, er lebe für sich selbst, und nicht für irgendeine andere Instanz. Oder er möchte die Verneigung nicht ganz so tief machen oder überhaupt vielleicht nur so tun als ob, also einen Kniefall vortäuschen. Mag sein, je verunsicherter und gieriger (gelber) man ist, umso weniger möchte man sich verbeugen. Das „Outfit" in diesem Traum meint mehr die mentale Einstellung denn den Körper. Man könnte deuten, in der weiblichen oder menschlichen Einstellung, in der Rolle der Träumerin ist etwas unrund. Die „gelben" Schuhe verraten ein gewisses Suchtverhalten, sagen wir: sie verraten etwas an Hunger, Suche, Ich-Streben, Befriedigungsstreben. Die Bedürftigkeit und Gierigkeit ist kurz vor der Geburt entstanden (= Schuhwechsel kurz vor der Heirat). Die Gelbheit, der Süchtgkeitsanflug also (Gier nach Liebe, nicht nach Drogen), beruht auf einer Mangelerfahrung, es geht um Kompensation (das ganze Leben ist Kompensation), und das wiederum verrät, dass E. H. vermutlich ein sehr frühes Mutter-, Geburtstrauma hat. Das soll durch „Gelb", also durch Luststreben ausgeglichen werden; auch meinen die unpassenden gelben Schuhe der Braut, dass der Sex in dieser Ehe nicht passend, harmonisch war. Die Zeitverschiebung der Heirat spricht für eine Geburtsblockade als Trauma. – Wie jeder Traum, ist auch dieser nur ein einzelner Aspekt. D. h. E. H. kann auch andere Einstellungen im Leben realisieren und hat unterschiedliche frühere Erfahrungen (vgl. den zweiten Traum). Für die Traumdeutung gilt auch: ein einzelnes, prototypisches Motiv steht als Zusammenfassung für viele ähnliche Lebensereignisse.

Unser Blickwinkel, ob es um Dienen, Piloten oder Einstellungen geht, wechselt in den Farben des Lebens. Wir sind auch fähig, das Leben ganz banal, sachlich und nüchtern zu sehen, ohne Gefühle und Interpretationen, wie fast ohne Ich oder mit den Augen eines anderen Ichs. Jeder Mensch kann die Perspektiven wechseln. So erlebt man E. H. auch ganz lakonisch in ihren Träumen, z. B. (14.07.1996):

> *„Ich träumte mehrere kurze Träume. ... Die meisten sind mir entfallen. Einen kenne ich noch, er bestand aus 3 Teilen: 1. Ein Traum, der vom Vergehen handelt (Inhalt nicht mehr bekannt). 2. Ein Traum, der vom Entstehen handelt (Inhalt nicht mehr bekannt). 3. Ein Traum, der vom Wachsen handelt (Inhalt nicht mehr bekannt)."*

Ob mit Humor oder Weisheit, was sagen wir dazu? Besteht das Leben aus mehr als aus Entstehen, Wachsen und Vergehen, als aus Vergangenheit, Gegenwart und Zukunft?

Wie man weiß, kann das „Licht", ob in den Nahtod-Erlebnissen oder in den religiösen Riten, als Gleichnis für Gottes-Nähe oder Gottes-Dimension verstanden und angewendet werden. Es wird auch gebraucht als Symbol für das eigene Ewigkeits-Ich bzw. für das „wahre Leben" im Innen wie im Außen. Bevorzugt und bildlich anschaulich tritt das Phänomen auch als besonderer „Stern" auf. Dazu ein Traum von E. H. (04.08.1996):

> *„Ich bin auf einem anderen Stern. Nun soll mir ein Stern gezeigt werden, den man von der Erde aus auch schon immer sehen konnte. Jetzt werde ich ihn allerdings viel größer erleben, da ich viel näher an ihm bin. ... Da sehe ich einen Riesenstern – wie die Sonne so groß – jedoch nicht gelb, sondern weißglühend. Das Licht ist so bestechend... Ich bin ganz erstaunt, wie groß dieser Stern ist... Der Stern verbreitete keine sengende Hitze, er war nur sehr hell."*

Da fällt mir als Erstes eine Bemerkung des österreichischen Mystikers Jakob Lorber (1800–1864) ein, 1 bis 2% der Menschen seien „Sternenseelen", die auf der Erde spirituelle Führungsaufgaben hätten. – Davon abgesehen, wenn man entfernt ist von sich, von seiner ewigen Seele, von Gott, von der Wahrheit, sieht alles ganz klein und banal aus. Erhält man die Chance, entrückt zu werden und in die Nähe der ewigen Wahrheiten zu gelangen, z.B. per Symbol Kosmosreise, ist man von der Größe und Bedeutung des Faktums wie des Lichts beeindruckt. Den kleinen Stern am Himmel über der Erde erlebt man nun in seiner wahren Größe, man hat die richtige Erkenntnis: jeder dieser Sterne ist doch so groß wie die Sonne. Man hatte es im Alltag übersehen, übergangen. Das Licht der Ewigkeit versengt und verbrennt nichts. Es ist nur unglaublich, unvergleichlich „hell"… Die Information aus der Nähe desillusioniert unsere scheinbaren Informationen von der Erde aus. Ein „Riesenstern" ist das ewige Leben im Menschen und ebenso das Wesen Gottes – wenn wir es denn aus der Nähe betrachten könnten.

Um etwas aus der Nähe und in seiner Wahrheit betrachten zu können, müssen wir uns symbolisch auf den Weg machen (vielleicht wie die mittelalterlichen Pilger). Man muss „Tore durchschreiten", wie bei der Jenseitsreis im alten Ägypten. Dazu ein Traum von E.H. (15.08.1996):

> *„Ich sah zwei Türen vor mir, eine war etwas mehr im Vordergrund, und sie wirkte größer. Beide Türen hatten einen Rundbogen. Da sprach die größere Tür zu mir: Ich bin die Tür zum Himmel, zu Gott, und das [die kleinere, fernere] ist die Tür zum Weg."*

„Rund" ist als Archetyp immer positiv, d.h. das Runde steht für das Leben (alles im Kosmos ist rund, auch die scheinbaren stellaren Geraden), im Gegensatz zum Traumsymbol des Eckigen, Kantigen, was eher Probleme, Aversionen zeigt. Man ergreife auf Erden schon die nahe Tür zu Gott, ist man geneigt zu raten, dann wird man auch die fernere Tür durchschreiten, tendenziell zwar erst im Jenseits, und dann ist man auf dem „Weg" zum Riesenstern und zum Licht, zur Wahrheit... Die kleinere Tür kann aber auch diejenige zum Erdenleben sein.

Die gute E.H. hatte auch einen Traum über den Autor dieses Buches:
(21.08.1996). So sagt sie mir:

> *„Ich sollte für Sie ein neues Deckblatt machen. Ich wurde von Gott gerügt. Ich hätte doch ein (XX?) machen sollen, dies hier sei zu grob. Ich erinnerte mich daran und sagte: ‚Ach ja, ich mache ein feineres'.*

Nun, zu ihrer Arbeit real im Büro gehörte damals u.a. das Gestalten von Drucksachen, also auch das Anfertigen von „Deckblättern". Was in diesem Traum von ihr erwartet wird, lasse ich unkommentiert. Jahre später hat E.H. zwar nicht das Deckblatt, aber immerhin einige Innenseiten meines Buches indirekt gestaltet, durch ihre Träume nämlich von ehedem, die ich jetzt gerade zitiere, hier verwende.

Die gute E.H. hat vor Zeiten an einem Traumseminar des Autors dieses Buches teilgenommen. Wir verstanden uns gut, ich bemerkte ihre große Spiritualität, aber ihr Weg zur Erkenntnis ging über die Liebe, auch die Meditation, während ich doch in gewisser Weise mehr das Denken, im Sinne der Vernunft und des Logos und der Ojektivität, für die Erkenntnis einsetze, und natürlich die Träume (Träume sind sozusagen „Denken pur"). In kognitiven Schlüssen und Theorien war sie vielleicht überfordert oder nicht so engagiert– weil sie primär über die „Gefühle" zum Wissensziel kommen wollte. Okay, warum nicht, Gefühle sind legitim. Sie hatte gehofft, ich könne ihr auf ihrem Weg helfen, doch wir gingen zwei verschiedene Wege. Jeder muss letztlich seinen Weg allein gehen und seiner individuellen Intuition bei den Weggabelungen folgen. Ihren „eigenen Weg", den spürte und träumte sie auch. Apropos „Gefühl", hier ihr Traum (03.09.1996):

> *„Ich wurde von meinen Träumen regelrecht eingekreist, sehr liebevoll, aber deutlich. Plötzlich begann ich das Liebevolle zu spüren, und es machte mich unendlich glücklich. Da muß man einfach zurücklieben. Manchmal durchströmt mich so ein herrliches Glücksgefühl. Ich schwebe dann wie auf Wolken. Und manchmal meine ich auch zu spüren, wie sehr ER Sie liebt [da bemerkt sie also im Grunde auch, dass jeder von Gott geliebt wird – der jeder ist jeder Mensch – jedoch hier der Autor dieses Buches]. Vielleicht bilde ich mir das ein, aber ich glaube, er liebt Sie sehr. Sicher liebt er alle gleich, aber das ist nicht das, was ich spüre....*

Das ist ein Traum, den ich gerne unkommentiert lasse.

Zum eigenen Weg der E. H. gehört auch die Meditation. Darüber berichtet sie z. B. (07.09.1996):

> *„Mir fiel auf, daß ich mich in der Meditation immer nur mit Gott beschäftigte, nie mit Jesus, der sonst viel eher mein ‚Ansprechpartner' war. Ich stellte mir also Gott vor und hatte eine Vorstellung von einem liebevollen Gott, nicht wie ich früher immer dachte, von einem zum Fürchten. Meine Gedankenspiele waren zwar sehr kindlich, doch das erzeugte die größte Nähe."*

Die kindliche Haltung ist außerordentlich wertvoll, um Gott näher zu kommen. Es macht auch Sinn, über eine bestimmte Gotteskonfiguration den Weg zu nehmen, zu meditieren, nicht über einen zu abstrakten Gott. Ebenso ist das Liebevolle ein optimaler Weg; die Liebe ist das Medium zur Gotteserkenntnis. Jedoch, wie erwähnt, jeder hat seinen „eigenen Weg" zu Gott.

Das nächste spirituelle Erlebnis der E. H. geht vom Beten über die Meditation zum Traum (07.09.19196):

> *„Lieber Gott, ich will diese Ängste, die ich alle habe und die mich nur belasten, ... nicht mehr haben, bitte nimm sie wieder zurück von mir, denn sie quälen und behindern mich nur." [Es folgte eine Art Traumgesicht, in dem sie etwas sah:] „Da sah ich vor meinem geistigen Auge, wie sich diese Dinge in zwei lange Papierstreifen verwandelten. Eine Kassiererin nahm sie entgegen und tippte sie als Storno in die Kasse. Als ich die Meditation beendete, dachte ich, nun bin ich an die Traumgrenze gekommen. Dort, wo ich nun war, müssen auch die Träume herkommen."*

Man wird dem nicht widersprechen, dass Traum und Meditation in fließenden Übergängen sich gestalten können, dass sie also hin und wieder vergleichbar sind (auch Hypnose kann ähnlich sein). Psychologisch sehen wir, dass Gott nicht direkt eingreift, wenn man nicht „die „Kassiererin" für eine Göttin, Göttin-Stellvertreterin hält. Dennoch hat der Traum (bzw. die Meditation) eine subtile Lösung, und es wird aufgezeigt, wie die Angst-Wegnahme ablaufen könnte. Das Gebet wird also erhört, könnte man sagen, denn die Papierausdrucke als Angststreifen und -belege werden „storniert". Aber wer eigentlich nimmt die Angst-Dokumentationen zurück? Eine „Kassiererin" ist ein Mutter-Archetyp, und die Mutter bzw. irgendeine Muttergestalt müsste die angst-auslösenden Faktoren zurücknehmen. Warum? Ganz einfach – weil die Mutter auch die Ängste verursacht hat, pränatal, perinatal oder in irgendeinem anderen Kindheitsstadium, ob bewusst, ob indirekt als unbewusste „Übertragung" (Komplexwanderung), oder auf welchem Weg auch immer. Es ist logisch, dass der Verursacher besser als jeder andere den Bann auch wieder löschen kann. Die Mutter von E.H. und die Großmutter waren Opfer bzw. Zeugen der millionenfachen Vergewaltigungen deutscher Frauen bei Kriegsende. Deren Traumata und ständige Angst-Gefühle und haben sich bei den weiblichen Nachkommen ausgewirkt, als generationen-übergreifendes Unbewusstes. Bei den Vorfrauen/Kassiererinnen sind die Angstkomplexe als Dokumentationen, Papierstreifen angesiedelt. Sie müssten die Ängste der Enkelin zurücknehmen, quasi stornieren. Die Generationen-Seele, die alten, früheren Erlebnisse der Frauen, das ist der Bereich, aus dem die „Träume herkommen"... Durch die Hilfsfigur „Kassiererin", auch in Träumen anderer Menschen als Mutter- oder Oma-Stellvertreterin auftretend, durch die stornierende, „zurück-nehmende" Person verrät sich, wer die Ängste ehemals unfreiwillig verursacht hat.

So ist das mit dem Beten: oft ist die Antwort, Lösung, Reaktion nicht genau das, was der Betende erwartet hat, aber die Weisheit der Antwort, in Traum oder Meditation, trifft den wesentlichen Punkt, stellt die Wahrheit in symbolischer Form vor, bringt eine ungeschminkte Analyse des Problems. Daraus könnte sich der Mensch eine Hilfe bauen – wenn er denn Mut hat, etwas zu tun, statt zu bitten. Wenn er denn Mut hat, Tabus zu brechen, Verdrängungen zu beenden. „Sapere aude", heißt das alte lateinische Sprichwort = sei mutig, weise zu sein; oder: wage es, dich deines Verstandes zu bedienen. Die Antworten aus Gebeten und Orakelbefragungen oder aus meditativen Zuständen sind immer so: scheinbar unverständlich, jeder Missdeutung unterworfen, aber symbolisch und kryptisch die stimmige Antwort enthaltend. Auch keine Antwort ist symbolisch eine Antwort.

Als Abschluss dieses Kapitels noch ein Traum von E. H.:

> *„Einmal sah ich, wie Gott mit mir in mich hineinging. Ich hatte ein sehr kindliches Gefühl und war sehr interessiert. Ich stellte einige Fragen und redete mit Gott. Er sagte, ich solle jetzt ruhig sein."*

Das ist ein typisches „Identitätserlebnis", als Variante eines Erleuchtungserlebnisses ist es nicht unbekannt. Es ist die Verschmelzung mit Gott, die ein Mystiker anstrebt, ob Sufi, Hindu oder Christ. Im Zustand der Einheit sein, die Trennung ist zu Ende. Sich wieder im Ursprung, vor der Schöpfung befinden. Gotteserlebnisse sind schlecht zu bereden und mitzuteilen. Jedes Wort ist mangelhaft, unvollkommen. Der Weise schweigt und steht „ruhig" inmitten des Seins.

Der Geist der Materie. Die Holz-Idole. Eine zukünftige Erdenseele muss erst aus der Traumwelt der Götter „geweckt" werden

Die Erfahrung, dass wir auch eine göttliche = ewige Seite haben, kann sich abwechseln mit der gegenteiligen Erfahrung: da erlebt man dann den so genannten Teufel in sich. Es sind zwei unsichtbare Seiten unserer Wirklichkeit oder Existenz. So wie auch der Traum das zweite, komplementäre Buch ist zu dem Buch, das unsere Alltagsrealität und Körperlichkeit darstellt. Es gibt verschiedene Wirklichkeitsschichten, viele davon sind nicht sichtbar, haben eine andere Wellenlänge als das irdische Licht. Die Teufelsseite hat Interesse an der Materie und leugnet die geistige Welt, den Himmel. Das Teufelsgesicht zeigt eine Maske, zeigt Hörner und Grinsen, hat Interesse an der Macht, am Ego und an sexueller Dominanz, an dem Tier-Ähnlichen, das der rationalen Vernunft entbehrt, es ist hemmungslose, besonders ich-zentrierte Natur statt Logos. Es ist ganz klar auf Diesseitigkeit ausgerichtet, also auf Sex, Körperlust, Herrschaft. Der Teufel ist der Herr der Materie – ganz einfach gesagt. Anspruchsvoller gesagt, gibt es natürlich keinen „Teufel", sondern er ist nur die notwendige „Antithese". Wenn man nur an die Materie glaubt, ist man der Herr der Illusion. Anders ausgedrückt: man ist nicht hundertprozentig illusionär, sondern zu Teilen, man hält nur eine Dimension für wirklich und leugnet die anderen Dimensionen oder begegnet ihnen agnostisch. Der Teufel ist auch die sogenannte Besetzung durch fremde Einflüsse.

In der Regel werden drei geistige Dimensionen angenommen, so dass das Ganze also, mit der Materie, eine Vierheit ist, wie es schon der Mystiker Pythagoras sah, als Tetraktys. Der erste, noch nicht so tiefe Blick erkennt wenigstens zwei Dimensionen: Das „Buch des Lebens" ist doppelt vorhanden, als geistiger Entwurf, als unsichtbare Schrift oder als Schicksal, Bestimmung. Das geistige Buch des Lebens schlägt sich im genau entsprechenden materiellen Buch des Lebens, d.h. in der Biografie nieder. Hinter jeder materiellen Erscheinung, der Natur, des Körpers, des Weltablaufs, steht das affine Modell, die gleiche Idee in der geistigen Welt. Wobei das geistige Modell als Vorlage angesehen werden kann und das materielle Buch als Abbild. Wenn der geistige Inhalt sich der Umsetzung, Entsprechung in der Materie annähert, dann besteht der geistige Inhalt bereits aus Holzbausteinen. Als „hölzernes Relief" im Übergangsbereich ist das geistige Vorlagenbuch dann im Traum zu sehen. Das Symbol

„Holz" – generalisierter als die „Pflanze" oder als das „Grüne" – steht für irdisches Leben bzw. für den Zustand vor, in oder unmittelbar nach der Zeugung. „Holz" ist als Symbol dem materiellen, dem lebendigen Werden ganz nah. Wenn ein Schutzengel im Traum so dargestellt ist, dass er nahe vor dem Eingreifen ins körperliche Leben steht, in die diesseitige Biografie, dann haben wir manchmal einen Weg und Lebensweg im Traum, der von Hölzernen Statuen rechts und links des Weges flankiert wird.

> *„Die Holzfiguren stehen unten am Weg, in Kopfhöhe, in der Luft, in Dunst, Nebel, Weißem, und ragen oben endlos in den Himmel hoch"* (so im Traum zu sehen).

Diese Holz-Idole entsprechen etwa den antiken Hermes-Statuen für Reisende oder den Holzfiguren der urigen Naturvölker, die ihre Schutzgötter (angebliche Götzen) in Holz schnitzten, annähernd menschenartig, und aufstellten und verehrten. Um den unbekannten Geist generell auszudrücken, wählten sie verschiedene Köpfe bzw. Masken, im Spektrum vom Schutzengel bis zum Teufel. Der Archetyp „Holz" im Traum meint immer „Leben", allerdings nur das irdische, materielle Leben.

Das irdische Leben, die Materie ist ausnahmslos von der Gegensätzlichkeit geprägt. Hier herrscht die Zwei als Bedingung des Entstehens und Werdens. Für den Menschen ist die für die Materie zwingende Dualität u.a. als Krieg und Sexualität greifbar. Philosophisch: die Einheit des Tao zerfällt in Yin und Yang (und bald in Vier, Acht, Sechzehn usw.). Nichts ist wichtiger für die Materie als die Polarität, so dass also ein Psychologe oder Philosoph nicht Unrecht hat, wenn er überspitzt und vereinfachend sagt: die Sexualität beherrscht eigentlich alle Prozesse, das menschliche Zusammenleben als Familie wie auch die Politik der Weltstaaten (von Kunst oder Ingenieurleistungen ganz zu schweigen). Der oben genannte Teufel ist der „Geist der Materie", er hat ein verbissenes Interesse an Aggressionen und Sexualität. Er ist unbedingt atheistisch und materialistisch, viel Spaß macht es ihm, wenn er heimlich die Religionen, den geistigen Bereich, erobert, als Spion und Fünfte Kolonne, und den Gottesglauben völlig umdreht. Das Geistige, die Ideologie zu pervertieren liebt der Teufel. In jedem Menschen ist ein Teufel vorhanden oder möglich (ebenso wie ein Engel). Der latente Teufel dominiert, wenn das materielle Ego die Oberhand hat, die unumschränkte Eigenlust. Die „Aufgabe" für die andern, der Schicksalsauftrag, die Zugehörigkeit zum Himmel werden dann vernachlässigt. Es gibt sich dann ein Viertel (der Dimensionen) für das Ganze aus. Die Gegensätzlichkeit, die Zwei, nicht die Einheit, ist ein Einfallstor für den Teufel. Seine Existenz hängt dramatisch daran, dass Zwei, Vier, Acht usw. aufrechterhalten bleiben. Ja, er i s t sogar die Zwei und möchte sie nicht abgeschafft sehen.

Wenn das geistige Modell in die Materie geholt wird (also umgesetzt wird), kann man das bildlich so beschreiben: Bevor noch das ewige, geistige Modell sich der oben genannten „Holzstruktur" nähert (um ins Werden zu kommen), also an der Schwelle zur Erzeugung, zur materiellen Entstehung steht, muss der geistige Inhalt zuerst grundsätzlich aus seiner Umgebung herausgelöst werden. Im Traum zeigt sich das so:

Vor der Zeugung eines Kindes muss diese ewige Seele aus dem fernsten, tiefsten Schlummer erst einmal „geweckt" werden!

Spielerisch könnte man sagen: Wie ein „Auferweckung" der Toten geht es ab. Die Ewigkeitswelt ist wie ein traumloser Schlaf oder wie der Schlaf der indischen Götter, in dem die Weltschöpfung im „Traum" vorkonzeptioniert ist, vielleicht als ein Traumgedanke zu bezeichnen, nichts als eine reine geistige Latenz, eine Option für spätere, materielle Universumseinzelheiten. Im Hinduismus liegt die geträumte Welt, im Schlaf des Schöpfergottes, in den „Wassern des Nichtseins", weit vor und fernab der materiellen Universumsexistenz. Die reine Potentialität, die nicht aus eigenem Antrieb ins Werden drängt, sondern selig zeitlos schläft und träumt, muss von Eltern, die zeugen wollen, erst einmal angestoßen und auferweckt werden – und steht dann auch noch nicht spontan auf, sondern es dauert. Bei allen Kreationen „weckt" der irdische Mensch einen geistigen Inhalt aus fernem Traumschlaf auf. Ob dieser Inhalt darauf wartet, übersteigt das Wissen eines Menschen; der Mensch ist über die „Spindel der Notwendigkeit" nicht ausreichend informiert, bzw. er neigt hier zu Fehlurteilen. Ist der geistige Inhalt im Materiebereich angekommen, z.B. als Mensch, unterliegt er hier vorübergehend einer starken Anziehungskraft. Jetzt kann er normalerweise aus dem Zentrum der Milchstraße nicht mehr heraus (bis zum Ende, bis zum Verschlungenwerden durch das Schwarze Loch sozusagen, bis zum Tod). Es sei denn, er bewegt sich dezidiert oder bewusst rückläufig, gegenläufig. In Out-of-Body-Erlebnissen kann er kurz wieder Kontakt mit seiner alten ewigen Heimat aufnehmen, mit der Traumzeit, jenseits der Milchstraße. Er löst sich aus seinem materiellen Bett, schwebt zur Ecke oder Decke des Zimmers, *„sieht durch den weißen Vorhang oder das Fenster hinaus ins Licht"* – während er materiell vielleicht gerade im Dunklen schläft oder vielleicht auch ein Erleuchtungserlebnis hat. In einem entsprechenden Traum heißt es:

Out-of-Body-Erlebnis. Rückkehr in den Körper

Dokument 31 (1982; K.A.B.)

Visionärer Traum eines Vierzigjährigen zumSchweben:

> *„Als ich länger in der Ecke schwebte, merkte ich, dass irgendetwas nicht stimmte, dass mein Körper noch im Bett lag. Verwunderung. Ich wollte wieder die Übereinstimmung mit dem Körper, oder irgendetwas schickte mich gebieterisch zurück. Mich dem Körper nähernd, erfasste mich plötzlich ein starker Sog, ein Luftstrom, Unterduck oder ähnlich zog trichter-förmig stark an mir, und zwar aus Richtung meines im Bett liegenden Körpers bzw. der rechten Körperhälfte. Dennoch ging der Übergang langsam, wenn auch stetig, vonstatten. Seitlich drang ich in meinen Körper ein, zuerst füllte meine rechte Körperseite sich mit Leben, dann die andere Seite, zuletzt die linke Hand, die ich entspannt, mit ausgestreckten Fingern, auf meiner Brust liegen hatte (ich lag auf dem Rücken). Zwischen den Fingern steckte eine brennende, qualmende Zigarette, senkrecht auf der Brust. Während bzw. kurz bevor das Leben in die Hand zurückkehrte, fühlte ich die Hand, und ich sah sie auch so, in viel größeren Dimensionen als normal. [So wie beim Autogenen Training Körper oder Gliedmaßen für Gefühl und Bewusstsein größer werden können, mehr Volumen bekommen, über ihre Konturen hinaustreten.] Schließlich war ich wieder in meinem Körper, wie eine Flüssigkeit in eine trockene Hülle eindringt."*

Normalerweise ist der Vorhang undurchdringlich, der uns von der geistigen Welt trennt. Doch hin und wieder ist uns ein „Blick in den Himmel gegönnt". Zugleich gibt es aber auch die

Anziehungskraft, die Saugströmung in die Materie zurück, sie siegt meist, nur am Lebensende nicht.

Diese Ausflüge in den Himmel oder in die Dimension ohne Materie und Zeit führen uns in den Bereich, den wir auf der Erde vergessen haben oder leugnen. Aber diese Dimension ist immer da und ein Teil von uns. Nach dem Tod kehren wir dort ein. Dass nach dem Tod nicht die Auslöschung auf uns wartet, sondern eine Existenz weiteren Lebens, weiterer Erfahrungen, ist der Inhalt der Botschaft von Golgatha. Der Kern des Christentums ist: Jesus hat den Tod besiegt, das kann man in ganz verschiedenen Varianten ausdrücken, hängt auch nicht davon ab, ob Jesus auferstanden ist oder nicht. Jesus ist der ‚Auslöser‘, dass diese Selbstverständlichkeit, dass es einen Tod als gänzliche Vernichtung nicht gibt, sondern dass uns ein Weiterleben erwartet, dass diese vergessene Wahrheit also Fuß fasst.

Wie sollen wir die „Zigarette" deuten? Als Symbolon einer tiefen Entspannung? Oder auch als Warnung? Nach dem Motto: als Raucher bist du dem Tod nahe. Die konkrete Person dieses Erlebnisses hörte erst 20 Jahre später mit dem Rauchen auf.

Bemerkenswert die Formulierung, dass irgendetwas gebieterisch zurückschickte. Das Jenseits hat „Wächter", wie es in manchen Vorstellungen heißt und auch übrigens in den Träumen gesehen werden kann. Nicht wir, sondern „irgendeine höhere Macht" entscheidet, wann wir in den Himmel kommen. Out-of-Body-Erlebnisse, sofern sie berichtet werden können, enden mit der Rücksendung zur Erde, mit der Wiedervereinigung des Geistes mit dem Körper.

Das muss man wohl so generalisieren: Über Tod oder Leben entscheiden nicht wir selbst?

Dokument 32 (17.12.92; S.M.)

Ein junges Mädchen berichtete dem Vater von Out-of-Body-Erlebnissen auf dem Schulweg, das sie als „Leere-Gefühl" bezeich-
nete:

> *„Neun- oder zehnmal habe sie das bereits gehabt, auf dem
> Weg zum Schulbus. Ihren Körper empfand sie da als ‚leere
> Hülle'. Dabei sah sie sich selbst zu, als wären ihr Ich oder ihr
> Bewusstsein oberhalb des Kopfes bzw. aus dem Körper aus-
> getreten. Sie versetzte sich auch in die anderen Kinder, die
> nicht merken würden, dass neben ihnen eine leere Hülle ge-
> hen würde. Sie kam sich dabei auch einsam vor, der Kontakt
> zu der neben ihr gehenden Schwester war wie abgebrochen,
> verloren. Ihr Körper ging, bewegte sich wie eine Staffage."*

Das ist die bekannte Trennung von Geist und Körper, die als
Entrückung beschrieben wird, wenn spirituelle Erlebnisse da-
zukommen. Out-of-Body-Erlebnisse kann grundsätzlich jeder
Mensch haben, und zwar gern spontan, überraschend, einfach
einmal zwischendurch – selten zehnmal wie hier. Die Auslöser
lassen sich meist im Nachhinein nicht mehr feststellen.

Die Aspekte der Wirklichkeit in Zahlenstruktur
(z. B. 2, 4, 7, 8)

Vielfach ist schon versucht worden, die verschiedenen Aspekte menschlicher Existenz, sprich die Dimensionen, in denen wir
grundsätzlich oder gleichzeitig sind oder sein können, zu beschreiben. Schon die Menge der Dimensionen ist ein interessantes Spekulationsobjekt, das heißt: aus wie viel Aspekten besteht

eigentlich die Wirklichkeit? Reicht es aus, die Wirklichkeit als psycho-physischen Parallelismus, als Doppel von Geist und Materie zu beschreiben? Dazu sagt Spinoza im siebten Lehrsatz des zweiten Teiles seiner „Ethik": „Die Ordnung und Verknüpfung der Gedanken ist eine und dieselbe mit der Ordnung und Verknüpfung der Dinge". Die Vernunft und Anordnung des Kosmos entspricht also der menschlichen Vernunft und mentalen Anordnung. Kosmos und Mensch haben dieselbe Sprache. Das menschliche Denken passt zum Aufbau des Alls, zum Aufbau der physikalischen Dinge. Nach Spinoza sind sogar das unausgedehnte Bewusstsein als Punkt und das ausgedehnte Sein zwei Seiten derselbigen Sache. Die Gegensätze oder zwei Erscheinungsformen ergänzen sich ideal. Am Computerwesen können wir ablesen, dass man mit 0- und 1-Reihen alle Realitäten beschreiben kann. Man braucht also als Handwerkzeug für die Schöpfung im Prinzip nur die Dualität, Yin und Yang oder die weiter oben genannte Sexualität, Zweigeschlechtlichkeit. Oder können wir mit dem Modell der Vier das Sein besser verstehen? Im indischen Epos Bhagavadgita oder auch sonst in diesem Kulturraum finden wir die Idee, dass das Sein aus vier Aspekten besteht, die so definiert werden: eine materielle Welt und drei unsichtbare, geistige Welten, meistens näher beschrieben als: Wachsein (1), Traum (2), traumloser Tiefschlaf (3) und Jenseits (4). Die Baghavadgita kennt die 4 Apekte als die „4 Patriarchen", welche sind: das Bewusstsein, das Unbewusste, der Verstand und das Ich. Etwas ähnlich denkt die Anthroposophie. Die 4 Patriarchen sind die Erstgeborenen aus dem Geist (des Schöpfers), an Fortpflanzung nicht interessiert. Sie sind also etwas Grundsätzliches, was sich nie verändert. Sie können als „Gedanken" des Herrn oder des Geistes beschrieben werden.

Die Schöpfung, die dem Werdensprozess unterliegt und also auch für „Nachkommenschaft" sorgt, ist durch die Zahl 7 gekennzeichnet, im Indischen sind es die sieben Manus (das Wort ist verwandt mit den Begriffen Mensch, Mann, engl. man, Gott Mannus). Tatsächlich ist die 7 die Zahl der Zeit und damit also auch der Materie bzw. der materiellen Entwicklung. Aus den Gedanken oder Träumen des Schöpfers entstammen die Erscheinungen des Seins, d.h. aus den 4 Patriarchen und aus den 7 Manus. Die Wesen der Welt kommen aus der Sieben. Das evolutionslose Hintergrund-Sein ist eher die Vier. Die Vier ist Ganzheit, Hintergrund, Leere, Ausgleich aller Gegensätze (wie ein Mandala). Die Prozesse, Einzelaktivitäten im Materiellen sind durch die Drei beschreibbar, durch die so genannte Dialektik. Die Vier ist dagegen statisch und geistig. Die Vier zeigt, dass die Schöpfung nur ein göttliches „Spiel" ist, mit einer ewigen Gleichheit, Balance und Harmonie, und dass es Entwicklung und Änderung nur für die Schöpfungsobjekte gibt, eine subjektive Erfahrung der Produkte ist. In Träumen kann man das sehen, dass alles Geschaffene aus dem Unterschied zwischen 0 und 1 besteht, dass Entwicklungsphasen auf dem Siebener-Muster beruhen und dass die Vier alles ausgleicht, dass die Vier wie die Ruhe der Erleuchtung und die Ewigkeit ist. Als Gleichnis oder als Unterstreichung der Vier erlebt man im Traum, dass die beiden Karmahälften acht-eckig sind: 2 x 4. Das sind im Traum „achteckige Karma-Chips", die als Aktiv und Passiv, als Tat und deren Folge, Rückwirkung genau aufeinander passen und sich löschen; das ist der Ausgleich und die balancierte Harmonie, die oben für die Vier schon beschrieben ist. 2x4 oder 2 Karmahälften sind der Nullzustand des Nichts oder das Remis im göttlichen Spiel, im Ludus: 8 = 8 = 0.

Unabhängig von den Zahlen oder sonstigen Strukturen, womit wir die Wirklichkeit verstehen wollen, indem wir Unterschiede und Einteilungen machen - denn „erkennen heißt unterscheiden" - bleibt als Wesentliches festzuhalten, dass der Mensch auch nach dem Tod ein fortdauerndes Leben hat und dass seine Biografie vom Schicksal, nicht vom Ego bestimmt ist. Das Schicksal als übergeordnete Macht kann man im Traum sehen, wenn auch nur selten, z.B. als die persönliche „Aufgabe" (1), die jemand im Leben hat, oder als Varianten von Schutzgeistern (2) oder als plötzliche spirituelle Erkenntnis, als Gnosis (3). Die Engel sind nicht unbedingt verlängerte Arme Gottes, sondern des Schicksals, möchte man sagen. Sie können sich hinter den weiter oben genannten Holzfiguren verbergen oder hinter anderen Idolen, Eidola (griech.), Bildern, Symbolen, Ritualgegenständen. Man kann für die Beschreibung dessen, was existiert, mathematische Zahlenmodelle verwenden, wie etwa Pythagoras, ob nun Dualität, Dialektik und ähnlich – oder aber Symbole als Elemente einer bildhaft-mystischen Sprache. Z.B.: Gott ist die 1, die in Yin und Yang zerfällt – oder Gott ist die Hintergrundanwesenheit von allem (Vier; Pantheismus), erscheint in jedem Symbol. Die Wirklichkeit hat viele Aspekte, und man kann sie mit verschiedenen Sprachen versuchen zu begreifen, aber immer nur annäherungsweise.

Die drei Schicksalsfrauen. Die Göttin des Todes. Die Begleitgeister

Dokument 33 (2009; K.A.B.)

Traumauszug: Es wird jemand gefragt und antwortet im Traum:

> *„Ich fühle mich wohl hier" – und gehe guten Mutes weiter (mag aber innerlich doch skeptisch sein). Ein großer Mann macht ein Ritual mit mir, hält eine kleine schamanistische Puppe einfach über mich, sagt: „sie begleitet dich". Sie*

Abgesehen vom Thema der Beschwörungen, von Weihehandlungen von Priestern und Schamanen, das einer vorsichtigen, ambivalenten Untersuchung bedürfte, ist an dem Traum wesentlich, dass wir wohl Begleitgeister haben, gerne als Schutzengel bezeichnet, und dass diese eigentlich das Schicksal sind. In diesem Falle bezieht es sich auch deutlich auf Vergangenheit, Gegenwart und Zukunft des Träumers. Die Lebenszeit des Träumers ist vom Schicksal bestimmt, und dieses wirkt vom obersten Chakra aus. Der „große Mann" ist ein Archetyp für Engel, Schutzgeist (eventuell für den Geist eines Verstorbenen). Schon in der Antike fielen die Götter, wenn sie unerkannt auf der Erde waren, durch ihre Größe auf bzw. aus dem Rahmen (z. B. Demeter stieß an den Tür-Querbalken). Wenn man Geistern begegnet im Traum, sind sie in der Regel nicht zu bezwingen, ob man mit ihnen ringt oder ob man sie töten will. Sie zeigen sich, sind aber wie „hohl".

Z.B. wollte jemand die „schwarze, weitgehend in Tuch gehüllte Frau durchstechen". Doch in diesem Traum stach, agierte er ins Leere hinein, die Frau war hohl, als bestünde sie (innen) aus Luft. Sie entpuppte sich als die „Göttin des Todes".

Der Träumer wusste, dass er die Frau nie mehr von sich abschütteln könnte – was der Realität entspricht: der Tod begleitet uns unlöschbar bis zum Ende. Auch in der Mythologie gibt es den Archetyp der Schwarzen Göttin für den Tod. Andere ‚Geister' beeinflussen uns nicht lebenslang, sonder vielleicht nur über Jahrzehnte.

Es ist eine schwierige Frage, zu beurteilen, ob es Engel, Teufel, sogar Gott, im handfesten Sinne gibt oder ob sie nur Idole,

Vorstellungen, Anschauungen sind. Sind die Götter Götzen, oder sind sie echt? Die Menschen erleben geistige Inhalte so, dass sie personal sind. D.h. Geister sind existierende Phänomene, und immer schon treten sie personal oder auch ggf. tier-artig auf. Diese Anschauungs- und Erfahrungsweise können wir nicht einfach verlassen, auch in diesem Buch über Gott nicht. Wenn wir das radikal täten, hätten wir keine kognitiven Werkzeuge, keine Sinnesorgane mehr, um das Göttliche zu erspüren oder zu erahnen oder zu erfahren. Wir müssen nach den Modellen unserer Umgebung und unserer selbst denken, ob in Zahlen oder in Bildern. Kriterien außerhalb unserer Erfahrungen und Analogien stehen uns nicht zur Verfügung! Wir können Einordnungsmuster und Kategorien nicht neu erfinden. Wir sind in der Erkenntnis, im Denken eingesperrt in die Kategorien der Welt, die wir kennen. Deshalb sind z.B. Erleuchtungen, die unsere Kategorien etwas sprengen, eigentlich nicht beschreibbar, allenfalls als ein „Identitätserlebnis", was der Leser jedoch schon nicht mehr nachvollziehen kann. Wir sind im Gefängnis der Muster, die es in der dinglichen Welt gibt. Unsichtbare geistige Inhalte stellen wir deshalb personen- oder materie-ähnlich dar – ja wir erleben sie so, eben in den Kategorien, die wir kennen. Man kann nicht ausschließen, dass diese Kategorien für die Beschreibungen doch auch ausreichen. Der „Teufel" z.B. tritt gern der Art in Träumen und Visionen auf, dass er sich täuschend zum Herrn macht, in verschiedenen Maskeraden sich verbirgt, nicht selten sexuell ist oder, nicht selten im Traum, „beige" gekleidet ist. Diese Mischfarbe tarnt ihn, daneben erkennt man ihn an seiner Angeberei, dass er nämlich der Chef sei. Das Problem ist an der oben genannten „schwarzen Todesgöttin oder Kali" präzise erkennbar: sie ist als Todesgeist eine (erfahrbare) Person, besteht aber in Wahrheit aus Luft! Das gilt für alle unsere unsichtbaren „Begleiter", also auch für die Engel. Messing z.B. ist uns ein glänzendes Metall, das Ei ein vielleicht essbares Bio-Produkt, wir „erleben" aber die mikro-molekularen Strukturen (die hauptsächlich übrigens aus Leere bestehen) dieser Dinge nicht. So „erleben" wir Begleitgeister, fassen aber deren wahre Beschaffenheit nicht. Es bleibt bei dem Fazit: Wir erleben geistige Dinge, Einflüsse um uns herum, in der Intuition und im Unbewussten als manifeste Figuren, Bilder, gern personal; deren wahre Identität übersteigt aber unser Denkvermögen. D.h. der Teufel tritt im Traum auf, er hat auch tatsächlich eine Wirkung – aber er ist aus Luft. Dem Autor dieses Buches sind „Engel" bekannt; sie retten ihn z.B. im Traum vor dem „schwarzen Stier", sie flicken den Weidezaun. Auch eine fremde Person berichtete dem Autor einmal einen Traum, in dem sie die „zwei Engelchen" des Autors sah, welche viel oder alles für ihn täten. Unnötig zu sagen, dass es auch mörderische Geister in den Träumen des Autors gibt, wie bei jedem Menschen. Die Träume anderer Personen über einen Menschen, über einen vielleicht befreundeten, sind nebenbei gesagt noch zutreffender und wahrer als die Informationen, die der Träumer in seinen eigenen Träumen über sich hat. Eine Bekannte träumte zum Autor dieses Buches z.B., dass sie und er einen wunderschönen Sternenhimmel ansähen, mit vielen überdeutlich großen Milchstraßen. Beide Personen säßen in Zimmern, Häusern gegenüber. Der Autor säße „da erleuchtet am Schreibtisch", in auffallendem, gelbem, warmem Licht. Bei so einem Traum kann man subtil über die ein' oder andere Doppelsinnigkeit schmunzeln, spekulieren. Es bleibt als Fazit festzuhalten, dass wir über andere Leute grundsätzlich und vielleicht überraschend recht treffend träumen – vielleicht genauer als über uns selbst.

Ein Kind über die Wiedergeburt

Dokument 34 (2008, F.M.)

Apropos geistige Welt: Die Fortdauer des Lebens nach dem irdischen Tod können sogar Kinder im Traum sehen, und zwar nicht selten, sondern bevorzugt. Kinder verbreiten überhaupt gern spirituelle Botschaften, auch außerhalb des Träumens, als wären sie der geistigen Heimat, Herkunft noch näher, ist man geneigt zu sagen. Ein Fünfjähriger äußerte sich so, als die Mutter erklärte, dass sie selbst von irgendeinem Geburtstag mit 8 (8 Jahren, in der Nachbarschaft) weit entfernt sei:

Wenn Mama gestorben ist – und mal wieder als Baby auf die Welt kommt, kann sie doch einen 8. Geburtstag wieder feiern, erneut 8 Jahre alt werden. „Das Leben ist ‚immer'! Das Leben ist immer da! Es geht immer weiter, weiter, weiter, weiter..."

Man könne oft, immer wieder neu, auf die Welt kommen. Dann zählte der Junge verschiedene Berufe, Rollen auf, z.B. als „Bäcker". Dies entscheide sich v o r der Geburt, im Himmel (als was man also auf Erden tätig sei). „Das hat mir Papa im Traum erzählt", fügte er noch an.

Nun, man kann natürlich wähnen, der Junge sei von der Mentalität des Vaters beeinflusst, auf welchen Wegen auch immer, das wollen wir offenlassen. Aber Kinder und Betrunkene sagen eh' die Wahrheit („Kindermund tut Wahrheit kund"). Eine typische Situation, in der Kinder tiefere Aussagen machen, ist: vor dem oder schon fast bei dem Einschlafen, wenn ein Elternteil die Einschlafgeschichte erzählt. Interessant ist jedenfalls auch die zweite Aussage, dass sich die weltlichen Rollen, Aufgaben *vor* dem Erdenleben entscheiden. Damit sind wir wieder bei dem übergeordneten, vor der Geburt liegenden Schicksal angelangt.

Geistiges als „personale" Wesenheiten in der Zwischenwelt. Die Gegensätzlichkeit, die zusammengehört.

Mittlerweile haben wir in diesem Buch eine Reihe von Zeugnissen aufgeführt, in denen sich Kontakte der Erdenmenschen zur rein geistigen Welt abspielen. Im Unterschied zur materiellen Welt, die das Mentale und Psychische in gewissem Maß mit-einschließt, wird die geistige Welt gern transzendent, göttlich oder himmlisch oder jenseitig oder ewig genannt; wir haben da nur Annäherungsbegriffe. Zwischen Materie und Geist gibt es eine ‚Zwischenwelt', über diese ereignen sich die Kontakte zwischen den zwei Welten. Dass es Kontakte gibt, kann man als selbstverständlich bezeichnen, die Qualität der Kontakte stellt uns aber vor ein Problem. Die beteiligten Menschen schildern viele unterschiedliche Szenarien, ich nenne nur Erleuchtungen, Nahtoderlebnisse, spirituelle Träume, verschiedene Visionen, Engelsbesuche oder auch negative „Stimmen" als einige davon. Am Beispiel der Bibel können wir zum Thema Engel sehen, dass viele Engelsbegegnungen erwähnt werden, meist irgendwie verständlich, nachvollziehbar, auch nicht unlogisch. Wir aber fragen über die Zeugnisse hinaus: Was eigentlich ist ein Engel?! Die dicke Bibel wie auch andere Religionen verweigern uns eine Antwort, als würde diese Qualitas-Frage die Altvorderen gar nicht interessiert haben. Ab und zu werden der „Engel Jahwes" und „Jahwe" selbst in der Bibel gleichgesetzt. Ansonsten werden die Engel auch gern Söhne des Lichts, himmlische Heerscharen, Besieger der Finsternis, im negativen Sinne, im Teufelssinne auch gern gefallene Engel genannt; abgesehen davon, dass man überall in der Welt auch noch weitere Begriffe für transzendente

Geistbotschafter kennt, z.B. Zwerge, Elfen, Djinn, Trolle usw. Die ganze, weltweite Überlieferung berichtet viel an Kontakten, übergeht aber die Frage: Was sind Engel? Was sind Götter? Sind die Engel wie Gott selbst? Oder sind Götter oder Engel etwa gar vorzeitliche Astronauten? Auffallend ist, dass bei Kontakten mit der geistigen Welt meist personale Wesenheiten eine Rolle spielen, ob Verstorbene, Engel, Geister oder heilige Tiere.

Die Frage ist: Warum gestalten sich geistige oder psychische oder unbewusste Inhalte, ob Zukunfts-Ahnung oder Erinnerung, als „personale" Wesenheiten, z.B. als menschen- oder tier-ähnlich? Zum einen hat es damit zu tun, dass die Trägerplatine für den Geist bevorzugt aus Wesenheiten, Personen zu bestehen scheint. Die Träger des Geistes sind überwiegend oder besonders dann, wenn der Geist entwickelter, komplexer, umfangreicher ist, persona-ähnliche Wesenheiten (also nicht gerade Metalle oder Wassermoleküle). Mentale Konvolute, Inhalte werden vom Menschen in Traum, Vision, Rausch, Prophetie oder Mystik als personale Geister erfahren oder fassbar. Der eine Grund ist, dass das Denken des Menschen genau diese personalen Kategorien umfasst, und zwar generell für Verursacher, Gründe, Traumata, selbst auch für Naturkatastrophen. Von der Häufigkeit der Erfahrung her liegt der Mensch da richtig: hinter den Attacken oder Verletzungen ihm gegenüber, selbst hinter Liebesgaben, stecken meistens „Menschen" (oder Tiere). Er generalisiert also diese Erfahrung oder Wahrscheinlichkeit und vermutet fast überall eine „personale" Ursache. Meistens trifft das (in der Realität) auch zu. Und auf Erden ist der Mensch der auffallendste oder markanteste Geist-Träger. Beim Thema irgendeines geistigen Einflusses kommt dem Menschen eine „denkende, wollende Person" in den Sinn, spontan, zuerst einmal oder primär. Was läge auch näher?!

Der zweite Grund, einen mentalen Inhalt als personalen Geist zu erleben (und zu verstehen), liegt in der Struktur des Alls. Und zwar der gesamten Schöpfung, nicht nur der materiellen Schöpfung. Die Hierarchie im Aufbau der Schöpfung geht von lebloseren Dingen zu lebendigeren Komplexen, von der anorganischen Materie zur organischen usw. Wir können, oder müssen eine Aufbau-Struktur erkennen, von der ‚toten‘ Materie über die Pflanzen und die Tiere bis zum Menschen. Die Richtung in der Schöpfung geht von den Objekten her hin zu immer mehr personalen Subjekten! Und nun seien wir ehrlich: Können wir ausschließen, dass diese Entwicklung nach oben hin nicht weitergeht? Dass also, je komplexer die Elemente der Schöpfung werden, und so auch der Geist, der personale Charakter der Elemente zunimmt? Es beginnt beim Unpersonalen – und wo führt es ganz oben hin, logischer Weise? Zum optimierten und vollkommenen Personalen, Personalischen – das wir Begrenzte schon nicht mehr verstehen können. Genau aus dieser richtigen Intuition heraus haben Millionen Stämme und Menschen die Spitze des hierarchischen Aufbaus als super-personale Wesen postuliert, angenommen, nämlich als Götter, Engel, Teufel usw. Diese sind noch „personaler" als wir, daher kaum noch in Gänze verstehbar. Deshalb kann man z.B. von den Milchstraßen, auch wenn das lustig klingen mag, annehmen, dass sie ‚personale Lebewesen‘ sind und ein höheres Bewusstsein haben als wir. Besessen von der Idee der Gleichheit (verwechselt mit Gleichberechtigung) übersehen die Menschen, dass die Schöpfung hierarchisch ist, und zwar sehr augenfällig, von den Mikroben angefangen, bzw. von den Mineralien angefangen usf. Und der Mensch ist nicht die Krone, sondern nur eine Stufe der Schöpfung! In die von uns aus unsichtbaren Dimensionen hinein, also in die Richtung von ‚über uns‘, wird sich nach aller Logik die Komplexität oder das Niveau der Personalität linear steigern. So auch, das mag ungewohnt klingen, kann das Universum oder der Gott der

„Groß-Mensch" sein (von Christus als „anthropos" bezeichnet). Das Menschliche potenziert sich nach oben hin. Das Geistige ist in der Hierarchie über uns, über den stark materiell orientierten und gebundenen Menschen hinausgehend, es bewegt sich eine Stufe höher als die Materie. Es hat also Logik, dass alles Geistige personaler als die Bäume und Steine um uns herum daherkommt. Und es hat Logik, dass geistige Inhalte, Kräfte, Erinnerungen als Personen-Geister von uns erlebt werden. Alles, was über der Materie steht, wird zunehmend „personaler". Im Koran z.B. ist das von Allah so ausgesprochen: alles, was er schafft, steht über- oder unter-einander, die Schöpfung hat nach des Engels Botschaft ein zwingendes Hierarchiemuster! So geht es eben auch von der toten Materie bis zu den personalen Geistern. Und das Universum geht über die Menschheitsstufe hinaus, und auch wir persönlich werden über unser aktuelles Niveau hinauswachsen, z.B. durch die Wiedergeburtsspirale, und geistig „vollkommener" werden, d.h. anders, viel weiter entwickelt als jetzt.

Der Geist des frühen Uterusaufenthaltes kann ein „Schrank" oder „Zug" sein. Der Geist extremer Hocherregung im Uterus, nämlich bei Abtreibungsabsichten der Mutter, kann schon personaler sein, nämlich ein Löwe oder Tiger oder Hai. Gerade Abtreibungsgeister sind klar im Traum zu sehen. Sie können als Personen, also nicht unpersonal, „über dem Träumer schweben", wenn er beispielsweise auf dem Toilettenbecken sitzt, was ein Archetyp für abtreibendes Tun sein kann. Da kann man Gefahren, aber zum Glück auch Schutzgeister über sich haben (und also im Uterus überleben). Gefährliche geistige Inhalte, als eventuell uralte Bedrohungserinnerungen z.B., können im Traum als „Köpfe hinter Glas" erscheinen. Das sind dann ‚Personen', die hinter der Autoscheibe, als Symbol der „anderen", geistigen Welt, im Traum vorbeifahren (sich subtil zeigen). Für die Dualität der Schöpfung, besonders der materiellen Schöpfung, haben sich die Menschen die geistig höher stehenden Gott und Teufel als beispielhafte Symbole verinnerlicht. Hier geht es um ein Prinzip, was mental von uns nicht ausreichend begriffen wird und deshalb in höheren geistigen Wesen veranschaulicht wird. Das Prinzip von Yin und Yang, von Gegensätzlichkeit, Polarität oder Dialektik übersteigt unser Begreifen, vielleicht oberflächlich nicht, aber letztlich doch. Denn dieses Prinzip hat seine Gegensätze zwingend kohärent, d.h. Gott ohne Teufel und Teufel ohne Gott kann es nicht geben. Es gibt auch kein Yin, was nicht zwingend das Gegenteil des Yang zugleich in sich hat. Jesus sagt in den Nag-Hamadi-Evangelien: Das Gute und das Böse sind Brüder voneinander. Man kann sie nicht voneinander trennen, ebenso wenig wie das Licht von der Finsternis. „Deshalb sind weder die Guten gut noch die Bösen böse, noch ist das Leben ein Leben, noch ist der Tod ein Tod" (apokryphes Philippus-Evangelium, Spruch 10; vgl. Anmerkung 9). Diese Dualität übersteigt unser Begreifen, Niveau. Nur im Unbewussten, was nach Nietzsche „vollkommen" ist, können wir ein wenig von dieser seltsamen Gegensätzlichkeit in der Einheit begreifen – aber auch nur symbolisch, als Bild:

So tauchte in einem realen Traum das Bild eines etwa zusammengepressten Gummiblockes auf, und zwar abwechselnd als hell/creme/weiß und schwarz; der helle Block trug schwarze Pünktchen, Kügelchen in sich, innen wie außen, der schwarze Block beinhaltete dagegen weiße Punkte überall.

Dieses Kontrastprinzip, Kontrast-Erlebnis in Einheit illustriert genau das, was die Religion oder Philosophie des Taoismus meint: Yin und Yang sind so untrennbar, wie es der oben zitierte Jesus ähnlich sagt. Was macht der Traumdeuter mit so einem Traum? Er begreift wenigstens, dass es zwar um offenbare

Alternativen geht, die aber immer zusammengehören, die, wenn man so will, aus zwei abwechselnden Gesichtern bestehen. Er begreift: diese zwei Aspekte sind nicht oder niemals zu trennen, sie sind die Welt, und sie müssen uneingeschränkt akzeptiert werden. Das Gesetz der Schöpfung ist diese Doppelbödigkeit. Das Ich mit seinem Unterscheiden-Wollen, Lieben oder Hassen, mit seinem moralischen, alternierenden Urteil, muss passen... In der Tiefe kann der Mensch dieses Gesetz des zusammengehörigen Wechsels, dass die Gegensätze das Eins und das Eine sind, nicht verstehen, muss es aber akzeptieren. – Man sieht jedoch wenigstens im Traum die Wahrheitsprinzipien oder geistigen Inhalte, die sonst unsichtbar sind, in der beschriebenen Art, nämlich dass sie Polaritäten einer Einheit sind. Zum Glück gibt es diese Alternative, die Alternativantwort aus dem Unbewussten. Allerdings in Gleichnisform, in Symbolsprache. In Erleuchtungen ist die Einheit über der Vielheit, und überhaupt die transzendente Botschaft, meist deutlich zu sehen. Zu der Nachricht, dass die Vielheit Eins sei, dass die Gegensätze zusammenfallen („coincidentia oppositorum"), gehört als Weiteres die schwierige Nachricht über die „Geister", die nach einer gewissen Logik „personal" sind, u.a. weil sie in der Hierarchie als rein Mentales höher als unsere dingliche Welt stehen. Diese personalen Geister können wie Besucher den Wahren Menschen in seinem eigenen Terrain verdrängen, als geistiger Komplex stammen sie auch meist von „Personen", die diesen Inhalt ausgesendet haben.

Die Verbindungsebene zwischen Gott und Materie.
Die Urwunde, die Urcausa als Krankheitsgrund

Die geistige Welt ist die Verbindung zwischen der obersten Etage, die wir als Gott bezeichnen und die mehr oder weniger unbeschreibbar ist, und dem materiellen Universum. Für das hohe Göttliche können wir die Definition von Spinoza gebrauchen: Deus sine Natura = Gott ohne Schöpfung, Form, Manifestation; ein Seiendes, was ist und wirkt, aber als Ur-Dimension unser Verständnis übersteigt (schon weil es formlos ist und vor einer Art Zeit bestand). Der Geist nun ist die erste Manifestation des Göttlichen, und er wiederum schafft die Materie, bewegt und steuert und beeinflusst und kreiert das materielle All. Der Geist ist also eine Vermittlungsinstanz, die Zwischenwelt in diesem Gesamtsystem, das als trinitarisch begriffen werden kann. Die geistigen Inhalte, Kräfte, die auf die Materie wirken, sind oben so beschrieben, dass sie gern personal auftreten oder so erfahren werden können, d.h. etwa menschen-ähnlich oder tier-ähnlich, im letzteren Falle tritt der Geist in „theriomorpher" Gestalt auf, so sagt man.

Die mentale Welt, die als Zwischenwelt schon sekundär ist, schlägt sich also wiederum sekundär in der körperlichen Welt, als dritter Instanz, nieder. D.h. seelische, geistige Inhalte werden auf Dauer manifest, nehmen Gestalt an. Hierzu gehört die wiederholte Traum-Information, dass der Mensch an einer Form der Urwunde stirbt. Man stirbt an der **Urcausa**, welche meist psychisch war, welche mit Erfahrungen, Schicksalen unter Mitmenschen zu tun hatte, welche unbewusst ist, welche unbekannt ist oder verdrängt, verleugnet wird. Gravierende Urwunden spielen sich ab im Mutterbauch, im Geburtserlebnis (Geburtstrauma), in der Stillzeit, in der Kindheit. Wenn ein Kind von der Mutter, in welchem Alter auch immer, symbolisch ‚wegegeben' worden ist, dann wird es letztlich an dieser seelischen Wunde sterben, natürlich verschoben, gleichnishaft; zuvor wird es Jahrzehnte heimliche Traurigkeit fühlen u. ähnl. Der Herzinfarkt hat gern eine Erst- und Vorstufe, eine Urcausa, subtil versteckt, meist nur in Träumen erkennbar, in einem Schwangerschaftstrauma. Die Erkenntnis, Akzeptanz der These von der Erstwunde übersteigt den Intellekt mancher Menschen, genauso wie den Horizont mancher Leser, ähnlich wie auch die Tatsache, dass Krankheiten in der Regel ein psychosomatischer Ausdruck sind, dass sie also vom Mentalen her stammen. Wir können das Thema auch leichter verständlich, akzeptabler darstellen, indem wir auf die Krankheiten des Alters abheben. Denn vor dem Tod holen den Menschen die energiereichen unbewussten Inhalte, als Geistkomplexe, in den bekannten Krankheiten ein; die unbewussten, geistigen Inhalte werden spätestens im Alter körperlich. Ein typisches Beispiel sind die vielen Formen von Krebs. Hier kann sich eine verwundete, frustrierte Männlichkeit gern im Prostatakrebs niederschlagen, und ein Muttertrauma, aus der Uteruszeit oder Geburt oder oralen Phase, verallgemeinert gesagt: ein Liebestrauma, Liebesverlust, vielfach später restimuliert (das ist wichtig), hat eine Neigung, sich im Brustkrebs oder auch im Gebärmutterkrebs zu manifestieren. Man kann sagen: Hochstress verursacht Krebs; so ein Stress kann sich auch, krankmachend, erst auf die nächste Generation auswirken. Das Gegenteil vom krankmachenden Stress ist: in guten Bindungen leben. Diverse Krankheiten des Bewegungsapparats verraten im Alter eine seelische Verletzung, Behinderung aus der Kindheit, ob es eine Selbsteinschränkung war oder eine Fremdeinschränkung. Der Geist hat grundsätzlich die Struktur und Absicht, dass er „auf Dauer Gestalt wird", seine immanente Energie will in eine Schöpfung, Manifestation hineingelangen, auch in die Krankheit! Letztlich ist Materie ein Niederschlag des Geistes, sie ist gestaltgewordener Geist. Ein in Wirrnis, Stress stehender

Geist erzeugt auf Dauer körperliche Symptome, eine Ausgestaltung, seinen Ausdruck. Intuitive Menschen, besonders Träumende, können in der „Signatur" der Materie die „Signatur" des innewohnenden, versteckten Geistes erkennen (z.B. J.W. Goethe, J. Böhme). Auch die Krankheit hat eine unsichtbare Signatur.

Wenn man seine Träume bezüglich der Krankheit betrachtet, kann man z.B. folgendes Beispiel beobachten: In seinen Träumen stößt ein Herr NN mit dem rechten Fuß, großen Zeh gegen ein unförmiges Eisenstück, gegen ein Hindernis in seinem Weg, und das schmerzt. Und zwar, als ihn im Traum ein Vater-Stellvertreter, als körperlich sehr ähnlicher Freund, verlässt. Oder er versucht in eine Reihe frisch gesäter Pflanzenstreifen nicht hineinzutreten, sondern die Reihen zu schonen, und verknickt sich deshalb den besagten rechten Fuß, als würde er nur mit einer schmalen Kante auftreten wollen; da ging es z.B. um die Saat seines Stiefvaters, die er nicht eindrücken, tangieren wollte. Oder er sieht im Traum, dass die Vorderreifen seines Autos schief stehen, daher ärgerlich, ungleichmäßig abgenutzt werden. Diese Träume korrespondieren damit, dass Herr NN körperlich, manifest am rechten Fuß einen Halux rigidus und eine andere ähnliche Deformation hat, außerdem arthritisch die Zehengrundgelenke entzündet, versteift, verbogen hat, was das Gehen erschwert, was schmerzt. Erst mit 70 Jahren ist diese Krankheit aufgetreten, sie ist aber kein Zufall, sondern sie passt augenfällig zu seiner Biografie, zu seinen psychischen Kindheitserlebnissen, zu den Visionen in seinen Träumen Das betrifft Traumata bezüglich des Erzeugers und des Stiefvaters und betrifft die ödipale Rücksichtnahme. In einem der zugehörigen Träume ist das „Gaspedal" zu eng, krumm in einem Auto eingebaut, das genau an der Stelle unter dem Fuß sitzt, wo die kranke Verwachsung ist! Eine genaue Punkt-Punkt-Berührung. Der Träumer kann nicht recht „treten", sowohl in der Realität als Geher, Wanderer als auch im Traum als Fahrer in diesem das Durchtreten verhindernden Auto. Das Traumsymbol „Auto" kann öfter für die Anzeige von körperlichen Krankheiten stehen, es ist ein Ich-Symbol, in Sonderheit verrät der Karosseriezustand, das Blechkleid gern orthopädische Krankheiten. Das ist der (auch sonst wirkende) psycho-physische Parallelismus zwischen Traum und Realität.

Im Alter passiert es nun, vorher seltener, dass die Seele ihre aufgesparten Schmerzen (endlich) ausdrückt, unter gewachsenem Druck auslebt, da sie schon länger „böse" geworden war, wie die Indianer sagen (wir würden sagen: psychisch angegriffen), und dass die Seele die Krankheit als somatischen Ausdruck wählt, indianisch: „zur Strafe Krankheiten schickt". Auch Unfälle sind letztlich kein Zufall, sondern dokumentieren subtil (wenn auch weniger erkennbar) den Einfluss, die fatale Wirkung geistiger Inhalte aus der Vorgeschichte, aus dem Unbewussten (manchmal geht es auch um die Vorgeschichte des Clans). Selbst Kriege sind schließlich das Ergebnis der Vorbereitungen und Kräfte in der mentalen Welt, sie sind ein Niederschlag, wie Tau oder scheinbar überraschender Schnee; das vorangehende Aggressionsdenken ist in ihnen dann Gestalt geworden. Man denke z.B. an die langgehegten, tabuisierten Kriegsabsichten der europäischen Staaten schon weit vor 1914, dem Ausbruch des Krieges. Alle beteiligten Länder wollten unbewusst Europa untergehen sehen, könnte man beinahe, zynisch sagen. England beispielsweise hält die politischen, diplomatischen Akten zu der Vorkriegszeit um 1914 weiterhin geheim, so heißt es, aus gutem Grund, weil vermutlich die Historiker über die Absichten des Vereinigten Königreiches nachträglich erschrecken würden. Auch ohne konkrete Beispiele bemühen zu müssen, bemerkt jeder, auch in der momentanen Aktualität, dass der Hass, also Mentales, den vielen Waffengängen vorausgeht.

Der genannte Herr NN hatte eine Krankheit am „rechten Vorderfuß", d.i. in einem Symbol für seine Männlichkeit und seine Vatererfahrung und für sein Durchsetzungsvermögen, so könnte man es interpretieren. Auf Dauer hatte sich das seelische Phänomen denn doch manifestiert. Wobei die Symbolik innerhalb der Psychosomatik selten oberflächlich, selten platt wie 1:1 passt. Wie gesagt, besonders im Alter zeigt sich das Psychosomatische gern, verständlich ist das, bei der abnehmenden Abwehrkraft. Jede Krankheit ist ein Gleichnis... Und am Ende stirbt man an einem Trauma, was zugleich eigentlich das Ersttrauma ist, ob offensichtlich oder latent, was als Gleichnis gelesen werden kann. Dieser Herr NN hatte immer schon ein Hindernis beim ‚Gasgeben' im übertragenen Sinne. Der ‚gebremste Fuß' ist sein Symptom im körperlichen und im seelischen Sinne. Die Übersetzung eines solchen „Gleichnisses" leisten aber nur die Träumenden und die Seher, oder vielleicht auch die schamanistischen Heiler. Wenn man Glück hat und kein Trauma in der Kindheit hatte, läuft das Ende erträglicher ab. Es gehört zum Ausbruch einer Krankheit immer auch eine erhebliche Restimulation, ein Wieder-Auslöser. Es tritt ein Trigger auf, der unbewusst an eine vergleichbare Erst-Verletzung anknüpft und erinnert. Solche Restimulatoren gibt es viele im Leben, und beim n-ten, wiederholten Male, wenn man alt ist, wird der psychische Inhalt Gestalt, die Krankheit „bricht aus", das Maß der Wiederholungen ist nun voll. Gibt es keine wesentlichen, dem Ersttrauma ähnlichen Trigger in der Biografie, bricht die Ur-Krankheit nicht aus.

Trinität, drei Kosmos-Ebenen. Die Platonischen „Daimones" als Vermittler.

Die geistige Welt mit ihren personalen oder theriomorphen Geistern ist die Zwischenwelt zwischen Gott und der Materie. Wir können eine Trinität beobachten, die z.B. auch in der christlichen und in der ägyptischen Religion ihren Platz hat. Die allgemeine, undefinierbare Gottespotenz als Ur- und Erstform ist sozusagen Gottvater. Der kreative Geist ist quasi weiblich, als Taube oder als heilige Sophia (Heiliger Geist) oder als Gottesmutter (als Ruach oder gar Astarte). Die dritte Ebene als das Geschaffene, Produkt ist der Gottessohn, das Gotteskind. Ähnlich fungiert im Ägyptischen Osiris mit der Göttin und Gattin und Schwester Isis und dem Horusknaben, seinem Sohn. Der dänische Seher, Kosmologe Martinus beschreibt die drei Stufen rational, weniger bildlich: Er markiert ein $X1 =$ „das was ist", ein $X2 =$ die Schöpfungsenergie und ein $X3 =$ das Geschaffene. In allen Wesen des Kosmos, ob in der Milchstraße, in Gott, in den Menschen, Tieren, Kristallen, Pflanzen ist diese Struktur nach Martinus vorhanden. $X1$ ist natürlich ewig, zeitlos. Auch in andere Religionen weiß man von dieser Art Dreifaltigkeit, z.B. im Indischen wie im Germanischen (Odin, Gattin Freya und Sohn Baldr). Die Menschen drehen das Kausale gern ins Zeitliche, deshalb scheint eine Gottvaterfigur am zeitlichen Anfang zu stehen. Vgl. die Bibel: Gleich nach dem Anfang mit Gott schwebte als sozusagen Zweites der Geist Gottes über den Wassern, danach kam als Drittes die Schöpfung. Die Schöpfungskraft, oben als $X2$ genannt, wird auch gern mit „Logos" = mit dem (kreativen) „Wort" statt mit Geist beschrieben. Der Logos ist aber eher mit Vernunft, Gedanke, Denken zu übersetzen, das steht dann dem Begriff des Geistes schon sehr nahe (näher als dem „Wort").

Der schlesische Mystiker Jakob Böhme aus der Barockzeit, geboren 1575, setzt für den weiblichen Geist die „Jungfrau Sophia" als Vermittlungsinstanz ein. Sophia heißt Weisheit, hat also Nähe zum schöpferischen Geist, zur zweiten Ebene. Die göttliche Weisheit und Kreativität, also den Niederschlag des Geistes, kann er in den irdischen Dingen, z.B. in einer Wiese erkennen. Die Natur ist für ihn „nur ein Gleichnis" (ein Gleichnis für den wirkenden Geist; ähnlich dachte Goethe). So konnte er auch ‚sehen', dass die Phänomene auf der Erde abwechselnd „transparent" und dinglich sein können. Böhme sagt: "...Und ist die göttliche Kraft im dritten Principio materialisch worden und hat sich Gott im Gleichnis offenbart" [Anmerkung 12]. Das „dritte Prinzip" entspräche dem „ausgesprochenen Wort" des Schöpfergottes, meint der Autor Gernot Wehr in seinem Mystik-Buch dazu [vgl. Anmerkung 12]. Allerdings ist das dritte Prinzip bereits die materielle Schöpfung selbst, aus dem Wort hervorgegangen. Böhme fand auch, „dass in allen Dingen Böses und Gutes war", d.h. zugleich und parallel [Anmerkung 12] – was wir nur unterstreichen können.

Die dritte Ebene, dargestellt als Ausdruck des Wortes oder Geistes, gern in der Figur eines Gotteskindes vorgestellt, nennen wir also hier die Materie oder die Schöpfung, genauer: das Geschaffene = das X3. Böhme sah auch, dass die Seele des vollkommenen Menschen androgyn ist bzw. war. Es erschütterte ihn anfangs die Erkenntnis, dass Gott auch den Widerspruch, Gegensatz mit-geschaffen hat, also mit anderen Worten das Böse. Er konnte nicht umhin zu erkennen oder zuzugeben, dass das Ja (in einer Schöpfung) das vorangestellte oder mit-anwesende Nein erfordert. Das Bild vom einseitig „lieben Gott", das wir manchmal haben, ist tatsächlich etwas kindisch. Auch war ihm klar, dass die Gegensätzlichkeit der Geschlechter, das Mann- und Frau-Sein nur sekundär und vorübergehend ist. Träume können solches ebenfalls zeigen, überspringen die Geschlechtsgrenzen und lassen eine Person im gegenteiligen Geschlecht auftreten (z.B. ein Mann gebiert und eine Frau ejakuliert).

Im XXIII. Kapitel des Buches „Symposion" lässt der Philosoph Platon den Sokrates mit der Seherin Diotima über das Wesen des Eros sprechen. Der Eros sei ein Halbgott, weder sterblich noch unsterblich. Er befinde sich im „Reich der Daimones" (Geister – die altgriechischen „Daimones" sind nicht zu verwechseln mit den christlich verketzerten Dämonen, es gehören auch die Engel zu ihnen), dies liege „zwischen Göttern und Menschen". Platon gibt eine prägnante, kurze Definition dieses geistigen Reiches zwischen Gott und Materie, mit dem wir uns hier schon seit einigen Zeilen, Absätzen lang beschäftigen:

(Hier teils nach der Übersetzung von Bruno Snell): „Sie [die Daimones = die Dämonen] vermitteln den Göttern die Gebete und Opfer der Menschen, den Menschen überbringen sie den Willen der Götter und die Gegengaben für Opfer. Sie füllen die Kluft zwischen beiden, so dass sich das All zusammenfügt. Durch sie vollzieht sich jede Seherkunst... Gott steigt nicht zum Menschen hernieder, – nur durch Daimones gibt es Verkehr und Zwiesprache der Götter mit den Menschen, im Wachen und im Traum [sic]. Wer weise ist in diesen Dingen, der ist ein ‚daimonischer' Mensch; dagegen ist ein Banause, wer sonst in einer Kunst oder in einem Handwerk Bescheid weiß. Diese Daimones sind zahlreich und vielerlei Art – einer von ihnen ist Eros." [Anmerkung 13]

Das ist ein Text für die Ewigkeit, man könnte ihn in Stein meißeln, bzw. er drückt kurz und knapp das Wesentliche über die Zwischenwelt aus. Diese besteht hauptsächlich aus Inhalten, die Personen gleichen (oder auch Tieren oder auch Tiermenschen).

Der Stoff, aus dem die Inhalte sind, ist der Geist. Verbindung und Vermittlung, Austausch zwischen Gott und Materie sind wichtig und für diese Ebene charakteristisch. Der Begriff für diese geistigen und personalen Archetypen ist „daimones". Moralisch, ethisch sind sie neutral, bzw. sie umfassen die sogenannten Engel wie die sogenannten Teufel. Grundsätzlich sind die Daimones ambivalent, d.h. sowohl gut als auch böse. Sie stellen die Motoren des Weltgeschehens dar.

Diese stark bildkräftigen und personen-artigen Geister oder geistigen Komplexe können auch gefunden werden im „kollektiven Unbewussten", das im Prinzip unabhängig von uns existiert, an dem jeder Mensch partizipiert, das von Carl Gustav Jung genial entdeckt worden ist. Platon würde das kollektive Unbewusste das Reich der Daimones nennen. In diesem Unbewussten sitzt auch der Empfänger für göttliche Botschaften oder die Intuition, die man gern die „innere Stimme" nennt. Dieser Sensor für die transzendente Führung leitete den antiken Sokrates, dem Platon seine Philosophie in den Mund legt, er nannte ihn seinen kleinen inneren Geist, sein „daimonion". Wer auf seine innere Stimme hört, hat sich für die Widerstandkraft gegenüber Leid und Missgeschick, für die sogenannte Resilienz eine starke Kraft aufgebaut. Die „innere Stimme" wird in Träumen jedermann geschenkt, sie kommt aus der geistigen Zwischenwelt. Sie „füllt die Kluft" zwischen Gott und Mensch! Sie tritt gern personal auf und berichtet uns im Traum vom höchsten Gott.

Franz Kafkas Engel-Erlebnis

Dokument 35 (1914; Franz Kafka)

Ein Optimum der Geister- oder Daimones-Erscheinungen sind die „Engel" (altgriechisch angelos, lateinisch angelus = Bote, Gesandter). Zur Anschauung bringen wir ein Engel-Erlebnis des bekannten Schriftstellers Franz Kafka.

Aus dem Tagebuch vom 25. Juni 1914 [Anmerkung 14]:

Nach einem sehr rastlosen Tag in seinem Zimmer setzte sich Kafka abends auf seine Fensterbrüstung. „Da blickte ich zufällig zum erstenmal ruhig von einem Platz in das Innere des Zimmers und zur Decke auf. Endlich, endlich ... begann dieses so vielfach von mir erschütterte Zimmer sich zu rühren. ... Kleine Mörtelstücke lösten sich und fielen wie zufällig ... zu Boden. Ich streckte die Hand aus, und auch in meine Hand fielen einige, ich warf sie, ohne mich in meiner Spannung auch nur umzudrehen, über meinen Kopf hinweg in die Gasse... Aber ich ließ von solchen Spielen ab, als sich jetzt dem Weiß ein bläuliches Violett beizumischen begann, es ging von dem weiß bleibenden, ja geradezu weiß erstrahlenden Mittelpunkt der Decke aus... Immer wieder in Stößen drängte sich die Farbe, oder war es ein Licht, gegen den sich jetzt verdunkelnden Rand hin. ... Da drängten in das Violett von den Seiten her gelbe, goldgelbe Farben. Die Zimmerdecke färbte sich aber nicht eigentlich, die Farben machten sie nur irgendwie durchsichtig, über ihr schienen Dinge zu schweben, die durchbrechen wollten, man sah schon fast das Treiben dort in Umrissen, ein Arm streckte sich aus, ein silbernes Schwert schwebte auf und ab. Es galt mir, das war kein Zweifel; eine Erscheinung, die mich befreien sollte, bereitete sich vor. Ich

sprang auf den Tisch, um alles vorzubereiten, riß die Glüh-
lampe samt ihrem Messingstab heraus ...sprang dann herun-
ter und stieß den Tisch aus der Mitte des Zimmers zur Wand
hin. Kaum war ich fertig, brach die Decke wirklich auf. Noch
aus großer Höhe, ich hatte sie schlecht eingeschätzt, senkte
sich im Halbdunkel langsam ein Engel in bläulich violetten
Tüchern, umwickelt mit goldenen Schnüren, auf großen, wei-
ßen, seidig glänzenden Flügeln herab, das Schwert im erho-
benen Arm waagerecht ausgestreckt. ‚Also ein Engel', dachte
ich, ‚den ganzen Tag fliegt er auf mich zu, und ich in meinem
Unglauben wußte es nicht. Jetzt wird er zu mir sprechen'. Ich
senkte den Blick. Als ich ihn wieder hob, war zwar noch der
Engel da, hing ziemlich tief unter der Decke, die sich wieder
geschlossen hatte, war aber kein lebendiger Engel, sondern
nur eine bemalte Holzfigur von einem Schiffsschnabel"... Die
Glühlampe hatte Franz Kafka ja in der Vision heruntergeris-
sen, und so befestigte er eine Kerze an dem Engelsholzstück.
Ich „zündete sie an und saß dann noch bis in die Nacht hin-
ein unter dem schwachen Licht des Engels."

Wie könnte es anders sein: typisch kafkaesk. Und ohne hilfrei-
che Interpretation. Makaber, grotesk, bitterernst und auch leicht
zum Lachen, mit einem absurden oder melodramatischen Finale.
Kafka wie er leibt und lebt.

Wir können hier nicht anstelle von Kafka einen Kommentar
schreiben. Auch sein literarisches Werk hinterließ er kommen-
tarlos, bzw. er wollte es vernichtet sehen. Das war schon nicht
nur bescheiden, sondern künstlerisch suizidal. Einen Engel der
„Befreiung" aus seinem psychischen, sozialen Gefängnis hätte
er wohl gebraucht. Die Flügel, das Weiße, das Transparente, die
wunderbaren Farben, das Gepacktwerden von der Erscheinung,

197

nach einem Umschlagsphänomen (von „rastlos" zu „ruhig"), das Oben – diese Vision zeigt stimmige Elemente. „Blau und Gold" sind klassische Indizien für die Himmels-, Jenseits-, Transzendenz-Region. „Blau" ist sicherlich eine Heilfarbe – aber auch nicht gerade irdisch, materiell. Das „Schwert" mag überraschen, aber Kafkas Leben stand unter einem Damoklesschwert. Ängste, Bedrohungen, Unsicherheiten überschütteten ihn, man kann es ja in den Romanen „Das Schloss" und „Der Prozess" gut nachempfinden. Kafka hat sein Problem primär in seinem Vaterkonflikt gesehen, seine Träume aber zeigen ein heftiges Muttertrauma (das indirekt später seine Frauengeschichten belastete und das er verdrängte). Die Träume könnten nahelegen, dass heimlich die Mutter nicht vom Ehemann empfing und deshalb der Vater aversiv war gegen Franz und die Mutter die Frucht ehemals attackierte und die Geburt des Sohnes nicht wollte. „Mein Leben ist das Zögern vor der Geburt", schrieb Kafka. Hier muss es aus irgendeinem Grund eine (lebens-)bedrohliche Blockade gegeben haben – an der Kafka litt. Der Engel trägt mit dem Schwert ein Symbol, ambivalent, ob Richtung Tod, Trennung oder Befreiung, er begleitet vermutlich Kafka sein Leben lang. Kafka hat von ihm bewusst nichts gewusst, er glaubte vielleicht zu wenig an seinen Schutzengel. Zittern und Zagen, Eingesperrt-Sein statt Befreiung dominierten, daneben aber auch die bewundernswerte, geniale Sensibilität für das Menschsein draußen, in seiner Literatur, und in seinem Innern. Dieser Engel, der im nachtodlichen Blau-Gold auftritt, dürfte dafür gesorgt haben, dass die Lebensleistung von Franz Kafka doch überraschend überdauerte, dass sein Ruhm nach dem Tod überwältigend war. „Violett" tendiert in die Richtung des Stirnchakras, des Dritten Auges, und des Scheitelchakras; es ist in gewissem Sinne eine Jenseitsfarbe.

Die geistigen Verursacher. Die Kräfte des Bösen.
Das Duell als Urtyp. Der Todesgeist

Dokument 36 (17.08.2016 u.a.m.; P.C.)

Traum eines Sechzigjährigen:

> *„Die Kräfte des Bösen sind zahlreich, sie sind auf dieser Welt in der Mehrheit. Sie sind Wesenheiten, die etwas aussenden. Dagegen sind die Kräfte, die das Gute bewirken oder aussenden wollen, in der Minderheit. Eine gewisse Menge des Guten zusammenzubringen, danach muss man lange, mühsam und angestrengt suchen. Die ‚Verursacher‘ des Guten treten als ‚Engel‘ auf, als personale Figuren, Kräfte! Fazit: Es gibt das Gute auf der Welt, aber das Böse ist dominant. – Der Kern der ganzen Konfrontationen und der Kriege ist das ‚Duell‘, also die Ur-Konkurrenz zwischen zwei Menschen (dieser These widerspricht der Himmel nicht). – Auf diesem Boden ist der Zweck der Erdenleben ‚Weisheit und Liebe‘ – Manche Schmerzen werden vom Mitmenschen ‚aus Liebe zugefügt‘.*
> *– Die geistigen Verursacher können in verschiedenen Figurationen auftreten, Z. B. als ‚kleine alte Frau, die warnt‘, als ‚ältere, blonde, edle Freundin, die es mit jemandem gut meint‘, als ‚junger, großgewachsener Kollege‘, als ‚ein kleines Mädchen, das führt‘ – Der Beginn einer lebensbeendenden Krankheit wird im Unbewussten als Entschluss dargestellt, ‚wieder Engel zu werden‘! Auf diesen kommenden Zustand freut man sich, heimlich, innerlich, tief unbewusst.“*

Meistens sind die Gesichter dieser Seelen, die uns als Geister unsichtbar begleiten, nicht genau zu erkennen. Besonders auffallend greifen die geistigen Helfer ein bei der Geburt und im

Sterben. Deshalb sind in vielen Regionen, Kulturen der Welt der Geburtsengel und der Todesengel bekannt und verehrt. Diese erlebt man auch im Traum am ehesten, neben dem allgegenwärtigen Wegführer als dem ständigem Begleiter oder Schutzengel. Diese Verursacher, Kräfte des Guten können immer auch geleugnet werden und ins Reich der Fiktion oder Parapsychologie abgeschoben werden. Sie sind jedoch erlebbar, wenn auch nicht materiell nachweisbar. Man versteht die Engelserscheinungen intellektuell nicht, wie auch dem o.g. Franz Kafka am Ende die Gewissheit des Erlebnisses ziemlich zerrinnt. Ebenso kann bestritten werden, dass der Aufenthalt im Jenseits nicht nur eine tiefe, sinnvolle Erholung ist (vor einer Wiedergeburt), sondern auch einem orgiastischen Lustzustand vergleichbar ist; daher sind die Paradiesvorstellungen sexueller Art nicht völlig aus der Luft gegriffen. Apropos Paradies: Gleich nach der überlieferten Vertreibung aus dem Paradies tritt das genannte „Duell" auf den Plan: Kain erschlägt seinen Bruder Abel. Da zeigt die Bibel eine tiefe Weisheit, außerhalb des Paradieses herrschen sofort Aggression und Neid, mit dem Vernichtungsimpuls der Menschen untereinander.

Die Kräfte aus der geistigen Welt begleiten uns, leiten uns, schützen und führen uns, vernichten uns aber auch. Dass wir überhaupt Kontakt mit der geistigen Welt haben, wird gern durch das Symbol der „Leiter", auch konkret als „Himmelsleiter" dargestellt. Nur in Ausnahmefällen erleben wir, dass wir mit der geistigen Welt „sprechen": Namen (als Geheiminformation), Aufträge, Aufklärungen und Ratschläge können dann der Inhalt sein. Auch „Briefe" kann man von Gott erhalten oder vom hohen göttlichen Berg oder von den Verstorbenen im Jenseits. Es liegt allerdings in der Natur der Sache, in unserer momentanen Trennung vom Himmel begründet, dass diese Briefe nicht gerade überdeutlich sind. Auch die Wahrheit wird ‚von oben' erzählt, im Kontrast zu den Lügen und Irrtümern der Welt, bevorzugt durch Verstorbene. Üblicherweise sind diese Kontakte nur im Unbewussten, im Traum sichtbar und greifbar. Die göttliche Führung kann als „die Hände Gottes" erlebt werden, die über dem Menschen/Träumer schweben, alternativ auch als „Tauben" über der Person oder als andere Vögel.

Da das irdische Leben, nicht unsere Ewigkeitsexistenz, einen Anfang hat, gibt es auch zwingend ein Ende, also das Sterben. In der visionären Schau sieht man die End- oder Vernichtungskraft als „Gevatter Tod", so im Märchen, als eine Begleitkraft, die das ganze Leben über, unsichtbar für irdische Augen, mitgeht, oder auch als Kraft, die den Menschen am Ende des Weges abholt und schon die ganze Zeit „wartet". Das kann auch ein Bus sein, passend ein „weißer Bus" sein: mit diesem Bus wird der Erdenpassagier einmal abgeholt werden. Natürlich wird der Tod auch brutaler, grausamer gezeigt – wie es der Realität entspricht: denn nicht wenige Tode werden als grausam empfunden. Ein mythologischer Archetyp für den Herrn Tod ist der Gott Odin im Mantel und Hut, der etwas abseits, wartend steht. Häufig sind die Erscheinungen des Todesgeistes, Todesgesetzes als „schwarz gekleidete Frau" oder „schwarzer Mann". Man könnte sie die Gottheiten des Todes nennen oder die Engel oder die Boten. Sie haben gern im Traum mit einem Begräbnis zu tun, tragen eine schwarze Kopfbedeckung. Sie gehen einfach, unsichtbar und nicht zu verdrängen, neben dem Menschen, gern links (wo die Seite des Unbewussten ist) – abgesehen von den Bildern, Eingebungen, wo der Tod als Erlösung ins Glück und in die Lust hinein gesehen und „gesehen" wird, und auch von den so zahlreichen Bildern, in denen man im Himmel von Vertrauten erwartet und empfangen wird, oder wo man zu einer schönen Reise aufbricht. Der Übergang des Sterbens ist etwas anderes als der (erlösende) Aufenthalt im Jenseits – Im Traum fällt einem die seltsame Berührung und Begleitung mit diesem schwarzen Todesgeist auf, wobei als Todesfarbe auch Weiß eine große Rolle spielt, und oft ist man als Träumer nur teilweise wie der schwarze Tod, Begleiter gekleidet, z.B. nur mit einem schwarzen Hut versehen, ansonsten aber in ziviler Kleidung. Das hat seinen Grund darin, dass ein Todestraum nicht auf den morgigen Tod verweist, sondern immer im Leben auftauchen kann, ausgelöst durch ein Symbol des Tages. Das Wissen oder Ahnen um den Tod ist ein permanenter Hintergrundfakt, ein banaler Begleiter, meist kein Omen für einen speziellen Termin. Nicht wenige werden übrigens schon bei der Geburt vom schwarzen Todesgeist besucht, bevor sie ein (manchmal langes) Leben haben. Wenn das Empfangenwerden, die Begrüßung im Himmel, oder symbolisch hoch oben in der Bergwelt, auffällig sind in einem Todestraum, wenn das Abgeholt-Werden markant ist und dies zudem mit großer Freude verbunden ist, dann kann der Todestermin auch schon einmal etwas näher liegen. Insgesamt lässt sich sagen: Gott oder sein Engel ist ein neutraler Begleiter, weder lieb noch böse, er hat eine große Auswahl von Inhalten in seinem Werkzeugkoffer zu unserem Leben wie zu unserem Tod.

Unsere weiße Gestalt

In Visionen und Träumen kann man seine Ewigkeitsgestalt in betontem „Weiß" sehen. Es ist eine andere Jenseitigkeit als bei dem schwarzen Begleiter. Der Tod ist eben irdische Vernichtung und zugleich ewiges Leben. Wir als „weiße Gestalt" begegnen unserem eigenen Engel, d.h. dem Engel tief in der Brust, der das vergessene Höhere Ich, das wahre Selbst ist. Das Bild, dass wir „gefallene Engel" wären, ist sehr passend. Auch anderen können wir im Traum „weiß" erscheinen, das ist transzendent, ewig, jenseitig. Es gibt die berühmte Szene von Jesu Verklärung oder

Metamorphose: Auf einem Berg erschien er auf einmal einigen Aposteln verklärt, d.h. „weiß", und zwar „strahlend weiß". Neben dem Gestaltwandel gab es auch das Wunder, dass Moses und Elias aus dem Jenseits auftauchten. Auf dem Verklärungsberg wird die primär geistige Gestalt von Jesus beschrieben, im Bilde einer Art Engel-Ähnlichkeit. Jedenfalls ist sein Irdisches, Körperliches völlig außerhalb des Blickfeldes. Dieses verklärte und verklärende Weiße und Unbunte und Unkörperliche ist ein Modell der ewigen, transzendenten Entität in uns. Derart auffallend „weiß" ist man nicht mehr primär mit dem irdischen Körper identisch, sondern mit irgendeinem jenseitigen Seelischen. Diese Art Engel in uns sieht man im Alltag nicht, sondern nur in besonderen Zuständen – z.B. im Traum. So träumte eine Seminarteilnehmerin den Autor dieses Buches als „Stehend ganz in Weiß", wobei noch viele andere undeutliche weiße Gestalten dahinter standen. Was soll man sagen: hat sie die Spiritualität des Autors gesehen oder seine Todnähe? Wer kennt nicht „die weiße Ahnfrau" aus dem Volksglauben.

Jeder Traum ist eine Korrektur des Bewusstseins. Die Geheimnisse, die man im Alltag, an der Oberfläche, in der Materie nicht sieht, zeigt der Traum. Das kann enorm überraschend sein. So mag man am Tag über eine Last, vielleicht auch gegenüber einem abhängigen Menschen, klagen, und zwar aggressiv, doch der Traum zeigt, welch eine wichtige Aufgabe der abhängige Mensch hat und wie gern man im tiefsten Unbewussten, sozusagen im subsubconsciousness, das ist im höheren Unterbewusstsein den schwierigen Dienst leistet. Ähnlich wie der Traum hat auch das Jenseits eine ganz andere Perspektive. Unser rationales diesseitiges Denken ist unvollkommen gegenüber dem Traum-Denken. Diesseitig denkend nageln wir den weißen Jesus, weil wir das Weiße nicht sehen, ans Kreuz.

Die geistige Gestalt, der Schatten, der Animus, die Anima, die Begleitgeister im Unbewussten, all die psychischen Kräfte in personaler Form, die der Mensch mit sich schleppt – das erweckt unser Interesse, und das erklärt die Handlungen des Menschen. Die unsichtbaren Impulse im Menschen bilden eine große Bandbreite ab: Der gefallene Engel im Menschen kann sein Motivator sein, aber genauso kann ein negativer Einfluss ihn treiben. Auch der Mitmensch kann mit seinen geheimen Motivationen und egoistischen oder destruktiven Absichten sich als ‚Geist' in einem Menschen festsetzen, natürlich aber auch mit seinen guten Absichten. Die „Daimones" in der Aura des Menschen haben verschiedene Quellen und unterschiedliche Absichten.

Die Muttersuggestion; der alte Mutter-Geist wird Gestalt; abhängige Töchter

Dokument 37 (2018; P.C.)

Als ‚Geist' im Unbewussten des Menschen wirkt am stärksten die Muttersuggestion. Der Wunsch der Mutter z.B., die Frucht im Bauch möge nicht existieren oder der Foetus solle später unbedingt als Junge geboren werden, kann zu dem Ergebnis führen, dass das Kind sich später umbringt oder, im zweiten Fall, eine Geschlechtsumwandlung vornimmt oder, in abgeschwächter Form, sich als Mädchen wie ein Mann benimmt. Neben den Engeln gibt es, wenn wir in der personalen Bildersprache bleiben, natürlich auch böse Geister; und wenn sie überstark antreiben, sprechen wir von Besetzungen. Die Wortwahl ist kein Tabu, es ist einerlei, ob wir von einem psychischen eigenen suizidalen Komplex sprechen oder von einem unsichtbaren psychologischen „Schatten" als Begleiter, oder von einem Geist, Daimon, oder von einer Besetzung, die von fremder fataler Suggestion stammt. Die Theorie stolpert über die richtigen Benennungen. Das Unbewusste, der Traum kann die Motivatoren des Menschen klar sehen, kann sie auch meist verstehen, im Gegensatz zum Bewusstsein, das Unbewusste sieht sie plastisch und personal, ob man nun kognitiv von fremden Komplexen oder von Besetzungen spricht, das ist einerlei.

Ein Traumbeispiel:

> *Es werden in das Wohnzimmer wie auch in die Küche zwei alte Frauen/Mütter hereingebracht, die sich selbst nicht bewegen, sondern auf einem Stuhl wie in einem Rollstuhl sitzen. Die Frauen sind in dicken Mänteln vermummt, keine Haut, geschweige denn ein Gesicht, ist zu sehen. Zwei Kinder kümmern sich sehr fürsorglich um diese seltsamen Mütter, die den zentralen Platz im Raum je einnehmen. Es sind zwei Töchter, die aber bald so auftreten: als ein etwa achtjähriger Junge und als ein pubertäres Mädchen. Der Träumer empört sich über diese Leute, die fremden, in seinem Haus, in Wut wird er wach.*

Die zwei Töchter, real um 40, 50 Jahre alt, gehören zu seinem persönlichen Umfeld und schleppen also je ihre Art Mutter/Ahnfrau in die Wohnung des männlichen Träumers. Dieser versteht den Traum recht bald und erkennt, dass die zwei Kinder oder Töchter ihre Mutter mitten in das Leben des Träumers setzen, manisch und rigoros. Per Traumkomprimierung befinden sich sowohl die aktuelle Partnerin als auch die Mutter als auch die Ehefrau des Träumers symbolisch ebenfalls in diesen monströsen Müttern/Alten, aber wir lassen eine breitere Analyse dieses Traumes aus, weil uns hier nur die Kräfte oder Geister interessieren, die die alten Mütter in die aktuelle Wohnung schleppen.

Kurz könnte man noch erwähnen: Wohnzimmer steht für soziales Leben (= wie man es sich eingerichtet hat im Leben), Küche eher für Eros (Gefühle, Liebe) sowie für Mutter. Die Schattengeister in den zwei Töchtern sind einmal männlich und Kind (infantil), einmal weiblich und in der Pubertät. D.h. die Töchter bringen im Gestaltwandel die unbewegliche und breite Mutter ins Spiel, in die Beziehung und in die Wohnung des Träumers. Der ist wütend, weil seine Partnerin mit ihrem Mutterkomplex sich entfremdet ist und wie ein kleiner Junge bzw. ein pubertäres Mädchen handelt. Die erwachsenen Töchter (oder eben die eine erwachsene Partnerin) sind mutterabhängig, tun alles für die Mutter, dienen der Mutter, zerstören die Partnerschaft, als wären sie von allen guten Geistern verlassen oder ‚besetzt', indem sie ihre alte Mutter zum Mittelpunkt des Hauses machen. Sie verfallen dem von der Mutter ehemals erzeugten Fremdgeist in sich selbst. Die Mutter wollte ihr unbefriedigtes Unbewusstes ehemals so erfüllen, zum Leben bringen, dass sie einen „kleinen Sohn für immer" hätte und dass sie als „pubertäres Mädchen" ersatzweise Lustvolles erleben könnte (auch pubertär im Geiste bleiben konnte). Sie wollte die Kinder wie die beschriebenen Fremdgeister haben, durch diese stellvertretend selbst leben und besonders sich abhängige Helfer erschaffen, die ein Leben lang nur für die Interessen der Mutter sorgten, die Kümmerer blieben und nicht erwachsen würden. Der geheime mütterliche Wunsch manipulierte die zwei Töchter so, dass sie ihre späteren Partnerschaft(en) stark beeinträchtigten, gar zerstörten, zugunsten der Ansprüche der Mutter, zugunsten der Muttersuggestion, der frühen Mutterprägung. Nun haben sie also diese wunderschön im Traum sichtbaren und erklärbaren Verwandlungen, Geister in sich, neben sich, unerwachsen und abhängig, worüber der männliche Partner natürlich in Ärger gerät. Was soll er mit den alten Müttern, Muttergeistern, er wollte doch eine junge Frau.

Es sind also in den Töchtern zwei Geister entstanden, zwei psychische unbewusste Komplexe, die aus dem Egoismus der Mutter her stammen. Die Doppelung der Personen ist meist ein Negativum und steht oft nur für eine einzige Person. Am unpassenden Verhalten gegenüber dem Partner kann der Kundige das indirekt ablesen, im Traum jedoch, oder nur dort, ist das optimal zu sehen. Es ist deutlich für die Erkenntnis. Das Fazit ist: Es gibt positive Schutzgeister und es gibt Destruktionsgeister, egal, ob wir sie Geister oder unbewusste Schatten nennen. Sie können aus der höheren geistigen Welt, letztlich von Gott stammen, oder sie können von Mitmenschen stammen, als magische oder manische Einflüsse, und da die Menschen egoistisch sind, sind deren Suggestionen, Wünsche nicht selten „böse Geister". Wir brauchen nicht zu bezweifeln, dass immer wieder Menschen „Macht" über andere haben (Mütter besonders), auch nicht wenige um eines Vorteils willen sich umgekehrt unterwerfen. In diesen abhängigen Konstellationen werden aus Suggestionen und Wünschen auf Dauer ‚böse Geister' oder ‚Besetzungen' (wir müssen uns nicht vor solchen Begriffen scheuen). Dann handeln die quasi ferngesteuerten Partner im Sinne ihrer egoistischen Eltern gegen die eigene, aktuelle Beziehung. Die Fremdgeister sind ihnen nicht klar, sie könnten sie aber im Traum finden.

Eine Idee, der suggestive Einfluss einer mächtigen Person oder Instanz, ist Gestalt geworden. Der erste Schritt ist die „Gestaltwerdung" in der Seele, im Unbewussten, in der geistigen Sphäre, als ein Komplex, der den abhängigen Menschen beherrscht, greifbar als personaler Geist in der Schicht der „Daimones". Der abhängige Mensch ist Opfer, benimmt sich, als wäre er besetzt, ohne es zu wissen, wie bei einem unbekannten oder nicht bewältigten Ur-Trauma. Er ist so verwickelt und fixiert in die Fremdsuggestion, dass er seinen Besetzungsgeist unbewusst liebt und überall durchsetzt und verteidigt (so kann er gefährlich werden, nicht nur gegenüber sich selbst, sondern auch für die Mitmenschen). Der zweite Schritt einer Idee aus der geistigen Welt wäre die Gestaltwerdung in die Körperlichkeit in der dinglichen, realen Umwelt (z.B. als körperliche Krankheit) – dahin, zu einer solchen „materiellen Geburt" dringt aber nicht jede Idee vor. Da wir Menschen gerne nur das glauben, was wir messen und wiegen können, ist es kein Wunder, dass über die Daimones-Schicht verschiedene Meinungen im Umlauf sind, dass man also streiten kann. Die Träume sind der beste Weg, die unbewussten Antriebskomplexe, also die ‚Geister', deutlich erkennen zu können. Visionen, Drogen, unerklärliche Verhaltensweisen, Krankheiten, die Tiefenpsychologie und die Künste können die ‚Geister' ebenfalls sinnlich, gleichnishaft darstellen. In der Literatur werden die ‚Geister' z.B. bei Goethe, Kafka, oder in Nietzsches „Zarathustra", in der Malerei bei Salvador Dali oder Max Ernst, um nur ganz wenige Autoren zu nennen, gern „Gestalt", quasi plastische Gestalt. In dem oben genannten Beispiel tragen die Töchter die Muttersuggestion als abhängig machenden Geist in sich, lokalisiert in der Schicht der Daimones, nämlich als feixender und fixierter acht-jähriger Sohn und als ewig pubertäres Mädchen, in Liebe dem mütterlichen Wunsch dienend. Sage man nicht, es seien Fiktionen – es sind Entitäten.

Das Ego als Triebwesen und Verbrecher

Man kann mit positiven Geistern, Komplexen, Kräften besser umgehen – man kann sie z. B. Engel oder Glück oder Gnade nennen – als mit negativen. Als negative Geister empfinden wir die Egos oder Aussendungen, Kräfte, Suggestionen von Personen, die etwas ganz anderes wollen als wir, die unser Streben nach Entfaltung, Überleben, Selbstverwirklichung massiv stören, einschränken oder vernichten. Diese Kräfte sind konträr zu uns, ggf. sehr gravierend. Die Quelle des Verbrecherischen ist ein Ego (oder mehrere) aus dem Heer der vielen anderen Egos. Das Ego ist ein Triebwesen, und es wehrt exzessiv ab, dass es als Chimäre, Illusion erkannt wird. Geheim oder im Vertrauen gilt: Das Ego ist der Aggressor. (Vgl. Jean Paul Sartre oder das Einweihungsbuch „A Course in Miracles"). Das Ego stellt seine Befriedigung über alles, über Familie, Partnerschaft, Kinder, Gesellschaft, Zukunft! Der sogenannte Teufel: das sind die vielen anderen konträren Egos. Sie schwemmen als Destruktion über jeden Menschen, über jedes einzelne Ego. Wie im Haifischbecken. Die anderen, gegensätzlichen Ego-Geister (Intentionen, Strebungen) – sie sind die „negativen daimones" und das simple Gegenteil der Engel.

Es ist wichtig, das Ego als ich-besessenes und tendenziell rücksichtsloses Triebwesen zu erkennen. Im primitiven, blinden Ich-Interesse wird die Ehe gebrochen, handeln nicht nur die Diktatoren, sondern zerstören auch Eltern ihre Kinder und Kinder ihre Eltern und Geschwister. Das Triebwesen Ich ordnet seiner Befriedigung alles unter. Dazu wird der Intellekt eingesetzt, mit den aufgesetzten, sekundären, logischen oder sozialen Begründungen, für die Taten, wie für die Untaten. Bzw. der beschränkte Intellekt, die Dummheit, hilft gern bei der Befriedigung und der Bestätigung des Ichs; die benutzte Ratio ist die Hure des Egos. Das Triebwesen Ego zerstört ganze Völker und Kulturen. Informationen, die das Lügen, die Grausamkeit, das Omnipotenzstreben auffliegen lassen könnten, werden „passend" gemacht, werden manipuliert oder gelöscht, verdrängt. Nicht der Sex, nicht die Natur hat das Omnipotenzstreben, sondern das Ich. Familie, Gesellschaft, Zukunft sind der Gier des Egos nach Triebbefriedigung gleichgültig (wie die Geschichte vielfach zeigt).

Das Ego landet am Ende in der Vernichtung, zu Recht. Der Tod des Individuums ist ein Segen. Der Wahnsinn der Egomanie muss ein heilsames Ende haben. So wie die Geburt individuelle Egos entstehen lässt, so löscht der Tod sie wieder notwendig und heilsam aus. Im Sterben erst erhalten wir Einsichten und Aufklärung zum illusionären Ego. Wie in einer Erleuchtung verlassen wir da Platons berühmte, gleichnishafte „Höhle". Das Ego hat sein Überleben im Kopf, und nichts sonst! Ausnahmen bestätigen die Regel. Man soll das Ego nicht unterschätzen, es kann überaus gefährlich sein – unglaublich. Es hat Millionen, Milliarden Tötungen, in der Historie, schon auf dem Gewissen. Es gibt gewiss auch immer wieder Gründe, das Ego denn doch zurückzustellen – wie in jedem Haifischbecken, in jeder Gruppe, nämlich aus Gründen des allgemeinen = und dann auch individuellen Überlebens. Aber jedes Ego lauert auf die Gelegenheit, sich schnell und rücksichtslos wieder durchzusetzen und breitzumachen.

Je größer das Ego ist, umso mehr will es seine Umgebung, und besonders auch seine Mitmenschen, gestalten, mit-gestalten, umgestalten, Es will Einfluss und Prägung auf das Umfeld ausüben, und zwar in latent aggressiver, feindlicher Art. Diktatoren machen z.B. so etwas. Manche Politiker pflegen primär ihr Ego. Auch Erzieher, Eltern oder Gartengestalter, die nicht „wachsen lassen" können, gehören hier hin. Ebenso verraten Partner, die den anderen umerziehen wollen, das Herrschaftsstreben ihrer Egos. Machtstreben, Gestaltungswillen, Umsturzstreben Missionierungen, nicht wenige Belehrungen, unter welcher Engels-Tarnmaske auch immer, fließen aus einem großen Ego. Der berühmte Pädagoge Pestalozzi erkennt in der intellektuellen Entwicklung der Menschheit eine „herzlos tierische Entwicklung" des Ego-Strebens. In allen sozialen Schichten gäbe es „eine unglaublich große Menge Verstandesbestien" [Anmerkung

15]. Diese Leute, die Intellekt und Ratio für die Befriedigung ihres triebhaften Ichs einsetzen, nennt er auch die „sozial-blinden Großintellektuellen". Verstand und Intelligenz werden zu Dienern und Sklaven des Egos, da ist doch der Ausdruck „Verstandesbestien" gut getroffen. Man könnte auch sagen: der Intellekt macht sich gern zur Hure des Egos. Menschen dieser Art von Verstandesbestien seien schlimmer als die Bestien im Wald, zumal sie sich hinter Gesetzen verstecken können – wir wollen ergänzen: sich hinter der öffentlichen Meinung oder hinter der veröffentlichten Meinung verstecken können.

Ohne Ego, durch Drogen ins Jenseits (Iboga)

Dokument 38 (2018; R.B.)

Die Menschen erkannten ehemals ihren Unterschied zu den Göttern und wollten immer schon es diesen gleichtun, mit beispielsweise Drogen, Opfern, Meditationen, Tänzen, Beschwörungen. Welches Gottesbild sie auch hatten, ob erdacht oder fakten-nahe, die Menschen ahnten, dass es tiefere Blicke in die Wahrheit gibt als mit dem oberflächlichen Bewusstsein und unterstellten den „Göttern", dass diese in die jenseitige Wirklichkeit blicken könnten. Es gab also immer das Menschenziel, die transzendente, verborgene Wirklichkeit verstehen zu wollen. Wenn man z.B. „Unsterblichkeit" wie die Götter hätte, müsste es gelingen. Oder wenigstens im vorübergehenden Begeisterungszustand oder Rauschzustand könnte es gelingen. Nicht nur verstehen wollten die Menschen, sondern auch wirken können wie die Götter. Der sumerische Hauptgott Enlil, der Herrscher über die anderen Götter und Schöpfer der Menschen (der „Schwarzköpfigen") war im Besitz der „Schicksalstafeln". Nach der Macht über das Schicksal strebten ebenfalls die Menschen.

Das oben genannte bewusste, alltägliche Ego verhilft nicht zu extraordinärer Schau, nicht zum omnipotenten Sehen und nicht zum omnipotenten Wirken. Ob nun per Zufall oder nicht, einige Menschen erlebten bei bestimmten Pflanzensäften, Früchten, Speisen Ansätze von Rausch, also ein verändertes Ego. Und so suchte man das „Kraut des Lebens", wie schon im Gilgamesch-Epos im Lande Sumer, den Trank der Unsterblichkeit, etwa als Soma, Nektar, Ambrosia. Was wir als Halluzinationen bezeichnen würden, empfanden andere, frühere Menschen als Türöffnung für die Welt der Götter. Wer auch verantwortlich ist für die religiösen Texte, jedenfalls war es darin verbürgt, z.B. in den altindischen Veden, dass der Trank des Soma die Götter unsterblich machte, mächtig, ewig, unbesiegbar, extrem stark usw. Von der Aphrodisiakum-Wirkung ganz schweigen. Es müssten sich mit dem Zaubertrank das ewige Licht und die Welt der Götter finden lassen, so dachte man. Im Zeitalter von LSD und Kokain wissen wir, dass man mit Drogen sich unbesiegbar fühlt, hochsexuell und flugfähig ist und einen Blick in eine fantastische andere Welt werfen kann, die Erleuchtung bringt, die Zukunft und uralte Vergangenheit zeigen kann, mit einem Glückseligkeitsgefühl als Beiprodukt. Die unbewusste, unsichtbare Schatten- und Geisterwelt hinter der Materie, die transzendente Welt der Ursachen und Erklärungen – sie lockt den Menschen, der weiß, dass er mit messender Physik- und Materie-Beobachtung den letzten Sinn nie finden kann. Und zweifellos will der Mensch unbedingt verstehen und erkennen, ob sich selbst oder seine Umwelt (und dann Konsequenzen ziehen können). Um im Bild zu bleiben: wie die ewigen Götter will er verstehen. Die Drogen bilden natürlich andererseits eine große Gefahr oder haben ein fatales Ende. Im Traum und Schlaf können wir die jenseitige unmaterielle Welt ohne Drogen erleben, allerdings meistens mehr erleben als verstehen. Aber wir bewegen uns im Traum genau dort, wohin uns LSD als Bewusstseinserweiterung führen kann: wir sind hinter den Kulissen, in der unsichtbaren Welt der Ursachen. Wir setzen, ohne unser Zutun, die Gesetze der Materie außer Kraft und bewegen uns zeitlos und schwerelos in allen Zeiten und Dimensionen. Jeder Schlafbeginn ist eine Initiation. Diesen Reisebeginn, Ausstieg, kann man sich aber auch eventuell erwerben durch dreißigjährige Meditation oder durch Fasten und Askese oder durch ein Nahtoderlebnis oder durch die Einnahme von LSD oder Iboga, Letzteres z.B. unter Anleitung eines Schamanen im afrikanischen Dschungel.

Mein seriöser Gewährsmann erlebte unter Iboga in Afrika Folgendes:

Er sah von oben auf sich herab. Er wurde durch einen Tunnel in eine andere Sphäre geschleust. Er erwachte plötzlich direkt neben Gott. „Ich weiß jetzt, wo man hinkommt, wenn man stirbt", so berichtete er mir wörtlich. Er erlebte die vollkommene, ideale Liebe. Er fühlte sich grenzenlos stark. Er konnte Tiere auswählen und auf die die Erde ins Leben holen. Er fühlte sich in der Welt der verstorbenen Seelen. Er befand sich umgekehrt in der Zukunft, in der Sphäre der ungeborenen Babys. Er sah Pyramiden, Gebäude aus fernen Städten, Ritter aus dem Mittelalter. Er war, als Motivation, auf der Suche nach Urvertrauen, Kraft und besonders nach Wahrheit. Er vermutete zwischendurch, dass die Personen seiner irdischen, aktuellen schamanistischen Umgebung seine Gedanken lesen könnten. Er fand seinen spirituellen Namen. Parallel hatte er auch das Gefühl, dass er als Medium (als geschäftlich erfolgreicher Europäer) vom Schamanen benutzt werden könnte. Also Misstrauen gab es auch in ihm – inmitten der polyrhythmischen Tänze und Gesänge. Man sagte ihm in der Abschlusszeremonie, die Träume im Schlaf nach

einer Iboga-Seance seien unglaublich, also besonders der Er-
innerung wert.

Sein Fazit: „Es war das wundervollste Erlebnis meines Le-
bens. Ich hatte Zugang zum Göttlichen und wusste jetzt, wo
ich herkam. Alles hier auf der Welt ist nur ein Spiel, eine
Illusion. Der Geist ist der Materie voraus und ist unendli-
cher Schöpfer des Universums. Der Tod des Menschen ist
ein unglaubliches Geschenk, denn das macht das Leben erst
so wertvoll und kostbar. Geister haben keine Ängste, Sorgen
und Schuldgefühle. Wir Menschen haben den Ursprung un-
seres Seins vergessen. Bestimmte Erfahrungen zu sammeln
ist nur auf Erden möglich; der Geist will sich weiterentwi-
ckeln. Ich sehe die Welt jetzt mit anderen Augen, bzw. ich
kann noch eine dritte Dimension hinzufügen. Es gibt keinen
Grund mehr, ein schlechtes Gewissen zu haben und sich un-
nötig zu sorgen. Es gilt die Fesseln zu lösen und endlich das
zu tun, was gelebt werden möchte. Es ist alles nur ein Spiel,
und wir sind die Akteure."

Mein Gewährsmann ist in Europa ein junger, erfolgreicher Klein-
unternehmer und auch in der Frauenwelt, in Beziehungen aktiv, und außerhalb von Iboga ein selbstbewusster, vernünftiger
Mensch.

Was noch fehlt zum götter-ähnlichen Dasein, ist man geneigt zu
sagen, ist die Unsterblichkeit sowie die Fähigkeit zum Gestaltwandel (Götter können sich in Stier, Schwan, Hengst verwandeln). Wichtig: Die Materie ist der Niederschlag, die Folge der
geistigen Welt (welche „voraus" ist). Das vergleichen wir mit der
Bibel: „Am Anfang war der Logos", etwa = Intellekt, Vernunft,
Geist, Idee oder „Der Geist Gottes schwebte über den Wassern",
und zwar der materiellen Schöpfung „voraus"-gehend. Die

Zeitdimension kann verlassen werden, die Welt kann als „Spiel" (!) erkannt werden, unsere vorgeburtliche Herkunft und umgekehrt unsere Heimat nach dem Tod sind kein Geheimnis mehr. Schuld und Willensfreiheit (Verantwortungsdruck) lösen sich auf. Das sind einige Kernelemente des Iboga- oder LSD-Erlebnisses. Diese Erkenntnisse sind typisch für Trance-Zustände verschiedener Art, für Nahtoterlebnisse, für Erleuchtungszustände, für spirituelle Träume. Auch ohne Drogen kann man sich in der geistigen „Zwischenwelt" aufhalten. Das Unbewusste eines jeden Menschen hat den Zugang dazu. In der Antike war dies der Unterweltbesuch, von Odysseus oder Orpheus, in den späteren Weltreligionen ist es die „Jenseitsreise". Besonders Frauen im Altertum als „Seherinnen" konnten die Zeit-Materie-Konstruktion vorübergehend verlassen. Jeder Mensch im Traum hat diese Intuition oder dies Sehertum.

Nahtoderlebnisse

Einige Menschen werden aus einem fast tödlichen Zustand doch noch gerettet oder mit Hilfe der modernen Medizin wiederbelebt. Solche koma-artigen Grenzsituationen gibt es, seitdem es Menschen gibt. Das Sterben ist ein Prozess, vergleichbar einer beginnenden Jenseitsreis oder ägyptischen Unterweltfahrt, der erlebt wird, und zwar körperlich wie geistig, wovon aber diejenigen, die im finalen Tod bleiben, nichts mehr berichten. Ähnlich wird die Geburt vom Foetus/Säugling sowohl körperlich erlebt als auch geistig, d.h. hochspirituell distanziert, als ‚zuschauende Seele', weshalb es so viele wahr und exakt beschreibende Geburtsträume gibt, als Erinnerung aus dem tiefsten Unbewussten heraus empfunden. Die dem Tod knapp Entronnen erzählen nicht selten von ihren Erlebnissen bis hin zu der entscheidenden Schwelle.

Interessant ist, dass allein schon bei einer inneren Öffnung gegenüber der Todesmöglichkeit die Nahtod-Szenen präsent sein können, obwohl die Lebensgefahr überhaupt nicht real wird, sondern der erwartete finale Kfz-Unfall gar nicht passiert. Interessant auch, dass Kinder im vorsprachlichen Bereich ein Nahtod-Erlebnis haben können und lange Zeit später erst davon berichten. Es gibt einen Auslöser, und meist ist das ein bereits tiefes Bad in der Wanne des Todes, wo der Mensch Erfahrungen macht, die er als großartig manifest und wahr empfindet, die jetzt aktuell zum Jenseits gehören, die aber eventuell einem latent in jedem Unbewussten bereits vorhandenen Urwissen entsprechen. Wir haben ja ein enormes Wissen im Unbewussten, bis hin zu Erleuchtungszuständen, was aber nie wachgerufen worden ist. Ob die Nahtoderlebnisse Erinnerungen sind aus tief in der Ewigkeit vergessenen, anderen, früheren Erfahrungen oder aus momentaner Umgebung, ist eine zweitrangige Frage. Wichtiger sind die Fragen, wieso alle Betroffenen im Prinzip das Gleiche erzählen (a) und über was die Informationen eigentlich sprechen (b). Die Kritiker reden von Sauerstoffmangel, endogenen Morphinen oder Halluzinationen. Das sind keine realistischen Argumente (zum Teil experimentell widerlegt); generell wird von Atheisten viel versucht, die Nahtod-Erlebnisse zu leugnen und zu löschen.

Neben den Träumen und anderen mystischen Erlebnissen legen die Nahtoderfahrungen nahe, dass es ein Leben nach dem Tod gibt, und zwar ein schönes Leben oder ein besseres. Dies Thema ist der Kern der Auseinandersetzung. Damit ist ggf. sofort intendiert, dass es dann auch ein Leben vor der Erdenzeit geben muss. Es mögen sogar einige wenige der frappierend ähnlichen Berichte auch nicht seriös genug sein, dass ändert nichts an der Wucht der Übereinstimmung bei diesen Erfahrungen. Persönliche Halluzinationen unter dem Einfluss von Morphinen wären alle unterschiedlich, wie Millionen Wunschträume. Mittlerweile gibt es Berichte, von Ärzten, die belegen, dass nicht einmal eine messbare Resttätigkeit des Gehirns nötig ist, um ein Bewusstsein der Nahtod-Umgebung zu haben, was immer auch ein Bewusstsein göttlich-geistiger, zeitloser Dimension, eine Erfahrung der ganz „andern", unsichtbaren Welt ist. Das „endlose Bewusstsein" (Pim van Lommel), das Bewusstsein „Beyond the Brain" (Stanislav Grof), der „Blick in die Ewigkeit" (Eben Alexander) werden genauso unterschätzt wie die Tatsache, dass der einfachste Mensch eine mystische Erfahrung haben kann, wie etwa einen Erleuchtungsmoment oder eine kurze Jenseitsreise oder eine Engelserscheinung oder einen Traum mit Gottesbotschaft usw., bzw. dass diese mystischen, schamanistischen Erfahrungen weit häufiger sind, als eine desinteressierte Medienwelt registriert.

Typische Elemente der Nahtod-Erfahrung sind: Besondere Musikklänge, Töne – eine schöne Landschaft – das Umschlagsphänomen: aus Schmerz wird plötzlich Friede, Harmonie – das Empfangenwerden durch bereits Verstorbene – der Bericht, den Neu-Ankömmlinge geben müssen – die Rückschau auf das eigene Leben, in etwa Zeitrafferqualität – das endliche Verstehen und Annehmen der Biografie (so war es, und so war es gut) – also eine beglückende Sinn-Erfahrung – das Schweben (Out-of-Body-Erlebnis) – besseres Sehen und ‚Sehen' – die sehr schnelle Bewegung durch den Tunnel – das Licht am Ende des Tunnels, das Licht, welches wunderbare Liebe und Akzeptanz ausstrahlt, das den Augen, obwohl es so hell, andersartig ist, nicht weh tut – die Sehnsucht, hier drüben zu bleiben, das es da „so schön" ist – eine Schwelle oder Stimme, die darauf hinweist, dass im weiteren Verlauf keine Rückkehr mehr möglich ist, weshalb diese Kraft, gegen den Widerstand der Seele, zurückschickt – manchmal wird die zukünftige Aufgabe im Erdenleben zuletzt angezeigt.

Ein Ergebnis dieser Erfahrung ist: Die Angst vor dem Tod wird für die Zukunft gemildert (was wir „verstehen" ist immer Angst abbauend). Und ein weiteres Resümee ist, dass jetzt der Zeitpunkt für den Tod noch nicht gesetzt oder erreicht war, sondern, im Umkehrschluss, dass der Tod für einen anderen Termin vorgesehen ist, bzw. dass generell anscheinend der Tod eine prädestinierte Komponente hat und bezüglich des Zeitpunktes einer übergeordneten Bestimmung entspricht. Ein weiteres Resümee ist dies: ich erkenne die Ewigkeit meiner Seele; wenigstens ist dies Überraschende sicher: nach dem Tod sind Existenz und Bewusstsein nicht zu Ende. [Anmerkung 16]

Über die Engel – und über ihr Gegenteil (Rachegeister, böse Geister)

Wir wissen nicht, wie wir die uns betreffende, mit uns verbundene ewige geistige Gestalt, die hinter unserem Erscheinen in der Materie steht, nennen sollen. Es bietet sich behelfsweise an, vom eigenen Engel des Menschen zu sprechen. Er bleibt als „Urbild" immer in der geistigen Welt, inkarniert nicht zusammen mit seinem diesseitigen „Abbild". Wir sind eine Kopie, ein Abbild unseres eigenen Engels, welcher sozusagen in zehnfach höherer Sphäre bleibt; er ist auch zehnfach vollkommener und zehnfach moralisch besser. Wenn wir die Erde verlassen, wie jung oder alt auch immer, realisieren wir den tief unbewussten „Entschluss der Seele", wieder in den Himmel zu gehen, in eine andere Dimension oder Welt, .d.h. „wieder Engel zu werden", wie es wörtlich in einem Traum heißt, der von der Krankheit eines Kindes handelt. Soweit es Traumzeugnisse gibt, in denen Sterbende oder Verstorbene über diesen Weg, nämlich zurück zum eigenen Engel, etwas sagen, zeigt sich, dass sie mit Interesse, positiver Erwartung und Freude ins Jenseits aufbrechen. Sie sind angetan von ihrer neuen Aufgabe. Und es geht hier oft sprachlich um eine „Rückkehr". Auch zum Weg auf die Erde gehört in Träumen oft das „wieder", weniger das Neue (also die Wiedergeburt). In vielen Religionen sind die Geburts- und die Todesengel besonders betont, als wären die Engel gerade bei dieser Passage wirksam, bemerkbar. Das ist nicht unlogisch, denn bei diesen Passagen kann man Hilfe gut gebrauchen.

Wie ist das Verhältnis vom inkarnierten Menschen zu seinem Engel? „Schutzengel" z.B. soll eine nähere Beschreibung sein, das ist eine Bewertung, eine Qualität. Oder es geht um die nordgermanische „Fylgja" = Folgeseele, womit eine unsichtbare Dauer-Begleiterin gemeint ist. Vielleicht hilft es zur Erklärung, dass wir uns alle als „gefallene Engel" verstehen können oder gar müssen. Helfen, Führen, Leiten ist jedenfalls die Funktion der positiven Geister, der Daimones, die wir mangels eines besseren Ausdrucks Engel nennen wollen und die in der kritischen Phase da sind. Nicht wirklich selten ist es, ihnen im Traum zu begegnen oder auch ihrer im Alltag gewahr zu werden. Sie wirken auch mit an der geheimen Weltaufgabe, dass wir uns nämlich gegenseitig zur „Erlösung" verhelfen, wie durch unsichtbare Verzauberung, Verkettung. Wenn wir die irdisch-zeitliche Trennung des Menschen von seinem Engel betonen wollen, können wir sagen: Der Mensch ist nicht sein Engel, sondern er „hat" einen Engel; auch: er ist nicht das Böse, sondern er hat das Böse; auch vielleicht: er ist eine Seele und „hat" einen Körper (wenn auch manche denken: ich bin ein Körper und habe eine Seele).

Die Führung durch Begleit-Engel ist häufiger, als dem Menschen bewusst ist. In Traum und Vision kann man die helfenden Begleiter sehen und erkennen, wenigstens nach Bestehen der Gefahr, im Rückblick. Bei schwierigen Übergängen oder bei Unfällen kann der Mensch ohne Schutzengel kaum durchkommen.

Symbolisch reichen diese Engel die „Leiter", wie man im Traumbild sehen kann. Ihrer Erscheinungsformen sind viele, im Gestaltwandel, ob als Bergführer oder als unbekanntes Tier oder als widriger Zeitgenosse, auch als eine transzendente Persona, die das gleiche Gesicht hat wie der Erdenmensch, als typischer „Engel" eigentlich nie. Zur Gewahrwerdung der Engel gehört auch, die Unvollkommenheit der eigenen Kräfte einzusehen, den Größenwahnsinn bei der Selbsteinschätzung zu vermeiden. Ob man sie um etwas bitten kann, kann ich nicht sicher sagen; das Schicksal ist übergeordnet, und diesem dienen die Engel, sie arbeiten nicht gegen unser (verhängtes) Schicksal, nicht gegen unsere Bestimmung. Jedenfalls empfindet der Engel in uns nichts von dem Widerstand, den der Mensch fühlt, wenn er die Erde verlassen muss, im Gegenteil. Der Engel weiß auch, dass jeder zu „seinem Planeten zurückkehrt", von dem er einmal gekommen ist, wie wörtlich oder gleichnishaft man diese Traumbotschaft auch nehmen soll. Ich formuliere gern: „jedem droht die Auferstehung". Man erlebt symbolisch alles auf drei Ebenen, auch das Sterben, d.h. als materieller Erdenmensch (1), als Engel, Höheres Selbst, Intuition oder Traum (2) (wo man sich transzendent also auch zusieht), und als Ewigkeitswesen, ohne Ich, in der Einheit, im Nirwana, in Gott (3). Auch bei der Geburt erleben wir auf drei Ebenen: nämlich quasi als Mutter (1), als Foetus/Säugling (2), sowie als Zeuge, Zuschauer des Prozesses, als Wissender in der geistigen Welt (3).

Viele Formen gibt es für die Begleitengel. Das kann auch einmal der Erzengel Gabriel sein, oder ein Jesus, der überraschend hereinkommt, oder ein großer dunkler blauer Mann oder ein weißer Hund im Traum oder eine verstorbene Verwandte oder ein kleiner Buddha oder ein Prinzip, was an eine noch ausstehende Karma-Rechnung erinnert. In einem Traum „kommen zwei Geistheilerinnen vom Himmel und werfen zwei Taucherbrillen auf ein Hof-Vorbau-Dach bzw. auf den Balkon. Der Träumer musste die Brillen dann noch auf den Boden des Hofes schieben oder schubsen." Der Archetyp „Hof" ist im Traum gern die Uteruszeit, d.h. die Station vor der Erdenexistenz, unmittelbar vor der Geburt; das Leben findet dann im „Haus" statt. Wir können deuten, dass die Engel dem neuen Erdenbürger Weisheitsbrillen schenken, für das „Hinabtauchen" ins Unbewusste, aber diese Potentialität muss der Empfänger dann noch realisieren, im Leben anwenden. Es geht also um eine der Gaben, mit denen man schicksalhaft auf die Welt kommt, um Begabungen als Geschenke von oben. Solche Schicksalsgeschenke kann man erahnen oder auch manchmal im Traum „sehen". Und – man muss sie dann auch anwenden.

Der Mensch ist eigentlich nur „Träger des Geistes", vergleichbar einem Spielzeug, einem Roboter, in welchem sich der Geist verwirklicht. Er ist nicht der Geist selbst, er dient dem Geist, auf dass der sich im Menschen auslebt. So können die höher-geordneten Geister die Menschen für ihre Zwecke benutzen. Es führen die Engel die Menschen zu Zielen in ihrem Sinne. Man kann nicht ausschließen, dass aus der geistigen Welt Seelen kommen, die an Erleben noch etwas nachholen wollen, was sie in einer früheren Inkarnation vermissten: Inwieweit das dann eine andere Seele ist oder die eigene Seele einer eigenen alten Inkarnation – schwer zu sagen. Denn das berührt das Problem: Wer oder was inkarniert denn überhaupt?! Ist es dasselbe Ich, ist es eine Variante des Ichs, ist es gar kein Ich im engeren Sinne, sondern nur „eine Matrix" als Erlebnisansammlung (wie einige Buddhisten sagen)? Unsere menschlichen Denkkategorien kreisen so sehr um das Ich, in Abhängigkeit, dass wir hier kein objektives Urteil fällen können, **was** genau inkarniert. Wir müssen das konzedieren: ‚irgendein Geist' will in einer Inkarnation etwas Bestimmtes erleben. Das trägt der Mensch aus. Mag er es ruhig als Ich-Leben empfinden, als „sein" Leben. In der Regel ist es aber so, dass die Geister, derer wir mystisch gewahr werden, nur Helfer an unserer Seite bleiben, uns quasi nicht ganz füllen, dann sprechen wir eben gern von Engeln, Schutzengeln –allerdings wie gesagt in vielerlei Gestalt, z.B. als unbekannter „Mann", der uns aus dem Wald heraus hilft oder der uns das Motorrad schiebt, oder als „Vogel", was sehr oft vorkommt. Vögel stehen gern für Seelen, die nicht von der Materie abhängig sind: für Tote, Geister, Engel, Abgetriebene usw., dabei symbolisieren z.B. Tauben das Weibliche, Eulen die Weisheit, Adler die große Souveränität, Reiher und Pfaue die Wiedergeburt.

Im Unterschied zu den Engeln gibt es auch „böse Geister". Was ist das, was sind sie? In erster Linie sind sie Rachgeister. D.h. sie entstehen aus körperlichen und seelischen Kindheitsverletzungen, aus frühen Frustrationen und aus unbewussten, meist verdrängten Traumata unserer Anfangszeit. So entsteht der Hass im Menschen „aus verschmähter Liebe", er ist die gleiche „Leidenschaft" (Energie) wie die Liebe, nur jetzt in diesen einen Pol hinein gekippt: aggressio statt eros. Wie nach einem Naturgesetz, wie Narben bilden sich Reaktionen, Antworten auf Verletzungen, zumal in der Kindheit – und sie schlummern lange. Das innere Muster ist, dass es der Heilung dienen könnte, wenn das Opfer mit gleicher Münze zurückzahlen, zurückschlagen kann. Die innere Gegenwehr verwendet die Erfahrung der Verletzung, quasi das gleiche Mittel, und dreht die Konstellation nun um. Wenn der Rachgeist angewendet werden kann, seinen Überdruck ausleben kann, entlastet das emotional ungemein. Es gibt kaum eine größere Befriedigung. Alle psychische Energie, der „Trieb", wie Sigmund Freud sagt, hier der Rachetrieb, strebt nach Saturiertheit. Koste es, was es wolle, füge ich hinzu. Alle Menschen leben auf, wenn sie anderen das antun können, was sie selbst erlebt haben. Der rundum glücklich Aufgewachsene entwickelt keinen Rachegeist, er lebt auch später keine Aggressionen gegen andere. Das Böse ist im Kern dasjenige, was das Opfer erlebt hat und nun an wen auch immer zurückgibt. Kaum einer hat eine Kindheit ohne Frust und Verletzung, man redet sich nur gern das Gegenteil ein. Wut und Gegenwehr sammeln sich in der Kindheit an. Und Wut bindet. „Rache ist süß", und nicht bitter oder sauer, Rache befriedigt enorm. Man muss aber natürlich auf eine passende Gelegenheit warten, muss die Lage clever abklären, abtaxieren, damit man nicht wieder Opfer wird oder machtlos bleibt. Meist kommt irgendwann die Gelegenheit – diejenigen ohne Gelegenheit für Rache bringen sich in der Not vielleicht selber um – so dass man sich am Partner, an Kindern oder per Krieg, Bürgerkrieg rächen kann. Alle Verbrecher „rächen sich" für etwas, meist von früher her, darunter auch die großen Mörder der Weltgeschichte. Diese psychischen Komplexe, Energie-Ansammlungen, die also in erster Linie Rache, ein Rache-Wunsch sind und die aus der Genese stammen und als Kompensationsversuch dastehen und die außerdem unbewusst sind oder versteckt, können wir genauso wie umgekehrt die Engel auch als Figuren, Figurationen erfahren, als personale Geistkomplexe oder Geister, sagen wir behelfsweise als „böse Geister". Sie können eingepflanzt worden sein, im Innern gewachsen sein, vornehmlich aber sind sie, uns gegenüber, das Rachestreben im andern, welches in der Umwelt nach Befriedigung, nach Objekten, Subjekten, Gelegenheiten, nach Opfern sucht. Jedes Du läuft mit Rachegeistern herum, selbst unsere Eltern, und kann den Antrieb kaum aushalten – aber natürlich kann manch einer die Rache-Motivation dennoch aushalten und verletzt nicht wieder neu, während andere Menschen die Anspannung nicht ertragen wollen, sondern Lust in der Befriedigung der Rache finden wollen, also Täter werden. Die „bösen Geister" sind also Inhalte in den anderen, fremden Menschen uns gegenüber, die rücksichtslos Lust in der Befriedigung ihrer

Rache finden wollen. Selbst dafür, dass man irgendwann sterben muss, kann man sich schon vorab rächen. Die Rachegeister sind die alltägliche Aggression von Außenstehenden, von diesen allerdings nur als Eigeninteresse empfunden. Im Traum sind sie genau wie die Engel als verkörperte, menschen-ähnliche oder auch theriomorphe Phänomene erkennbar, als personale Geister. Sie „existieren" im Unbewussten, und zwar als Wesenheiten, Entitäten mit Willen, nicht als unpersönliche, neutrale, mentale Komplexnetze. Sie stellen sich als Gegner in anderen Personen dar, die quälen, krankmachen, lustvoll zerstören. Man sollte sie nicht unterschätzen, sie existieren. Viele späte Krankheiten sind langsam gewachsene Manifestationen (sogar Parkinson und Arthrose) der Aggressionen in anderen Menschen, die sich rächen wollten damals – in der Zeit unserer Kindheit, d.h. fälschlicherweise an uns. Hinter den Aggressionskomplexen, den ehemaligen, den erstmaligen, stand meist ein Wille, ob er offenbar war oder geheim, stand ein Wollen von Wesen und Urhebern, und genau das ist der Grund, warum die aktuelle Aggression von uns nun, retour, als ein personaler böser Geist intuitiv gesehen und erfasst wird. Um Missverständnissen vorzubeugen: Menschen sind keine Geister, Dämonen, Zauberer oder Hexen – sondern sie haben Motivationen in sich, die Teile der Persönlichkeit sind, sie haben Kräfte, Antriebe und Absichten in sich, die der Kontrolle der Rationalität entzogen sind und die das Unbewusste als personale Geister erschaut und intuiert.

Um die Qualität der Engel wie der bösen Geister exakt zu beschreiben, fehlen uns die passenden Vokabeln. Unser Denken ist an der Beobachtung der Umwelt geschult. Die psychischen oder mentalen Inhalte und Einflüsse in der geistigen, unsichtbaren, unbewussten Welt werden von unserem analogen, affinen Organ oder Sensus als personale Komplexe erfahren, erlebt, ergriffen, zum Beispiel in unserem bevorzugten Organ des Unbewussten, im Traum. In dieser Sphäre existieren die entsprechenden

Kräfte als Wesen. Wenn wir mit unsere Sprache, die sich in langer Evolution der materiellen Umwelt angepasst hat, diese Wesen beschreiben oder erhaschen wollen, erleben wir, dass sie wie Geister aus Luft und Dampf sind. Für die eine Dimension existieren die genannten Wesen, für die andere Dimension sind sie pneumatisch. Sie sind nur zu um-schreiben, nicht zu beschreiben. Da die Definition diese „Geister", als „Daimones" im Platonischen Sinne, nie genau trifft, sind sie auch dem missbräuchlichen Verstehen ausgesetzt, auch wenn die Definitionen brauchbare Annäherungsbeschreibungen sind. Sie sind eine nützliche Arbeitshypothese, nie naturwissenschaftlich bewiesen, wie z.B. auch die ganze Freudsche Psychoanalyse nicht.

Die Wirklichkeit hat ihre geheimen Aspekte („occult aspects"), besonders was ihre Kräfte und Wirksamkeit angeht. Diese sieht man nur mit dem zweiten Gesicht („second sight"), mit dem magischen Spiegel, mit dem lunaren Auge, als Maler, Literat, Künstler oder Kind und offensichtlich im Traum, d.h. mit den medialen unbewussten Fähigkeiten des Menschen. Diese Aspekte stehen im Prinzip außerhalb von Gut und Böse; sie können sowohl segensreich als auch giftig sein. Wir erschaffen diese Aspekte, Geister, Komplexe, Daimones in der transzendenten Welt nicht, sondern wir erleben sie als Besucher, Gäste, Begleiter. Die geistigen Wesenheiten haben eine autonome Existenz, in welcher Form sie auch angeflogen kommen. Jeder Mensch hat mediale Fähigkeiten im Unbewussten und kann das Unsichtbare sehen.

Verlust des Zukunftswissens

Das Unbewusste zeichnet alles auf, auch unter Narkose und im Schlaf. Es steuert über 90% unserer Aktionen. Zum Unbewussten gehört die vollständige Erinnerung (Speicherung) an die Ereignisse unserer Existenz. Es ist sogar so, dass Begebenheiten aus den ersten drei Lebensjahren, an die wir uns bewusst nicht erinnern können, deshalb Fakten sind bzw. Fakten waren, weil wir sie im Traum denn doch und immer wieder überraschend genau „erinnern", wenn auch meist symbolisch, im Vergleichsmaterial, mit Stellvertretern für beispielsweise unsere damaligen Eltern (so auch Schwester oder Tante oder Verkäuferin im Traum statt Mutter, guter Freund statt Vater). Die Erinnerung, als Traumbild, beweist quasi, dass etwas Ähnliches damals geschehen sein muss. Ohne Fakt damals gäbe es das entsprechende Traumbild heute nicht.

Eigentlich gehört zum Unbewussten auch das Voraussehen. Auch bei kritischer Durchsicht gibt es immer noch Träume, die eine klare Präkognition sind – wie später durch Fakten rückwirkend bewiesen wird. Das Vorauswissen ist aber sehr verschüttet. Wenn der Mensch seiner Ewigkeit gewahr wird, kann er das sogar aussprechen, dass das Vorauswissen zu ihm gehören müsste, wie z.B. in dem weiter oben erwähnten antiken Traum Scipios. Die Weltgeschichte enthält viele prognostische Träume, ob zu Caesar, Abraham Lincoln oder zum österreichischen Erzherzog Ferdinand (1914). Das Allwissen inclusive des Voraussehens ist pränatal, paradiesisch und postmortal. Im Leben, Bewusstsein handeln wir allgemein oder meist in Unkenntnis, was aber eine interessante Bedingung ist, um nach den Maßstäben der Moralität und Ethik zu handeln. In der jüdischen Mystik gibt es Passagen, in denen Adam die Verführung durch die Schlange bzw. Frau bedauert und über den Paradiesverlust sinniert (Hechaloth-Literatur). Als er vom Baum der Erkenntnis gegessen hatte, sei ihm, scheinbar paradox zum Thema „Erkenntnis", das Wissen genommen worden. Er sei von nun ab ohne Einsicht von dem, was sein wird... Die Prophetissima des Mittelalters, Hildegard von Bingen, bezeichnet den Traumzustand und das Traumwissen als das eigentliche Leben. Nach ihr befand sich Adam im Paradies im Gleichklang mit den Stimmen, Botschaften der Engel. Aber seit dem Paradiesverlust sei er wie ein aus dem Schlaf Erwachter, der „von dem, was er im Traum geschaut, nichts oder nur Unsicheres weiß" [Anmerkung 17]. So haben auch wir jeden Morgen mit dem Aufwachen eine Art Paradiesverlust, Erinnerungsverlust, tragischen Wissensverlust. Vergangenheit und Zukunft, die wir medial und zeitlos im Traum sahen, sind der Unwissenheit des Tages und der Bewusstheit gewichen.

Die Himmelswelt, der Geist und die Wahrheit

Im Anfangskapitel über das Buch Henoch und über die Himmelssöhne ist angesprochen, dass die früheren Menschen, besonders im Zweistromland, von den Göttern der Art erzählten, dass sie aus dem All, von anderen Planeten, auf die Erde gekommen wären. Wir verwenden so eine konkrete Geschichte nicht. Doch auch dies Buch handelt von der Welt des Himmels, des Jenseits, der Götter, der unsichtbaren Geister und Begleiter, die wir als Hintergrund haben. Nach dem biblischen Wort (2. Timotheus 3:16) „theopneustos" (= von Gott durchweht, angehaucht) sprechen wir allgemeiner über die Tatsache, dass Menschen von Gott inspiriert sind, unabhängig davon, wo Götter oder Geister ihre Herkunft oder ihre Heimat haben mögen. Dies Buch hier handelt vom Geist Gottes, der über Vermittler uns anweht oder erfüllt oder leitet. Eine präzise Beschreibung dieser unsichtbaren Welt, dieser geistigen, medialen Zwischenwelt zu geben, ist schwierig. Weniger Probleme macht es, die Auswirkungen dieser Welt auf unsere zu beobachten. Viele Informationen über die unsichtbare Dimension werden ins Reich des Mythos abgeschoben. Die vielen Berichte in der Antike – deren Zahl überwältigend ist – werden nicht ernst genommen, sondern als bildhafte Schwärmereien der Sumerer, Chaldäer, Akkader, Babylonier angesehen. Hunderttausende Belegstücke, von Keilschriften und Zeichnungen angefangen, über das Alte Testament und die griechisch-römischen Schriften werden ins Reich der Phantasie befördert. Ist das ein arrogantes Verhalten? Eine ähnliche Behandlung erfahren unzählige spirituelle Träume. Die Mumie Tutenchamun hatte einen Dolch an prädisponierter Stelle im Grab, und das Pektorale zeigte zentral einen grünlichen Skarabäus. Das spezielle Eisen mit Nickel und Kobalt der Schneide dieses Dolches, lange bevor es in Ägypten eine Eisenzeit gab, ist nach Wissenschaftlermeinung extraterrestrischen Ursprungs, also aus dem Kosmos, es hieß damals auch „Himmelseisen". Der Skarabäus stammt nicht aus einem grünen Edelstein, sondern aus sogenanntem Impaktglas, das es damals auf der Erde nicht gab, sondern wohl von einem Meteorit stammen muss. Nun wird im ganzen Vorderen Orient überliefert, dass in der Urzeit die Götter mit Fahrzeugen aus dem Himmel kamen. Wie Marduk und Horus werden sie meist mit den Stammesgründern oder ersten Königen in eins gesetzt. Das unerklärliche Eisen und das besondere Glas stammen also nach gängiger Ansicht aus Meteoriten-Einschlägen in der ägyptischen Wüste – und sind wohl nicht auf anderen Wegen aus dem All auf die Erde transportiert worden; die Kosmos-Herkunft jedenfalls lässt sich nicht leugnen. Wie sicher ist die Theorie vom Meteoriten-Einschlag? – In Ägypten hieß das Sternbild „Krebs" „Skarabäus", bei den Babyloniern „Schildkröte". Das Sternbild „Jungfrau" hieß im Altgriechischen „Persephone" = Göttin der Unterwelt, Gattin des Hades. Vor Jahrtausenden stand die Sonne bei der Sommersonnenwende im Sternbild Krebs, heute aber durch die Erd-Präzession im Sternbild Stier. Die Richtung zur Sonne im Sternbild Skarabäus (Krebs) war für die Ägypter die Lokalisation desjenigen Tores, durch welche die Seelen vom Himmel auf die Erde kommen.

Das erklärt die eminente Wirkung des Skarabäus im ägyptischen Kultus. Das Leben kommt aus dem All – das ist ja ein bekannter Satz. Aber wie? War es ein Regen aus Partikeln, Elementen, eine Art Sperma? Oder müssen wir uns die Ankunft und Landung des Lebendigen und Belebenden aus dem All konkreter vorstellen? Hier versagen wir uns einen Kommentar. Wie dem auch sei, um die große unbekannte Dimension außerhalb der Erde, wie hinter den Sternen, um die geht es in diesem Buch. Es gibt Verbindungen dorthin. Die Verbindung zum Unbekannten hin, die interessiert uns. Genauso wie die Verbindung zum sogenannten Unbewussten hin, wo schon viel aufgedeckt ist.

Der Geist ist das, was wir mitbringen, wenn wir auf die Welt kommen – und das, was wir mitnehmen, wenn wir die Welt verlassen. Der Geist ist = Bewusstsein, auch aber als Unbewusstes firmierend, ohne Körper, quasi punktförmig, jedenfalls nicht mit materieller Ausbreitung. Er ist tendenziell bevorzugt unbewusst, kann aber auch im Bewusstsein agieren. Der Geist braucht keine Pause, nicht Schlaf noch Erholung. Während wir schlafen, arbeitet der Geist ununterbrochen, als „Traum" bezeichnet, weiter. Die Gesetze der Natur, des Periodensystems, des molekularen Aufbaus von Eiweiß oder Messing, die Gesetze des Metallgitters, die Milchstraßenkonstruktion oder -struktur – diese geheimen Gesetze sind der Geist, sie repräsentieren den Geist, Er ist ein ordnendes, durchwehendes Prinzip, wie die feinen, elektrischen Nervenbahnen im Fleisch. Die Theorie, der Bauplan, die Ingenieurzeichnung, die unsichtbaren Elektrizitätsbahnen, handgreiflich ausgedrückt, hinter der Schöpfung – das ist der Geist. Die Idee, der Gedanke, das Konzept, eine Bohne herzustellen, das ist der Geist; die geschaffene Bohne verrät den Geist nur sekundär oder lässt ihn durchschimmern. Es gibt nur eine einzige, richtige, logische, chemische Beschreibung für ein Buttermolekül, nur ein spezielles geistiges Konzept für einen speziellen Benzolring, nicht 5, 6 verschiedene Theorien; wenn Letzteres jedoch vorliegt, sind alle 5, 6 Theorien unvollkommen. Hinter jedem Produkt steht eine mentale Definition oder Erfindung. Bei mehreren Theorien haben wir (zwingend) verschiedene Produkte, Resultate oder, wie üblich, einen noch unerforschten Rest des Phänomens. Solange wir noch wenig verstehen, haben wir natürlich Tausende Theorien von einer Sache; ganz aufgeklärt und verstanden, haben wir jedoch nur eine einzige richtige Beschreibung. Unwissen führt zu vielen Ansichten. Hundertprozentiges Wissen benutzt nur eine einzige zutreffende Definition. So gibt es auch nur eine einzige Wahrheit, aber im unvollendeten Vorfeld viele Vermutungen, Versuche.

Es gibt neben der einzigen Wahrheit viele Annäherungen, da noch Unwissen herrscht oder nur Teilwissen. Es gibt nur eine zutreffende Wahrheit, eine einzige zu 100% exakte, objektive Beschreibung über einen Fakt, auch wenn es Millionen relative, mehr oder weniger abweichende Erklärungen, also „Meinungen" gibt zu diesem Fakt. Vertreter dieser einen Wahrheit zu sein, ist aber in der Regel anmaßend

Heute ist der „Konstruktivismus" die gängige Ansicht in der Philosophie, auch oft Hintergrund psychologischer Therapien und Theorien. Das besagt, dass jeder Mensch eine relative Erklärung, subjektive Beschreibung der Wirklichkeit im Kopf trägt, d.h. ein je persönliches „Konstrukt". Die Vielzahl der Ansichten, Interpretationen, Konstrukte hat die Wissenschaftler dazu geführt zu behaupten: es gäbe überhaupt keine einzige, absolute Wahrheit, sondern nur die relativen Wahrheiten. Doch die reine Wahrheit ist immer nur eine einzige – allerdings parallel dazu besteht, dass wohl kein Irdischer im Besitz dieser einzigen Wahrheit ist, dass es auf der Erde die Wahrheit nur in vielen Annäherungsformen gibt. Das scheint ein Paradoxon zu sein. „Die Wahrheit ist e i n e " – „doch sie kam als V i e l h e i t um unseretwillen in die Welt", sagt der Weise (so Jesus in den Nag-Hamadi-Texten) [vgl. Anmerkung 6 und 9]. Das ist die Antwort zu der Wahrheitsfrage: Es gibt eine absolute Wahrheit, doch jeder erkennt nur eine relative Wahrheit. Das sind zwei parallele Zustände, die unvereinbar scheinen.

Der Geist, der außerhalb des Körpers existieren kann, der nach den Schöpfungsberichten vor der Materie oder separat von ihr existiert, der als das Selbst im Unterschied zum Ich bezeichnet werden kann, der als das höhere Selbst auch brahmanisch als subsubconsciousnes bezeichnet werden kann, den man das endlose, körperlose Bewusstsein nennen kann, den man gnostisch als den „Lichtmenschen" definiert, welcher eine Instanz, ein Organ im Menschen darstellt, das zur Gotteserkenntnis fähig ist, der Geist, der in Out-of-Body-Erlebnissen „schwebt", den man psychologisch und philosophisch als Fähigkeit zur Selbsttranszendenz und Selbstdistanzierung bezeichnen kann, der in Entrückungen, nicht nur im Nahtoderlebnis, als selbständig und autark erfahren werden kann, als „außerhalb" eben, der in Erleuchtungen unabhängige Erfahrungen macht, die man gern als „übersinnlich" oder „außersinnlich" beschreibt, dieser Geist, der mit den Lebewesen eine vorübergehende Verbindung eingeht, aber gleichzeitig immer auch autonom ist, der als Bild den unmateriellen Doppelgänger/Engel eines jeden Menschen darstellt – er hat viele Namen, die nur Behelfsbegriffe sind. Dieser Parallelgeist zu unserer körperlichen Erscheinung = er sieht alles und er weiß alles. Er existiert nach dem Tod weiter, und er existierte auch vorgeburtlich. Er ist das mentale Element transzendenter, gott-ähnlicher Art in uns. Aber die Namen dafür sind Schall und Rauch. Unser Focus ist inkorporiert, inkarniert, materiell, wir haben die geistige Welt, woher wir kamen und in die wir gehen werden, durch einen Zaubertrunk „vergessen" und können sie auch nicht benennen. Doch die Träume geben uns eine Ahnung davon! Genauso, wie uns die Träume eine (eindeutige) Ahnung vom Weiterleben nach dem Tod geben. Dieser Parallelgeist schaut beim Sterbevorgang zu und berichtet uns – genauso schaut er beim Geburtsvorgang zu und hält die Erfahrungen fest, vergisst sie in seiner Dimension, in seinem „unbewussten Bewusstsein" nie (!). Deshalb beschreiben unsere Träume den Geburtsprozess, der ggf. ein Trauma war, exakt, und zwar immer wieder. Allein psychologisch, also nicht einmal spirituell, kann man einen Sinn in dem Vorgang sehen: Der Geburtsverlauf ist unser erster Umgang mit Welt, ist unser Ersterlebnis, unsere Erstprägung. Dieses Muster prägt den Charakter fürs ganze Leben. Für die therapeutische Bearbeitung des Geburtstraumas liefern uns die Träume die Aufklärung, das Material = die notwendigen tiefenpsychologischen Erinnerungen!

Dieser Geist, der den Menschen begleitet, der seine „Folgeseele" (fylgja) ist, weiß z.B. zu 100%, ob der mit ihm verbundene Körper abgelehnt ist, eine unwillkommene Zeugung ist, ja er weiß auch um die Rolle dieses Körpers unter den Mitmenschen, verrät das aber selten oder nie. Alternativ kann man so sprechen: Der Foetus weiß alles, das Unbewusste weiß alles, der Traum weiß alles (wie der Autor das in der Traumtherapie oft ausspricht), oder man spricht wie Nietzsche: „Das Unbewusste [d.h. dann auch der Traum] ist vollkommen". Die Verbindung des Geistes zum Menschen, der seine „Trägerplatine" ist, welche irrtümlich glaubt, der Geist könnte ohne materielle Basis nicht leben, kann variieren, also locker oder eng sein. Der Geist löst sich ein wenig aus der Verklammerung mit seinem Körpergenossen in der Erleuchtung, unter Visionen, in bestimmten Träumen, bei der Geburt und im Sterbeerlebnis, auch unter speziellen Drogen. Geburt und Tod werden sozusagen von einem Out-of-Body-Erlebnis begleitet, bei der Geburt ist die Verbindung eh' noch nicht ganz fest, im Uterus vorher überhaupt noch nicht fest, im Tod ist die Verbindung auch gelockert, da der Tod ja sowieso als die Trennung von Körper und Geist begriffen werden kann. Wichtig ist, dass unser Begleitgeist alles beobachtet, alles weiß und nichts vergisst. Seine Heimat ist das Paradies oder die Ewigkeit, und diese Heimat gibt er niemals auf. Wer auf seine Träume achtet, protokolliert die Gespräche mit diesem Parallelgeist. Er weiß nicht nur unsere Vergangenheit, sondern auch alle Zukunft. Er kommuniziert mit dem Paradies. Der Römer Scipio sagt aus dem Jenseitsreich zu seinem gleichnamigen Enkel, dass das Zukunftswissen zu unserem gottverwandten Kern gehört, die jüdische Legende sagt, dass Adam vor dem Paradiesverlust das Zukunftswissen besaß. Es ist logisch, dass das Allwissen die Kenntnis der Zukunft mit-einschließt. Propheten und Seherinnen können unter bestimmten Umständen dieses Wissen um die Zukunft manchmal etwas anzapfen – so wie vom Grundsatz her aber auch jeder Mensch im Traum. Das liegt natürlich mit dem in der ganzen Welt beschworenen Lehrsatz, dass die Zukunft offen sei, im Konflikt. Als Schamanismus und Aberglaube wird solches in den Negativtopf geworfen. Unser Kontakt mit dem allwissenden Geist ist oft unscharf, nebulös, tendenziell unverständlich, er kann sogar missbraucht werden. Wegen der vielen fehlerhaften Kontakte mit ihm, wegen nicht seltener Mängel, wegen der vielen Egoismen, die hineinspielen, wegen der Missdeutungen oder auch Anmaßungen von Betrügern kann er leicht als Chimäre abgetan werden und bekämpft werden. Meist liegt aber nur vor, dass man zu arrogant und dumm ist, ihn zu verstehen, denn seine Sprache liegt auf einem anderen, höheren Niveau als das der Menschen. Genauso dumm und arrogant ist es, die Botschaften dieses Geistes in den Träumen als ulkig und fiktiv abzutun... Jeder Leser weiß es: der Mensch neigt dazu, das, was er nicht versteht, als Blödsinn abzutun. Diese Haltung ist unausrottbar. In Pompeji damals haben Tausende Römer die

„Wolke" über dem Vesuv nicht verstanden, obwohl dazu Zeit war; sie nicht ernst zu nehmen war tödlich. Viele Menschen haben weder Hitler noch Stalin noch Mao verstanden, obwohl die Zeichen deutlich waren, das war für Millionen tödlich. Den allwissenden Geist, der den Körper begleitet, nicht ernst zu nehmen, man könnte auch sagen: das Unbewusste nicht ernst zu nehmen, kann tödlich sein.

Das spirituelle höhere Selbst in jedem Menschen ist unmateriell und zeitlos. Man kann es als den parallelen Begleitgeist oder als unseren Anteil an der Ewigkeit bezeichnen. Es ist unser „engelhafter Doppelgänger", der sich grundsätzlich im transzendenten Bereich aufhält bzw. zum transzendenten Bereich gehört. Dieser engelhafte Doppelgänger sieht dem Schicksal seines ihm zugehörigen Körpers ständig zu... Insbesondere beobachtet er bei den Übergängen, bei der Geburt und im Sterben. Eher nur in Grenzbereichen ist er für unser Ich- und Diesseits-Bewusstsein greifbar, etwa im Tod, in der Geburt, im Traum, in der Erleuchtung, ansonsten gilt er als „unbewusst". Wir alle machen im Sterben die Erfahrung, die den vielfach berichteten Nahtod-Erlebnissen gleicht oder ähnelt. Unser entrückter Geist beobachtet. Genauso beobachtet dieser bei unserem Ankommen auf der Welt, wie in zahlreichen Geburtsträumen bewiesen wird. Jeder Mensch hat die Erinnerungsfähigkeit an seine Geburt, sie taucht oft in Träumen, nicht nur in Albträumen, auf, und zwar original und realistisch, wenn auch in der Symbolsprache. Die Symbole sind treffend, sie scheinen der arroganten Rationalität verfremdete Bilder zu sein, sie sind aber sprechend, exakt und lückenlos. Kennt man seine Geburt genau, versteht man sich später im Leben richtig.

Der geistige Doppelgänger von uns, dieser Geist der Gnosis, des Wissens, er kennt auch unsere Zukunft. Denn er ist in der

Zeitlosigkeit beheimatet. Zeit eignet nur der Materie. In früheren Zeiten haben Betroffene ihre Erfahrungen mit diesem Geist so beschrieben: der Engel Gabriel hätte mit ihnen gesprochen. Oder es hätte Jahwe selbst gesprochen (was doch unmöglich scheint). Oder es wäre der Bote/Engel eines sonstigen Gottes gewesen. Oder Zeus hätte den Griechen im Traumbesucht. Oder ein Troll hätte ein Geheimnis verraten. Im Alten Testament gibt es einen chaotischen Wechsel zwischen der Botschaft direkt von Jahwe und der Botschaft durch Jahwes Engel – was logisch ist, denn niemand findet die richtige Vokabel für unseren Doppelgängergeist, für unsere überzeitliche Eingebung oder für den Besuch durch einen Geist... Die Berichte schwimmen. Es muss bei einer ungenauen Bezeichnung bleiben.

Das Geburtstrauma. Traum von der eigenen Geburt

Im Mutterbauch entsteht unser Charakter, auch die Basis für spätere Krankheiten, Aber noch stärker prägt der Geburtsverlauf selbst unser Verhalten für später. Zu den Geburtstraumata gehören: Geburtsblockade, Frühgeburt, Kaiserschnitt, Geburt unter Narkose, Hochdosis an Wehenmitteln, Geburt mit Eingriffen, Zwangsmaßnahmen (z.B. Saugglocke), oder zum theoretisch errechneten Termin (der meistens falsch ist und eine emotionale Katastrophe für den Foetus ist), extremes Licht (hier steuerte man seinerzeit mit der „sanften Geburt" dagegen), rigide Trennung von Mutter und Kind unmittelbar nach der Geburt (manchmal über Tage). Natürlich bedeutet auch der Tod der Mutter oder der Verlust des Vaters in der Uteruszeit ein großes Trauma für den Säugling, vergleichbar einer Adoptionsfreigabe des Säuglings oder Kleinkindes. Die Folgewirkung des Geburtstraumas können sich zeigen in: Tunnelangst, Höhenangst, Agoraphobie, Prüfungsängsten, Entwicklungs- und Reifestörungen, in wiederholten Beziehungsproblemen bis hin zu einer Reihe von Sexualstörungen (!), auch in Magersucht, Kleptomanie, Adipositas, Diabetes, Bulimie, Sucht und Drogenabhängigkeit, auch in Selbstverletzungen und Suizid, in Depression, hoher Vulnerabilität oder in Aggression und Flucht vor Einsamkeit. Das Geburtsthema wird sehr oft im Traum dargestellt. Folgende Traummotive können das Geburtsgeschehen zeigen oder andeuten: Zug, Bahnhof, Autobahnauffahrt, Landeeinflug, Flur, Brücke, Strand, Durchlässe, Kanäle, Schlauchartiges, Tore, auch Toilettenszenen (!), nicht selten Todesängste, meistens immer auch das Motiv „Von-oben-Herabkommen".

Unser engelartiger Doppelgänger ist vor der Geburt noch nicht fest mit dem materiellen Körper verbunden. Er schaut zu, in der Regel von oben – wer will, kann auch sagen: von innen – und er beobachtet durch ein Fenster den Geburtsprozess, während der Foetus/Säugling parallel auch aus seinem Körperchen heraus, als zweite Dimension, erlebt und registriert. Wir haben also eine Zwei-Perspektiven-Beobachtung und -Erinnerung! Ab dem Beginn der eigenständigen Atmung, die wie ein Archetyp der „Elektrizität" über das Wesen kommt, gibt es die Doppelperspektive nicht mehr. Das Phänomen, sich wie in einem Out-of-Body-Erlebnis von oben, außen zu beobachten, taucht erst wieder auf im Sterbensprozess oder in Entrückungen, in verschiedenen Todesgefahren während des Lebens sowie oft in Träumen. Zum Teil wird es als bewusst erfahren geschildert, zum Teil läuft es unbewusst ab. Eine verfrühte Geburt, z.B. durch Wehenmittel, wird vom Foetus als ein Herausreißen in den Tod hinein empfunden (Verlust der Schutzhaut und des Lebensraumes), der Foetus wehrt sich dann gegen die ‚Geburt' nach Kräften. Und ein weiterer, ganz besonderer Schock ist es für den Säugling, nach der Geburt die Mutter verloren zu haben und Stunden oder Tage auf der Säuglingsstation zu verbringen; dies Alleinsein und auch andere Formen der Einsamkeit des Säuglings prägen das ganze Leben.

Als Beispiel für viele (d.h. für die vielen, oft vorkommenden unbewussten Erinnerungen an unseren Anfang) interpretieren wir nun einen ausführlichen Geburtstraum [Zitate wie immer in der früheren Rechtschreibung]. Die Träumerin berichtet:

Der Traum von der eigenen Geburt [Anmerkung 18]
Dokument 39 (1999; J. S.)

Ich habe niemals jemanden etwas ähnliches erzählen gehört noch habe ich jemals etwas ähnliches gelesen.

Ich erinnere mich nämlich an meine eigene Geburt. Weshalb eigentlich sollte ich mich daran erinnern?! Es war doch für mich eher eine Belastung als von Nutzen. Die Erinnerung erwachte erstmals mit fünf oder sechs Jahren, ehe ich in die Schule kam. Die Erinnerung kam in einem Traum, den ich drei Mal nach längeren Zwischenräumen, vielleicht von einem Jahr, hatte. Der dritte der drei Träume war so erregend, daß ich ihn niemals vergessen kann.

Ich bin sehr groß und sehr klein zugleich und befinde mich sehr, sehr hoch über der Erde und zugleich sehr nahe, was ich eigentlich gar nicht will. Ich sehe alles wie durch ein Fernglas, das man falsch herum vor das Auge setzt, oder wie durch eine Tüte, großflächig nach oben und ziemlich gedrängt nach unten. Ich sehe eine gedrängte, kleine, weiße Fläche mit einigen weiß gekleideten Gestalten, die um sie herumstehen. Sie sind sehr bewegt und haben viele Arme und lange, weiße Fäden oder Taue, die bis zu mir heraufreichen und mit denen sie mich einfangen wollen. Zu der gleichen Zeit, in der ich diese Gestalten von sehr hoch oben sehe, sehe

ich sie auch ganz nahe in natürlicher Menschengröße, eben-
falls von oben. Der Kampf und die Fahrt abwärts durch die-
se Tüte ist unbeschreiblich schmerzlich. Kräfte ziehen mich
nach unten, reißen mich nach unten, obwohl ich dies nicht
will. Es fühlt sich an wie ein mächtiger Magnet. Und alle die-
se Fäden! Ich glaube, es sind Fäden, die elektrisch geladen
sind. Die große Tüte hat drei Abteilungen oder Niveaus. Auf
jedem Niveau gibt es diese auch am Kopf weiß gekleideten
Gestalten, die um einen kleinen, weißen, runden Tisch oder
ähnliches herumstehen. Sie stehen sehr nahe beieinander,
sind sehr bewegt und haben viele nackte Arme und Hände.
Zuerst werde ich herabgezogen auf das erste Niveau und be-
merke zu meinem Schrecken, daß die Weiß-Gekleideten mich
ergreifen können und daß es von irgendwoher stark leuchtet.
Ich schließe die Augen, und es leuchtet durch die Augenlider
hindurch. Dann verschwindet alles, und ich glaube, daß es
nun vorüber ist. Dann werde ich auf das zweite Niveau hi-
untergedrückt, und ich empfinde, wie ich mehr und mehr
gefangen bin, ergriffen von deren Händen und deren entsetz-
lichem Licht. Ich presse fest die Augen zusammen, um von
ihnen freizukommen. Ich fühle mich ganz nackt. Eine Nackt-
heit, die man nicht beschreiben kann, als ob ich nicht einmal
Haut und Fleisch am Körper hätte. Nun verschwindet wieder
alles, und ich glaube, daß ich gerettet bin. Schließlich werde
ich von diesen elektrischen Kräften auf das dritte Niveau hi-
untergezogen, was sehr schmerzhaft ist. Nun fühle ich mich
schwer wie ein großer Stein, und ich erlebe, daß ich auf dem
Rücken auf der weißen Fläche liege und völlig zerstört bin.
Schwer wie ein Fels und klein wie ein Zwerg, völlig kleinlaut.
Ich presse die Augen zusammen, aber das Licht dringt durch
die Augenlider. Der einzige Schutz, den ich habe, ist es, die
Augen fest zuzukneifen. Ich denke, daß ich mich totstellen
müßte, um in Ruhe gelassen zu werden. Aber da merke ich,

238

daß ich atme, obwohl ich das gar nicht will. Ich wollte mich ja totstellen, denn ich wollte tot sein, wollte weg sein. Obwohl ich glaube, daß ich tot aussehe und in Ruhe gelassen werde, gibt es noch die Hände, die mich anfassen und alles Mögliche mit mir machen. Das ist entsetzlich, denn ich habe ja nicht einmal eine Haut. Die Hände greifen direkt hinein in mein Fleisch, ich erlebe das wie einen elektrischen Schlag. Nach einer Weile erlebe ich nicht mehr diese nackte, schmerzhafte Auslieferung (vielleicht habe ich eine Decke um den Leib bekommen?). Jetzt wage ich auch, die Augen hin und wieder zu öffnen, und befinde mich in einem großen Raum mit schwarz-weiß gemustertem Steinfußboden und mit mehreren großen Fenstern, durch die das Tageslicht hereinscheint. Jetzt höre ich ein kräftiges Kinderschreien (vielleicht von mir selbst), und das gibt ein Echo im Inneren des Kopfes, aber ich kann nicht die Ohren schließen. Ich sehe, wie ein Kind in eine steinerne Badewanne getaucht wird. Es schreit entsetzlich. Hier ertränkt man Kinder, denke ich erschrocken. Dann schneidet mir jemand die Fingerkuppen ab, und diese fallen, sich verhärtend, nieder zum Fußboden (man hat mir wohl die Fingernägel geschnitten, das tat man früher bei Neugeborenen). Jemand steckte einen langen Stock in mein Hinterteil (er wollte wohl die Temperatur messen). Sehr schmerzhaft. Ich erlebe auch einen Abfluß im Fußboden, in den Wasser niederrinnt, und ich glaube, daß ich dort hineingezogen werde, aber das werde ich nicht zu meiner großen Erleichterung. Dann werde ich hart eingewickelt in ein hartes, weißes Tuch oder etwas ähnliches, und ich habe plötzlich Kleider an. Ich kann kaum atmen und werde allzu hart eingeschnürt durch die langen, kalten, schmalen Tücher. Sie wollen mich doch wohl nicht töten, denke ich. Ich bin furchtbar traurig, alleingelassen und klein und weiß nicht, was ich hier soll und weshalb ich hier bin. Die Wangen fühlen sich naß und kalt an von den Tränen. (Dieses Gefühl von Alleingelassensein, das ich wie einen Abgrund erlebe, hat mich durch das Leben verfolgt. Ich kann es nicht ertragen, wenn ein kleines Kind weint).

Der Schritt der Schwester hallt hart vom Steinfußboden zurück, und als ich steif in ihrem Arm liege, höre ich das Reiben ihrer Kleidung. Dann trägt sie mich durch eine Türe mit einer Glasscheibe hinaus in eine dunkle Halle oder in einen dunklen Gang... „

Hier endet der Traum. Wenn etwas dreimal vorkommt im Traum oder als Traum, wie hier, wird die Wahrheit des Geträumten unterstrichen.

Kommentar, Deutung: Eine Beobachtung der eigenen Geburt ist es also, durch die noch teils separate, transzendente Seele „hoch über der Erde". Mehrmals im Traum kommt vor, dass die Träumerin damals „nicht wollte" (es war sicherlich zu früh). Sie wird also nach unten gezogen, „obwohl ich dies nicht will". Es handelt sich ziemlich sicher um eine Geburt mit wartendem Klinikpersonal in Weiß, mit grellem Licht, bevor der kosmische Impuls an Foetus und Schwangere kommt, dass es nun so weit wäre vor. Dieser „Impuls" ist bei entsprechenden Tieren das Startzeichen dafür, dass z.B. das Küken von innen das Ei aufpickt. Niemand kommt auf die Idee, das von außen vorher zu machen. Ein Verlust der Uterushülle vor der Zeit wird vom Foetus als Todesgefahr empfunden, und zwar logisch und zu Recht. Vielleicht haben wir hier auch eine schwierige Geburt mit der Saugglocke vorliegen. Jedenfalls wird enorm mit quasi schmerzhaften Magnetkräften am Foetus ‚gezogen'. Wie per Fäden soll das Kind eingefangen werden, was sich weigert, um nicht zu sterben – so fühlt sein Unbewusstes. Von oben hinab soll es, durch

den dreistufigen Geburtskanal, durch dies „Tüte". Bei Stanislaf Grof finden wir vier Stufen des Geburtsprozesses, hier aber geht es sehr markant um drei Prozessstufen, drei Niveaus des Geburtsvorganges. Die genannte Doppelperspektive lässt auch zwischendurch die Beteiligten (das Klinikpersonal) nahe neben sich und in Menschengröße erscheinen. Das ist nicht unlogisch. Die kluge Träumerin kann im Traum, aber vermutlich mehr im Nachhinein, die Sache mit dem Thermometer und den Fingernägeln erkennen, einordnen. So schrecklich „nackt" und so intim mit dem Fleisch den Berührungen ausgeliefert, kann sich nur ein Foetus fühlen, der die Uterushaut, sein Ein und Alles, verloren hat. Das „Licht" der Welt, das Neonlicht des Krankenhauses, es schmerzt die Augen des Foetus, der die Uterushülle als Schutz vor dem Tageslicht immer um sich hatte, gewohnt war. Es gibt keine Flucht, um dem vermeintlichen Tod zu entkommen, die Träumerin ist „gefangen" und „ergriffen". Der wie ein Astronaut schwebende, schwimmende Foetus ist draußen auf einmal von der Schwerkraft voll erwischt, ab nun spürt er sein Gewicht, ist wie ein „Stein". Schon die Berührung durch die Arzt- und Hebammenhände ist „elektrisch" (da sieht man, welches Feuer bei einem Menschenkontakt die „Berührung" entfacht, nicht nur bei einer erotischen Hautberührung), aber der gesamte Weg ins Leben ist wie in die Elektrizität hinein: das ist in die pure Vitalität hinein und ins eigene Fühlen und Erleben, ohne dass man nur durch die Mutter fühlt. – Und wenn man einmal stirbt, ist der „Lebensfunke" entwichen, zu Ende, die „Elektrizität" hat den Menschen verlassen. In der Traumsymbolik geht zum allgemeinen Tod-Thema gern einmal das Licht aus, oder der Computer stürzt ab, der Monitor spielt verrückt oder verlöscht.
Die Weigerung gegenüber der Geburt – die kann nur Sinn machen, wenn der Zeitpunkt überhaupt nicht mit dem oben genannten „Impuls", dem richtigen kosmischen Augenblick (dem Kairos) zusammenfällt, oder aber, wenn der Foetus

Abtreibungsattacken erlebt hat bzw. echte Abtreibungen in vorangegangenen Inkarnationen Das gipfelt in der letzten Rettung des unterlegenen Opfers: sich „totzustellen"; das kennen wir aus der freien Wildbahn. „Ich wollte tot sein, wollte weg", sagt die Träumerin, sie wird ihren Grund haben! Jeder Leser kann selbst darüber nachdenken, welche logischen Anlässe, Veranlassungen, Vorgeschichten es gibt, sich gegen den Verlust der Uterushülle zu wehren: z.B. Abtreibungserinnerungen oder der falsche, zu frühe Zeitpunkt.

Natürlich ist das extrem neu, wenn plötzlich „Hände" das Fleisch berühren, aber es läuft auch mehr ab: was ist das für ein Kraftübertragung von z.B. der Hebamme auf das Neugeborene, wenn die Berührung dem Säugling wie ein „elektrischer Schlag" vorkommt?! Insgesamt ist es natürlich großartig beobachtet von diesem Säugling hier, erstaunlich eindrucksvoll erinnert. Aber der Autor dieses Buches hier sagt nicht umsonst an anderer Stelle (z.B. in Vorträgen über die „Kindheit"): „Der Foetus weiß alles" sowie „Das Unbewusste weiß alles". Auch Kinder wissen viel – muss man anfügen, so hatte die Träumerin ihre Geburtsträume schon in der Kindheit.

Die Erfahrungen, die dieses Neugeborene uns mitteilt über das Thema „Augen und Licht" sowie „Kleidung, Gewickelt-Werden" sind oder müssten sein sehr lehrreich für die Ausbildung unserer Geburtshelfer. Wie in Nahtodberichten, wo der schwebende, abgetrennte Geist zuschaut und die Köpfe der Notärzte und Krankenschwestern beschreiben kann, kann auch unser Säugling faszinierende Einzelheiten beobachten und erinnern, z.B. den „schwarz-weiß gemusterten Steinfußboden".
Ich lasse den Bericht über sie selber sprechen: „Als Sechzehnjährige fand sie in einem Fotoalbum zu Hause ein Bild von dem Krankenhaus, in dem sie geboren wurde, mit genau dem

schwarz-weiß gemusterten Fußboden, den Fenstern und der Krankenschwester, wie sie im Traum erschienen waren. Das versetzte ihr einen Schock." [schreibt Johannes W. Schneider, vgl. Anmerkung 18].

Über das neue Hören, nun ohne Mutterbauchhülle oder -puffer, schreibt sie präzise. Auch erinnert sie, dass man sie in eine Babywanne legte – zum Waschen? Es kann aber auch sein, dass man sie in Wasser tauchte, damit der Atem anspränge. So etwas gab es früher. Auch der Autor dieses Buches, als blockierte Geburt ehemals, nicht verfrühte, wurde als letztes Mittel vollständig in kaltes Wasser getaucht, damit die Atmung, die lange fehlte, begänne; das funktionierte damals, in Kriegszeiten. Es berührt einen sehr, wie tief die Empfindung in diesem Foetus, Säugling steckte, dass der Tod immer drohte. Das kann nicht ohne Grund so sein – und wird als Schicksalsfaden mit dem folgenden „Alleingelassensein" noch bestätigt. Durch so einen Traum kann der Laie oder Unempathische einmal erleben, wie ein Neugeborenes sich fühlt, wenn es durch Tücher, Kleidung „hart eingeschnürt" wird. Als sich parallel begleitender transzendenter Geist kann der Säugling sogar sein „Schreien" reflektieren und in Distanz seine „Tränen" auf den Wangen spüren.

Nun folgt aber erst das eigentliche Trauma für das spätere Leben: Die Trennung von der Mutter! Es ist unschwer zu erkennen, dass das Baby hinausgetragen wird aus dem Geburtsraum „durch eine Türe mit einer Glasscheibe… in einen dunklen Gang". D.h. ins Säuglingszimmer oder auf die Neugeborenen-Station. Da sind die Kinder mutterseelenallein. Vielleicht werden sie zum Stillen zur Mutter ab und zu in deren Zimmer getragen – oder auch nicht; und erhalten eventuell ein Fläschchen von der Kinderschwester. Später kommt vielleicht der Vater, und es wird ihm sein Kind durch eine „Glasscheibe" gezeigt. Mehr als einen Tag kann der Säugling so allein in diesem traurigsten "Abgrund" bleiben... Vielleicht muss sich die Mutter in einem anderen Krankenhaus-Zimmer derweil erholen... Die irrsinnige Moderne, die das Kind nach der Geburt von der Mutter trennt und vorher eine natürlich Geburt nicht fördert oder zulässt, erzeugt im Säugling ein uferloses Gefühl von Trauer und Todesangst, die „ das Leben verfolgt"... Diese frühen negativer Erfahrungen erweisen sich als irreparabel. Sie stürzen den Säugling später in unglückliche Beziehungen (Wiederholungszwang).

Justinus Kerners Zukunftstraum

Dokument 40 (1999; J.S.)

J. Kerners Traum von 1804 (Justinus Kerner, 1786–1862, schwäbischer Dichter und Arzt):

> *„...Aber reine Wahrheit ist, daß ich von dieser Zeit an [1804] durch mein ganzes Leben voraussagende Träume behielt, die mir zu einer wahren Qual im Leben wurden, eine Qual, die ich keinem wüsche und die mich gleichsam praktisch kennenlehrte, welch ein Unglück es für den Menschen wäre, hätte ihm Gottes weise Hand die Zukunft nicht verschlossen."*
> [Anmerkung 19]

Das ist ein interessanter Aspekt, recht persönlich gesehen, dass das Zukunftswissen negativ wäre. Vergleichbar äußert sich der antike Dichter Horaz, dass es eine Gnade wäre, bei unserer Weltankunft im Rahmen von Wiedergeburten keine bewusste Erinnerung an die früheren Leben zu haben. Zwar sehen wir im Traum nicht selten unsere Zukunft, aber die Zeitangabe ist ungenau (a), die Symbolsprache verschleiert und verfremdet die Angelegenheit (b), der Traum ist in der Regel morgens vergessen (c), und die Einzelheiten sind meist auch etwas nebulös, unscharf, unpräzise, also verschieden auslegbar (d). Richtig direkte, exakte Zukunftsträume sind selten – obgleich sie vorkommen. Zukunftsträume können, im Gegensatz zu Kerners Meinung, auch zuweilen hilfreich sein und das Hoffnungs- und Vertrauensgerüst im Menschen stärken. Sie können z.B. darüber informieren, dass man ein bestimmtes Ziel im hohen Alter noch erreicht, und das tröstet. Kerner jedoch litt unter den Zukunftsträumen, so war jedenfalls seine Einstellung. Es gibt unter den Menschen Unterschiede, ob sie viele Zukunftsträume haben oder wenige, ob sie sie begreifen oder ständig fehldeuten, ähnlich wie manche Leute Träume erinnern und andere überhaupt nicht, oder manche aktiv werden bis zum Schlafwandeln und andere reglos träumen. Das sind keine grundsätzlichen, sondern nur graduelle Unterschiede.

Justinus Kerner, ein Vertreter der Romantik, mit Sinn für spirituelle Erscheinungen, berichtet von einem Traum, den er bei seiner Ankunft in Tübingen, zu Beginn des Studiums, mit 18 Jahren hatte:
Da sah er zuerst eine Steinfigur auf einer Kirchturmspitze, die dann „die Wendeltreppe des Turmes sichtbar und hörbar hinabstieg". Schließlich stand die Figur als Ritter vor ihm, zugleich aber auch wieder riskant auf der Turmspitze und zeigte sich nun bald als sein Bruder Georg, welcher im Traum sagte: „Siehe da auf die Uhr, die Böcke stoßen sich zwölfmal, der Hahn kräht und der Engel posaunet, da war meine Zeit um." [Eine der typisch apokryphen Zeitangaben im Traum, z.B. über das Lebensende.] Kerner denkt daran, dass sein Bruder im Leben „oft Wagnisse begann und auf schwindelnder Höhe ... stand", im Traum war es ein konkretes Bild auf dem Turm als Symbol dafür. Der Bruder

starb 1812, 8 Jahre nach dem Traum. Kerner empfand diese Szene als Zukunftstraum. Das kann man teilen. Typisch ist, dass die Zeit bis zum Tod sehr gleichnishaft sowie stark bildhaft dargestellt wird, also wieder einmal für die Ratio keineswegs exakt und genau, sondern sehr weit ausdehnbar, ausdeutbar. So dass „Gottes Hand" die Zukunft denn doch nicht wenig „verschließt".

Der Traum geht weiter: „Ich trat in die Kirche: sie war hell vom Mond beleuchtet, und besonders brannten die Glasgemälde ihrer Fenster in nie gesehener Farbenpracht. Die Bilder in den Gemälden, die ich auf ihnen erblickte, waren aber völlig lebend und bewegten sich. Wie Bilder einer Laterna magica kamen sie, je nachdem der Mond schien, mir völlig nahe und traten dann in Lebensgröße wie von den Fenstern heraus in die Kirche, bald schwebten sie wieder zurück und wurden klein, doch je kleiner je [= umso] heller, lebendiger und beweglicher. Es waren aber die Bilder keine Bilder von Heiligen, sondern von Menschen, die ich noch nie gesehen hatte, die aber in späteren Jahren meines Lebens und besonders in dieser Stadt mir vorkamen und tief in mein Leben eingriffen, was ich freilich jetzt noch nicht ahnte und nicht zu deuten wußte, was mir aber später in völliger Klarheit vor Augen trat. Oft gruppierten sich diese Bilder, und ich erblickte mich immer selbst unter ihnen, zu Darstellungen, die immer wieder wechselten, und später erkannte ich, daß diese Szenen aus meinem damals noch kommenden Leben gewesen.

Auf all den Fenstern und in allen Darstelllungen erblickte ich unter anderen Frauen- und Männergestalten immer eine Gestalt wieder, und diese leuchtete mir aus allen klar heraus, und schien sie mir zu verschwinden, wandelte mich eine Angst an, und ich suchte sie, bis ich sie wieder sah. Nachher erkannte ich in der treuen Gefährtin meines Lebens diese

> *damals auf diesem Kirchenfenster im Traume gesehene Gestalt wieder."*

Gegen Ende des Traumes verwandeln sich die Bilder und Kerner sieht weitere, später bekannte, Personen in Aktion, z. B seinen zukünftigen Professor.

Kommentar: Die Archetypen provozieren Inhalte. Anders ausgedrückt: die archetypischen Bilder verraten Information, sind Informationen. Ausgesetzt auf der Turmspitze, so weit „oben" zu sein, deutet einen jenseitigen Aspekt einer Person an, hier des nicht mehr lange lebenden Bruders. „Kirche" ist ein Archetyp für Gemeinde, Gemeinschaft, durchaus oft weltlich, diesseitig gemeint. Das „Fenster" ist ein bekannter Archetyp, der Diesseits und Jenseits trennt bzw. verbindet. Durchs „Fenster" kann man die Anderwelt sehen, z.B. auch die geistige Welt, die Zukunftswelt. Kerners Begabung (oder ‚Qual') ist es, die Dimensionen zu wechseln, im Traum verschiedene Perspektiven zur Verfügung zu haben, das kommt generell nicht selten vor bei Träumenden, aber bei ihm wohl markant. Da wechseln die Bewegungslosigkeit und das Lebendige, das sehr Kleine und das Deutliche, Zukünftige. Da er einen neuen Abschnitt im Leben beginnt (Ortswechsel, Ausbildungsbeginn), liegt ein Zukunftstraum etwas näher als sonst im Alltag der Menschen. In diesem Zusammenhang erwähne ich den auffallenden „ersten Traum" in der neuen Wohnung, nach einem Umzug usw. Dass diese Träume gern ein zukünftiges Konzept aufweisen, eine Perspektive zeigen, ist in der Traumforschung nicht unbekannt. Die Verwandlung von statischen Bildern oder lebloser Materie, von unpersönlicher Energie in lebendige Wesenheiten, in Vitalität hinein – und zurück – kann auch in Erleuchtungserlebnissen beobachtet werden (z.B.

bei Yogananda). Auch dieser von Kerner beschriebene „Wechsel" ist also im Prinzip nicht unbekannt.

Es gibt natürlich nur ein Fazit aus dem ganzen Traum: Die Zukunft steht schon fest. In einer anderen Dimension ist die Zukunft bereits geschehen. Diese andere Dimension liegt völlig außerhalb von Zeitstrukturen. Das erklärt das Phänomen der Zukunftsträume, die in der Regel nicht so gehäuft wie bei Kerner, sondern nur ab und zu auftauchen. Es ist vielleicht eine Gnade Gottes, also ein Gegenteil von „Qual", dass wir auf Erden die Zukunft nicht kennen, sondern vergessen haben. Dadurch erhält der Mensch das Geschenk, in der Illusion leben zu können, er gestalte die Zukunft, seine Biografie, Leistungen, seine Werke. Er kann ein Ich leben, er kann Stolz leben, er kann Glück und Befriedigung fühlen über eine erreichten Erfolg, er genießt Gelingen. Die Kehrseite ist, dass er sich auch für eine Reihe negativ scheinender Ereignisse schuldig, verantwortlich fühlen muss oder dass er übertrieben andere anklagt. Inwieweit die gedachte Willensfreiheit eine Illusion ist, ein Trick Gottes ist, den Menschen Lebenswillen einzuhauchen, oder doch auch wirklich Entscheidungsmöglichkeiten enthält, wenn auch nur in einem vorübergehenden Erdenleben-Glashaus – das ist schwer zu sagen. Man könnte formulieren: Subjektiv gibt es die Willensfreiheit, objektiv jedoch nicht. Mit diesen Paralleldimensionen müssen wir uns abfinden. Die Freiheit, z.B. die ethische, und die zwingende Schicksalsrolle des Menschen sind eine verknäuelte, verknotete Einheit. Auch kann die „freie Wahl" primär vor dem Erdenleben liegen, nicht mehr dann im hiesigen Lebenslauf. Uns Menschen fehlen Begriff und Denken, d.h. Erkenntniskategorien, um die Verknüpfung der zwei Welten, in denen wir ständig und parallel leben, intellektuell sauber auszudrücken. So können wir unsere Wohnung in der Ewigkeit und die Wohnung im zeitlichen, vergänglichen Körper nicht auf einen einzigen Begriff bringen.

Der Mord von Sarajewo 1914

Dokument 41 (1914; E. F.)

Der Anthroposoph Johannes W. Schneider zitiert in seinem Buch über Träume einen der bekanntesten historischen Träume. Schneider schreibt:

„Eines der bewegendsten Beispiele für die Vorausschau eines Todes ist der Traum, den Josef Lanyi, der Bischof von Großwardein, am Morgen des 28. Juni 1914 hatte. Lanyi war der Lehrer des österreichischen Thronfolgers, des Erzherzogs Franz Ferdinand, gewesen und diesem auch weiterhin freundschaftlich verbunden". Lanyi berichtet einen Traum und lässt diesen auch ca. 12 Stunden vor dem Ereignis, nämlich dem Attentat von Sarajewo, von zwei Zeugen unterschreiben [Anmerkung 20]:

„Am 28. Juni 1914, einviertel vier Uhr früh, erwachte ich aus einem schrecklichen Traum. Mir träumte, dass ich in den Morgenstunden an meinen Schreibtisch ging, um die eingelangte Post durchzusehen. Ganz oben lag ein Brief mit schwarzen Rändern, schwarzem Siegel und dem Wappen des Erzherzogs. Sofort erkannte ich dessen Schrift. Ich öffnete und sah am Kopf des Briefpapiers in himmelblauem Ton ein Bild wie auf Ansichtskarten, welches eine Straße und eine enge Gasse darstellte. Die Hoheiten saßen in einem Automobil, ihnen gegenüber ein General, neben dem Chauffeur ein Offizier. Auf beiden Seiten der Straße eine Menschenmenge. Zwei junge Burschen springen hervor und schießen auf die

Hoheiten. Der Text des Briefes ist wörtlich derselbe, wie ich ihn im Traume gesehen: ‚Euer bischöfliche Gnaden! Lieber Dr. Lanyi! Teile Ihnen hiermit mit, daß ich heute mit meiner Frau in Sarajewo als Opfer eines Meuchelmordes falle. Wir empfehlen uns Ihren frommen Gebeten... Herzlichst grüßt Sie Ihr Erzherzog Franz, Sarajewo, 28. Juni 1914, einviertel vier Uhr morgens‘.

Zitternd und in Tränen aufgelöst sprang ich aus dem Bett, sah auf die Uhr, die einviertel vier Uhr morgens zeigte. Ich eilte sofort zum Schreibtisch, schrieb nieder, was ich im Traum gelesen hatte. Beim Niederschreiben behielt ich sogar die Form einiger Buchstaben, wie sie vom Erzherzog nieder-geschrieben waren, bei. – Mein Diener trat denselben Morgen dreiviertel sechs Uhr in mein Arbeitszimmer ein, sah mich blaß dasitzen und den Rosenkranz beten. Er fragte, ob ich krank sei. Ich sagte: ‚Rufen Sie sofort meine Mutter und den Gast, ich will gleich die Messe für die Hoheiten lesen, denn ich hatte einen schrecklichen Traum‘. Dann ging ich mit ih-nen in die Hauskapelle. Der Tag verging in Angst und Ban-gen; bis ein Telegramm um eineinhalb vier Uhr die Nachricht von der Ermordung brachte“.

„Noch bevor das Ereignis bekannt war, ließ der Bischof den Be-richt von zwei Bürgen unterschreiben und fertigte eine Skizze vom Ort des Geschehens an. Den Bericht und die Skizze sandte er auch an seinen Bruder, den Jesuitenpater Eduard Lanyi. Die Skizze stimmte genau mit dem Foto überein, das die Presse we-nige Tage später vom Ort des Geschehens brachte“, schreibt der Chronist Schneider [Anmerkung 20].

Es ist durchaus möglich, das Schicksal eines anderen, ei-nes Nächsten im Traum zu sehen. Die These in vielen simplen

Traumbüchern, dass das Traumgeschehen nur Spiegel des Träumers selbst sei (nach dem Motto ‚Das alles bist Du‘; als eine ausschließlich subjektstufige Traumdeutung) ist nicht haltbar. Vermutlich stand der Bischof dem Thronfolger innerlich sehr nahe. Er war wohl der Richtige, denn wer sonst hätte die Sache so akribisch dokumentiert? Selten, dass ein Traum einen Tod prognostisch eindeutig zeigt, und nicht in Gleichnissen. Der „Brief" ist ein klassischer Archetyp für tief unbewusstes und medial-spirituelles Wissen. Nur selten wird in solchen Träumen eine Zeit genannt, so wird auch hier der Zeitpunkt des Attentates verschwiegen. Was man aber hin und wieder beobachten kann, ist, dass 12 Stunden oder 24 Stunden in Präkognitionsträumen eine gewisse Rolle spielen. In diesem Falle haben wir vom Zeitpunkt des Traumes bis zum Nachmittagsereignis eine Spanne von etwa 12 Stunden. (Häufiger sind im Zusammenhang der Zukunftsträume aber 24 Stunden.) Auch von Lincoln und Caesar sind Vorausträume zum tödlichen Attentat bekannt bzw. überliefert.

Man kann sich die Frage stellen: Wer dreht am Rad der Geschichte? Menschen oder höhere Kräfte, Notwendigkeiten? Unsere Geschichtswissenschaft wird alle hundert Jahre neu geschrieben – zu Recht. Dann anfangs schreiben immer die Sieger die Geschichte. Verlogene Friedensdiktate provozieren in der Regel einen neuen Krieg. Rache und Revanche sind wichtige Motivationen. Wenn man weiß, wer am Ende von Kriegsereignissen die größte Beute gemacht hat, dann weiß man im Nachhinein auch, wer heimlich am heftigsten zum Krieg zündelte.

Wenn der Ausbruch des 1. Weltkrieges in der Chronik der Ewigkeit schon festgeschrieben war und man (nur) daher sein Ausbruchs-Ereignis (Sarajewo) vorausträumen konnte, dann schmilzt die Bedeutung der einzelnen Akteure in der Geschichte sehr...

Das Ertrinken voraussehen (Georg Heym)

Dokument 42 (1910; G. H.)

Georg Heym, 1887–1912, ein berühmter Vertreter des literarischen Expressionismus, geboren in Schlesien, berichtet den folgenden Traum vom 2. Juli 1910, 2 Jahre vor seinem Tod [Anmerkung 21]:

> *„Ich stand an einem großen See, der ganz mit einer Art Steinplatten bedeckt war. Es schien mir eine Art gefrorenen Wassers zu sein. Manchmal sah es so aus wie die Haut, die sich auf Milch zieht. Es gingen einige Menschen darüber hin, Leute mit Tragelasten oder Körben. Die wohl zu einem Markt gehen mochten. Ich wagte einige Schritte, und die Platten hielten. Ich fühlte, daß sie sehr dünn waren; wenn ich eine betrat, so schwankte sie hin und her. Ich war eine ganze Weile gegangen, da begegnete mir eine Frau, die meinte, ich sollte umkehren, die Platten würden nun bald brüchig. Doch ich ging weiter. Plötzlich fühlte ich, wie die Platten unter mir schwanden, aber ich fiel nicht. Ich ging noch eine Weile auf dem Wasser weiter. Da kam mir der Gedanke, ich möchte fallen können. In diesem Augenblick versank ich auch schon in ein grünes, schlammiges, schlingpflanzenreiches Wasser. Doch ich gab mich nicht verloren, ich begann zu schwimmen. Wie durch ein Wunder rückte das ferne Land mir näher und näher. Mit wenigen Stößen landete ich in einer sandigen, sonnigen Bucht.“*

Der bedeutende Lyriker Georg Heym ist beim Eislauf auf dem Fluss Havel ertrunken, und zwar 1912, also jung, zwei Jahre nach diesem Traum. Tragisch: bei dieser Aktion wollte er einen ertrinkenden Freund retten.

Kommentar: Auch hier müssen wir den Schluss ziehen, dass die Zukunft des jungen Heyms zwei Jahre vor seinem Ende schon feststand. Offensichtlich werden im Traum Eisschollen gezeigt. Dennoch ist diese Zukunft nicht offen erkennbar, da die Symbolik von Milchhaut und Steinplatten spricht. Wir haben hier einen typischen Zukunftstraum vor uns, indem nämlich die Zukunft fraglos vorgeführt wird, aber Einzelelemente und Bilder keineswegs deutlich sind und durch ihre Verfremdung den zu erwartenden Fakt ausreichend genug verschleiern, so dass nur im Nachhinein der Traum verstanden wird. Fazit: Die Zukunft ist in allen Zeichen schon vorhanden, aber sie ist in Ähnlichkeiten hinein umgestaltet, so dass sie ad hoc doch verschleiert ist. Es spricht der große Aristoteles: „Der beste Traumdeuter ist, wer Ähnliches mit Ähnlichem vergleichen kann". Träume arbeiten immer mit Ähnlichkeiten, Vergangenheits- wie Zukunftsträume! Man könnte auch sagen: sie arbeiten mit Stellvertretern. Interessant in Heyms Traum ist das Auftreten der Warnfrau, wir bezeichnen sie als seine Anima oder seine innere Stimme oder sein höheres Ich, oder auch als seinen Instinkt. Dass er dieser weiblichen Intuition nicht folgte, maßen wir uns nicht an zu kommentieren. Es hatte wohl sein weibliches Unbewusstes gesprochen, gewarnt, die Rettungsaktion gegenüber dem Freund nicht zu unternehmen. – Wir sehen im Traumfinale, dass der Mensch kurz nach dem Tod auf der Insel der Seligen (meist fern im Westen gedacht) ankommt. Das ist ein typisches Umschlags-Phänomen, ähnlich wie in Nahtod-Erlebnissen. Ein bekannter Archetyp ist: „am Strand" werden wir geboren, und an einem anderen, fernen Strand langen wir nach dem Tod an. Hierhin gehört auch der Archetyp von „Insel zu Insel", und zwar innerhalb der Kette der Wiedergeburten. Das „Wunder" der Verwandlung vom toten, ertrunkenen Menschen zum lebendigen Ankömmling in der „sonnigen Bucht" (des Paradieses) brauchen wir nicht näher zu erläutern. ‚Jedem droht die Auferstehung', sage ich gern, es droht eine Art von Seligkeitsreich. – Ein konkreter „Zeitraum" zwischen Traum und Zukunftsereignis, hier zwischen 1910 und 1912, wird in Träumen fast nie gezeigt. Ähnlich wie auch in Rückwärtsträumen die Zeitstufen durcheinander poltern oder verschwimmen.

Bei der nachträglichen Betrachtung des Traumes ist das Symbol des „gefrorenen Wassers" eigentlich sehr deutlich. Da war der Traum anfangs ausnahmsweise direkt, arbeitete erst in der Folge mit stellvertretenden Ähnlichkeiten. In diesem Falle gilt ein ebenfalls zutreffendes (paralleles) Traumgesetz: Der Traum meint genau das, was er sagt.

Es liegt bei so einem Traum die Frage nahe: Wenn ein Element der Zukunft, sogar der Tod, festgelegt ist, da es sonst nicht spirituell gesehen, vorausgesehen werden könnte – was ist dann sonst noch an Lebenseinzelheiten vorherbestimmt?

Verlust der Mitmenschen als Symbol des Sterbens

Dokument 43 (1976; J.W.)

Der Autor Jürg Wunderli berichtet in seinem Buch über das Todesthema [Anm. 22]:

„Interessant ist der Traum eines Philosophieprofessors, der, wie Christa Meves schreibt [in: Jenseits des Todes], ein ausgesprochen nüchterner Mann von hoher logischer Intelligenz war, der von Träumen und Symbolen nicht viel hielt und allen Spiritualismus gänzlich ablehnte. Mitten in eine fröhliche Tafelrunde hinein bekannte der Dozent, er habe in den letzten Wochen mit seltsamer Eindringlichkeit und Klarheit dreimal den gleichen Traum geträumt. Auffällig ist die Klarheit; denn sie zeigt in der Regel immer einen wichtigen Traum an:

> *Ich träumte also, ich bin in meinem Hörsaal und halte eine Vorlesung. Da merke ich – und ich kann nicht erkennen, wie das geschieht –, daß immer mehr Studenten verschwinden, sich wohl durch eine Tür im Hintergrund davonschleichen. Die Zuhörenden werden weniger und weniger, ich benutze einfachere Worte, aber nichts hilft. Ich strenge mich immer mehr an, fühle, wie mir der Schweiß ausbricht – da kommt mir plötzlich ein Gedanke und erfüllt mich mit großer Gelassenheit: ich bin ja hier nur Gastdozent. Eigentlich gehöre ich gar nicht hierher. Ich gehöre zu der königlichen Universität im hohen Norden. Ja. Ich werde seiner Magnifizenz schreiben. Ich bleibe hier nicht mehr lange, höchstens bis Ostern.*

[Wunderli weiter:] Den Träumer erfüllte wohl eine gewisse Angst um diesen Traum, besonders als er sich noch einmal in derselben Form zeigte; aber er interpretierte ihn in keiner Phase als Todestraum oder gar als unbewusstes Wissen von seinem baldigen Tode. Was sollte denn an Ostern anderes geschehen, als daß er nach Semesterschluß in die Ferien fahren würde? Aber soweit kam es nicht. Kurz vor Weihnachten erkrankte er völlig unerwartet an Magenkrebs; es wurde eine Operation durchgeführt, an deren Folgen er kurze Zeit nach dem Fest starb, ohne sich je der Schwere seiner Erkrankung bewußt geworden zu sein".

Kommentar: In der Mitte des Traumes ereignet sich wieder das typische Umschlagsphänomen: Ruhe und Frieden kehren ein sowie die Gewissheit über das Weiterleben nach dem Tod, über unsere eigentlichere Heimat im Himmel. Klar erkannt ist, dass wir nur „Gast" auf Erden sind, was aber auch beinhaltet, die Gastrolle engagiert, für eine gewisse Zeit, zu spielen. Jeder stirbt für sich allein, hier in der Symbolik ausgedrückt, dass die umgebenden Menschen weniger werden. Die Anstrengung symbolisiert den Kampf gegen das Sterben, der biologisch-vital eingepflanzt ist, wobei der Abschied von den Mitmenschen ein besonders schmerzliches Element ist. Auch die Mitmenschen „trauern" wegen des Abschieds. Berufliche Szenen im Traum meinen sehr oft das Schicksal im Privatleben, solche Szenen sind nur ein Gleichnis, haben mit dem Beruf wenig zu tun. Das Jenseits erhält die Bezeichnung „königliche Universität im hohen Norden". Gott wird ehrfürchtig als „Magnifizenz" beschrieben. Diesen lateinischen Begriff kann man als aus magnus und facere zusammengesetzt sehen, dann ist eine Magni-ficens (-ficiens) derjenige, der Großes macht. Der „Norden" ist auch im Indischen und anderswo als Himmelsrichtung angesprochen, von woher die Götter kamen oder wo die weisen Lehrer wohnen. Der astronomische und astrologische Norden scheint die Richtung zur Himmelstür zu weisen. Ein altes Traumgesetz sagt: Wenn etwas „dreimal" geträumt wird, dann ist es ernst. Das lässt sich auf alle Vorzeichen übertragen. Generell ist zu Zukunftsträumen, auch Todesträumen zu sagen, dass sie an jedem Zeitpunkt im Leben auftauchen können, immer wohl durch das „rezente Material" nach Sigmund Freud angestoßen, also durch ein symbolisch passendes Tagesereignis, und dass also überhaupt nicht gesagt ist, wann die gesehene Traumszene eintritt. Aber meist dürften Zukunftstraum und Zukunftsereignis in einer gewissen zeitlichen Nähe zueinander liegen. Wäre der obige Traum als ein

Todestraum verstanden, böte er immerhin oder eventuell einen Trost für das Erleben danach.

Das „Schreiben" im Traum verrät, dass der spirituelle Teil des Professors seinen Tod durchaus schon in seinem Manuskript hat, mit ihm also unbewusst rechnet und dazu Aktionen unternimmt. Auch zeigt dieser Traum, dass das Unbewusste dieses Mannes klar an Gott glaubt (mag er auch im Bewusstsein Atheist sein). Viele Träume bestätigen C.G. Jungs Ansicht, dass in der Tiefe der Seele jeder Mensch einen numinosen, spirituellen, gott-bezogenen Bereich hat, auch der Atheist und Agnostiker.

Die Überfahrt nach dem Tod. Die Illusion des freien Willens

Dokument 44 (vor 1863; F. H.)

Johannes W. Schneider berichtet aus seiner Sammlung einen Traum des Dichters Friedrich Hebbel [Anmerkung 23]:

Frau von Engelhofen bei uns. Sie erzählt, ihr Mann habe acht Nächte vor seinem Erkranken immer denselben Traum gehabt, die neunte mit einer Variation. Er ist in einer fremden, ihm ganz unbekannten Landschaft, ein breiter, heller Strom in der Mitte, jenseits Nebel. Ein Schiffer steht am Strom, wenn er sich aber nähert und ihm Geld fürs Überfahren bietet, weist der Mann ihn finster zurück. In der neunten Nacht wird er aber freundlich, läßt ihn in seinen Nachen steigen und führt ihn pfeilschnell hinüber ans andere Ufer. Hier wird alles hell und ein stattlicher Palast erhebt sich, aus dem sein verstorbener Vater hervortritt und ihn freundlich bewillkommnet. Er deutet den Traum auf eine Reise, zu der der Kaiser ihn kommandieren werde; an eben diesem neunten Tage aber erkrankte er und starb im Verlauf einer kurzen Woche."

Kommentar: Aus der Mythologie ist bekannt, dass wir ins Jenseits über den Fluss des Vergessens fahren, dass wir aber dem Fährmann eine kleine Münze als Bezahlung geben müssen, den Obolos. Interessant, dass eine Woche vor der tödlichen Erkrankung diese Träume anfingen. Die Variation ist nachvollziehbar: irgendwann ist es ernst, und es gibt keinen Weg mehr zurück. Der Fluss des Vergessens kommt in Varianten in vielen Träumen vor. Dort geht es „pfeilschnell" zu = kürzer als in kürzester Zeit, also tendenziell zeitlos. Das passt zum Übergangsmotiv, auch bei der Geburt. Das Leben in der neuen Dimension, ob drüben oder hüben, soll relativ unbelastet von Vorgeschichten und Erinnerungen sein, das Bewusstsein soll auf die je neue Welt konzentriert sein. In einem anderen Todestraum findet sich eine Stelle, dass der verstorbene Vater dem neu im Jenseits ankommenden Sohn rät: „Denk jetzt nicht mehr an das da unten auf der Erde". Dass Verstorbene uns im Jenseits empfangen, ist in zahllosen Nahtoderlebnissen und Träumen berichtet, man braucht es schon nicht mehr zu diskutieren. Zum Vater gehört ein „Palast", das ist eine wunderbare, seelisch große Persönlichkeit, eine erhobene Seele sowie als Räumlichkeit ein Paradies-Symbol. Natürlich werden Träume fehlgedeutet, nicht selten vom Traumproduzenten selbst (dem die Objektivität fehlt), das ist Alltag, immerhin aber fühlte der Betroffene hier richtig, dass wohl eine „Reise" anstehen mag. Es ist tatsächlich nicht leicht, Todesträume richtig zu deuten. Meistens ist der Tod symbolisch dargestellt, z.B. der „Nebel" in diesem Traum ist ein klassischer Todes-Archetyp. Reisen, Grenzüberschreitungen, Abschiede, Wasser, Ertrinken, Abfliegen kommen oft als Symbole vor. Die direkteren Todessymbole, wie z.B. Gehängtwerden, Kopfabschneiden, Sarg und Begräbnis tendieren eher zur übertragenen Deutung, also eher so: eine große Wandlung im Sinne eines neuen Menschen, neuen Verhaltens steht an. Die Redewendung „Du bist für mich gestorben" gehört auch hierhin. An Farben kann Weiß oder Schwarz auftauchen, diese haben aber auch noch ganz andere Bedeutungen als Tod.

Bei allen echten Todesträumen bleibt beeindruckend, wie definitiv und lakonisch sie sind und wie vor-wissend, geradezu selbstverständlich. Der Tod kann nur vorausgeträumt werden, wenn er feststeht (!). Er gehört zur Rolle. Aufgabe, die man auf der Erde ausfüllt, diese Rolle wurde einmal unter Einschluss von Schicksalszuteilung gewählt, und sie scheint keine Varianten zu enthalten. Sie folgt dem strengen Gesetz des Himmelsaufenthalts, wo die Rolle einmal, wenn entschieden, unumstößlich war. Wenn der Tod transzendent feststeht – und nur wegen seiner überzeitlichen Unumstößlichkeit kann er eben voraus-geträumt werden –, dann müssen wir mutig genug sein zu sagen: Dann steht das ganze Leben fest. Die Offenheit der Zukunft ist eine Illusion. Der freie Wille ist eine Angelegenheit des vorgeburtlichen Aufenthalts, nicht eine Angelegenheit des Erdenlebens. Die Tatsache, dass oder wenn nur ein einziger Traum zeigt, dass er eine Zukunft beinhaltet, was nach Eintritt dieser Zukunft nachträglich bewiesen werden kann, belegt, dass die Zukunft nicht offen ist, sondern so ist, als wäre sie in einer zeitlosen Dimension „schon geschehen". Also ist die Freiheit eine Illusion? Sind wir nur Diener eines übergeordneten Schicksals? Wenigstens muss man sagen, zugestehen, dass die Zukunfts-Optionen eingeschränkt sind – auch das ist schon eine erhebliche Einschränkung der Willensfreiheit. Von den in der Zukunft „möglichen" Ereignissen, und dieser Möglichkeiten sind nicht viele, können wir in Zukunftsträumen etwas sehen. Da mag dann für unsere persönliche Entscheidung über die Zukunftsentwicklung noch etwas Platz sein – also für unser Zutun, genau wie bei der Rollenwahl vor dem Leben, nach Platon, wo Zuteilung und Menschenwahl sich vermischten. Also ist ein gewisser Platz für unsere Mitwirkung da? Aber kaum für unbeeinflusste Allein-Entscheidungen im Sinne eines absolutistischen Herrschers und kaum für die vergottete große Willensfreiheit. Wir müssen den göttlichen Terminismus in unser Weltbild einbauen und von dem Irrsinn, Hochmut wegkommen, als hätte man sein Leben gänzlich in seiner Hand. Dieser arrogante Verantwortlichkeits-Spleen includiert nicht nur einen lächerlichen Stolz über Erfolge, sondern auch die Schuld an allem und jedem. Schuldzuweisungen sind das Krebsgeschwür der Welt. Auch Gruppen, Gemeinschaften, Familien sind teil-terminiert. Alle Lebewesen, die Naturkräfte sowieso, sind viel unschuldiger, als man gemeinhin denkt, weil es eben eine übergeordnete, bestimmende Macht gibt. Es schenkt uns der Gott die Illusion des freien Willens, der großen Machbarkeit, Autarkie und Unabhängigkeit, aber auch umgekehrt der großen Schuld. Nein, nicht Gott schenkt das – wir Blinden, wir denken so: wir denken in den Kategorien von Freiheit und Schuld, die beide Chimären sind. Wir haben einen überzogenen Glauben an die Selbstbestimmung, besonders im Atheismus; dieser wird einmal zusammenbrechen, und wir beten dann, dass Gott uns helfe, das vorgegebene Schicksal zu erfüllen. Akzeptanz ist unsere Aufgabe, nicht Kampf gegen alles. Wie in der Antike werden wir einmal wieder zu dem Bewusstsein kommen, „Diener der Götter" zu sein. Nachdem wir unsere Machtlosigkeit und das große verbreitete Lügen auf der Welt erkannt haben. Dazu werden uns die Träume helfen. Die Erkenntnis der Träume ist die Lösung für die Wahrheit, für die richtige Realitätseinschätzung. Viele gesellschaftspolitischen Theoriegebäude sind Kopf- und Egogeburten, sind Fehleinschätzungen, sie berücksichtigen den Menschen nicht in seiner Gänze, sie sind pseudowissenschaftlich, obwohl sie sich wissenschaftlich geben. Sie müssen überwunden werden. Die Strukturen, Geheimnisse des Unbewussten, sie sind die richtige Lektion, Belehrung. Die Träume werden einmal die ganze Presse- und Medienwelt in ihrer unheimlichen Macht und Verführungskraft, dieses große apokalyptische Tier 666, zerstören. Was können wir der Macht der Medien, der Multiplikatoren entgegensetzen? Wie viel Pressekonzerne und Rundfunkhäuser müssen brennen, damit der Mensch wieder frei wird? Die mentale, mediale Gleichschaltung ist eine erschreckende Krake. Sie verführt so viele Seelen. Die Gnosis der Träume wird sich darüber einmal im Glanz erheben.

Freiheit und Korrekturträume

Apropos Freiheit und Unterdrückung, wie viel Freiheit haben wir? Unsere Freiheit während des Lebensweges: umfasst sie eine Entscheidungsmöglichkeit? Die Freiheit während des biografischen Ablaufs besteht im Prinzip darin, den Willen Gottes zu tun oder ihn abzulehnen, sagten schon manche. Der Plan Gottes mit uns, unsere Bestimmung und Aufgabe, die Rolle und Funktion auf der Welt, sie sind im Prinzip vorgegeben. Zugegeben, es ist schwer, unsere Bestimmung zu erkennen. Ob man auf Zeichen achten sollte, auf die ungefragten Hinweise der Mitmenschen, auf die Bedürfnisse der anderen oder der jeweiligen Stunde, auf die Traumbotschaften (sicherlich), auf das Gewissen (empfehlenswert)? Solange wir im Ego- und Luststreben gefangen sind, übersehen wir alles... Im Rückblick am Lebensende aber werden uns die Augen aufgetan, da gibt es Platz für Objektivität und Selbstkritik, aber keine Möglichkeit der Umkehr mehr. Im Traum am Lebensende, aber auch in Träumen vorher, kann man sehen, welcher der passende Lebensweg gewesen wäre. Aber man bog vielfach falsch ab, obwohl man ahnte, dass es nicht richtig war. Zum Trost kann man sagen: auch den falschen Weg mit seiner späten Erkenntnis, den hat es geben müssen. Wir hätten sonst keine Chance gehabt, den Irrtum zu erkennen. Wirklich ‚falsch‘ ist nichts.

Im Zusammenhang der Sterbebegleitung und Hospizbewegung gibt es Bücher, in denen sterbenskranke Krebspatienten ihre letzten Gedanken, rückblickend über ihr Leben, zu Papier bringen (manchmal nach Aufforderung), in Gesprächen äußern oder auch in non-verbalen Zeichnungen darstellen. Ein paar Tage vor dem Tod ist alles an Show, Egoismus und Lüge gewichen. Solche Verhaltensweisen sind entfallen, sind nicht mehr nötig. Mit einer beeindruckenden Objektivität, in nicht poetischen, sondern nüchternen Worten, sprechen diese Menschen über ihren Charakter und über einige Lebensstationen, als Resümee. Natürlich wird hier auch manches Verschwiegene, Verdrängte endlich ans Tageslicht geholt, während es so lange im Keller schmorte und schwelte. Einer Lebensbeichte ist es vergleichbar. Muss man so alt werden, um endlich illusionslos die Dinge zu sehen, d.h. sein Verhalten, seinen Wert, wie umgekehrt seine Schwächen? Und diese Schwächen waren Missetaten aus einer erdrückenden Kleingeistigkeit heraus. Das Streben nach persönlichen Vorteilen drückte ehemals alle Wahrhaftigkeit und Ethik hinunter. Verschleierung und Beschönigung sind nun jedoch nicht mehr nötig. Im Angesicht des Todes wird der Mensch endlich „wesentlich“ (Angelus Silesius), seine Lügen fallen wie Schrott und Schotter von ihm ab. Wenn man diese Selbstzeugnisse (keine billigen Schuldvorwürfe, weder gegen sich noch gegen andere) liest, ist man erschüttert. Muss man erst so alt werden? Dabei gibt es doch das ganze Leben über schon die „Korrekturträume“. Aber sie werden abgetan, sie passen nicht ins Konzept. Die Menschen, auch die Tiere, sogar manche Pflanzen tricksen, täuschen und tarnen, ohne Ende – um ihrer Beute willen. Die Libido, die Ego-Lust verführt. Ein Buddhist würde sagen: die archaische „Gier“ nach Leben ist das Grundmotiv. Also, empfehle ich, beachtet die Korrekturträume. Über sie sagt der große Traumforscher Carl Gustav Jung:

„Träume sind unparteiisch, der Willkür des Bewusstseins entzogene, spontane Produkte der unbewussten Seele. Sie sind reine Natur und deshalb von unverfälschter, natürlicher Wahrheit, daher wie nichts anderes geeignet, uns dann eine dem menschlichen Grundwesen entsprechende Haltung wiederzugeben, wenn sich unser Bewusstsein zu weit von seiner Grundlage entfernt und in einer Unmöglichkeit festgefahren hat".

Das ist die Beschreibung von Korrekturträumen. Auch „Natur" und „Wahrheit" und „unparteiisch" spielen in dem Zitat eine wichtige Rolle. Weiter sagt C. G. Jung:

„Die Natur ist zwar oft dunkel und undurchsichtig, aber nicht listig wie der Mensch. Man muss darum annehmen, dass der Traum gerade das ist, was er sein soll, nicht mehr und nicht weniger."

C. G. Jung zu der Tatsache, dass der Traum Natur ist: „Die Natur irrt nicht". [Anmerkung 24]

Weitere spirituelle Informationen aus Träumen.
Im Tod werden wir eins mit dem Licht

Verstorbene, die sich in Träumen zeigen, sind öfter mit „Gold" affiziert, manchmal gar wie in einem Orbit-Anzug aus Gold. Jung sind sie sowieso meist. Nach irdischem Sprachgebrauch muss man sagen, dass die Jenseitigen „jubeln", und das steht für einen frohen, befreiten, paradies-artigen Zustand. Die Liebe zum Gold als einem besonders hohen Wert, also die historische

Raub- und Handelsrolle des Goldes erklärt sich weniger aus dem Preis und der Seltenheit als vielmehr aus dem Unbewussten: dort wird es mit den Göttern assoziiert; komplementär dazu gehört das Kobalt- oder Lapislazuli-Blau zum Himmlischen. Auch „Fluggeräte" gehören zu manchen Träumen über das Jenseits. Um als Sterblicher einen Blick in den Himmel zu werfen, gibt es die berühmte „Treppe" im Traum, mit einem quasi offenen Ende oben, wo die Sonne oder das Endlos-Blaue des Himmels warten.

Umgekehrt führt auch der tiefste „Keller" zum „Licht", was in der Regel für die eigentliche Lebenskraft steht, für den lebendigen Geist, nicht für den Körper. Das erinnert an den ägyptischen „Abstieg in die Unterwelt" als Todessymbol. Um das Licht definitiv zu erreichen, muss man vorher oder als Preis sterben. Das ist innerhalb eines solchen Traumes auch klar, wo dann Mischgefühle vorherrschen (alles gleichzeitig im Traum): Trauer wegen des Sterbens und Freude über das Licht. In dem Keller eines jeden Menschen wirkt „der blaue Handwerker" die ganze Biografie über am zukünftigen Tod. Das ist nicht überraschend. Es gibt auch den Tod als Schatten, der ständig mitgeht. Ab der Geburt schon begleitet uns der Gevatter Tod, natürlich lange nur latent, im tiefen Keller verborgen. Wie eine Schiffsschraube zerstückelt uns der Tod. Es bleibt: ein Blumenteppich auf der Wasseroberfläche. Der Tag, an dem man sterben wird, kann im Traum unter Umständen als „Kindergeburtstag" angezeigt werden.

Spirituell sieht man im Traum, dass das Kind sich vor dem Leben seinen Vater aussucht, in Eigenentscheidung, nachdem es lange suchend gewesen ist im Himmel – bis es den passenden Elternteil gefunden hat. Bezüglich der Mutter dürfte es ähnlich sein. Diese vorgeburtliche Verbindung zum Erzeuger wird erlebt als „Lichtstrahlen, die von Stirn zu Stirn gehen" (P.C.) zwischen den beiden Beteiligten. Wir suchen uns eine spezielle Lebensrolle aus, mit Einfluss von Oben. Als Kommentar dazu sagt ein Träumer: „Wenn ich ein anderes Leben hätte, würde ich es wegwerfen." (P. C.)

Wenn man als Frucht im Bauch, als Kind abgelehnt wird, ist meist die Basis geschaffen für ein unglückliches Leben. Dennoch entfährt auch einer solchen Person im Traum der Satz: „I'm so desired." (P. C.). Das meint: Jeder ist von den Sternen, vom Himmel aus, von Gott aus geliebt! Diese spirituelle Gewissheit, tief im Unbewussten, ist oft die einzige Quelle, aus der man die nötige Selbstakzeptanz und Selbstachtung herleiten kann. Ein Resilienzfaktor ist es, gegen Depression und Suizid.

Heilung geschieht durch Ähnlichkeit (durch das simile), sagt der Traum, das ist u. a. die These der Homöopathie (a). Und sie geschieht „durch Anschauen" (b). Das meint zusammengefasst, dass man das ähnliche Trauma berühren und ansehen muss für die Heilung eines Traumas. Fazit: Schlimme Träume sind auszuhalten und anzuschauen statt zu verdrängen. Im Umgang mit Ängsten nennt man das: kognitive Konfrontationstherapie. Unsere Todesangst können wir minimieren, indem wir uns mit dem Sujet Tod beschäftigen bzw. indem wir über das Phänomen des Todes etwas lernen, uns aufklären lassen - wie es in diesem Buch geschieht.

„Der Tod ist das Erwachen des Unbewussten" (Edgar Cayce) - wir können auch sagen: ist das Erwachen der Vollkommenheit, die in uns schlummerte. Traum-Todesbotschaften können sein: „die schwarze Postkarte oder der schwarze Brief", auch „Spiegel" sind ein bekanntes Todessymbol, ebenso der „Stromausfall", auch manchmal die Farbe „Lila". Wichtig ist hier, noch einmal zu betonen, dass die Zeitgesetze aufgehoben sind im Traum, man kann also Jahrzehnte zuvor seinen Tod träumen.

Wir werden von angenehmen Personen im Jenseits empfangen, geben eine Art Bericht über unser Leben ab, die Besonderheiten sind dabei interessant, nicht das Übliche, wir fühlen uns dort um viele Grade glücklicher als auf der Erde. Damit wir unsere große Lernaufgabe als spirituelle Wesenheit bewältigen können, dürfen wir per Wiedergeburt unsere Lektion im Körper eines neuen Babys fortsetzen, ggf. alternativ korrigieren. Aber auch „selbstlose Aufgaben" für andere, für die Gemeinschaft sind der Grund für Wiedergeburt und Erdenexistenz.

Vorahnungen hat jeder Mensch zu seinem Tod (auch übrigens zu vielen anderen Ereignissen im Leben). So kann man im Traum vor dem Tod eines alten Mannes sehen, dass dieser Vater „alles Unnütze aus seinem Keller hinauswirft", dass er Ordnung schafft, sich verzichtend von vielem Liebgewordenen trennt und „nur das Wertvolle für seine Nachkommen" zurücklässt, als wüsste er unbewusst bereits Bescheid. Natürlich, nur ein echter „Vater" agiert so. Zu den Vorahnungen ein weiteres Beispiel:

Dokument 45 (März 2003; H.K.)

> *Die Mutter einer jungen Frau, die Oma also, träumt von Eiern. „Ein Ei zerbricht etwas zu früh. Das Küken ist draußen. Sie denkt: ‚Das kann doch nicht überleben'..."*
>
> *Kurze Zeit später erleidet ihre Tochter eine Fehlgeburt. Das vierjährige Töchterchen dieser Schwangeren träumte ebenfalls vorher:*
>
> *„Die Mutter hat einen lilafarbenen Luftballon fliegen lassen, nach oben entweichen lassen. – Demnächst bekommen wir ein Baby."*

Das erzählte das Kind, ohne darüber informiert worden zu sein, dass die Mutter schwanger war! Die Fehlgeburt ist mit dem davonfliegenden Luftballon deutlich beschrieben, voraus-gewusst. Die Farbe Lila kann im Traum die Bedeutung „Ich will sterben" berühren. Ohne die Fehlgeburt hätte die Familie ein Baby bekommen, richtig. Vgl. die Theorie: Träume als „mögliche Leben" (Seth bei Jane Roberts).

> *Diese begnadete Vierjährige sagte auch zur Oma: „Als dein Bruder starb [mit 18 Jahren, durch einen Motorradunfall, das ist Jahrzehnte her], war ich viel bei dir."*

Über das „Licht", das in vielen Nahtodberichten und Träumen eine zentrale Rolle als Ziel spielt, schreibt eine Träumerin vom Niederrhein [in authentischer, originaler Rechtschreibung]:

Dokument 46 (11.10.1992; E.C.W.)

> *„Das Licht bin ich, alles was ich wirklich bin, eine Art Essenz des Wichtigsten. …Das Licht ist das Wichtigste, wichtiger als mein Leben und muss unbedingt erhalten werden. Das Licht kann nur überleben, wenn ich auf dem Weg nach unten [das ist hier: in den tiefsten Kellerschacht] sterbe. Ich will nicht sterben, ich weiß aber, daß ich muß. Ich werde unheimlich traurig, wärend ich sterbe. Wärend ich falle, löse ich mich in dem Maße auf wie ich sterbe, bis ich nur noch Geist bin. Ich halte das Licht weiter in den Händen und es strahlt jetzt wunderbar. Ich werde immer mehr eins mit dem Licht. Ich bin unheimlich traurig, daß ich sterben mußte, doch ich weiß, es war notwendig und das einzig Richtige. Trotz dieser tiefen Traurigkeit bin ich irgendwie auch glücklich und zufrieden; das Licht hat überlebt. Ich sehe meinen toten Körper*

auf dem Boden des Schachtes liegen und den Freund daneben knien [der Freund war zu Anfang des Traumes gegen Keller und Ängste zur Hilfe gekommen]. Er macht mir (dem Körper) Vorwürfe, daß ich gestorben bin, es sei der falsche Weg gewesen. Diese Szene macht mich noch trauriger, denn ich weiß, meine Entscheidung war richtig, doch er würde das nie verstehen.

Diese Szene ist für mich jetzt eine aus einer anderen, vergangenen Welt, ich habe jetzt neue Aufgaben, ich muß los..."

In einem anderen Traum beschreibt eine Träumerin das überraschende Erscheinen ihres verstorbenen Freundes und die Umgebung, Landschaft, die uns im Jenseits erwartet:

Dokument 47 (1993; B. W.)

„Er [der verstorbene Geliebte] führte meine Angehörigen und mich vor ein großes Panoramafenster, aus dem wir einen herrlichen Ausblick auf eine überdimensional große, wunderschön hügelige Parklandschaft hatten. Dieses Gebiet war mit hellblauem und rosa-bleufarbenem Licht überzogen."

Der Freund zeigte in dem Traum auch auffällig auf seine rechte Kopfhälfte (Verletzung? Sehertum?) Verstorbene zeigen gern ihre Geheimnisse, die auf der Welt nicht bemerkt wurden, z.B. Traumata oder umgekehrt spezielle Fähigkeiten. Das „Fenster" ist ein Archetyp, das Diesseits und Jenseits trennt.

So gehen wir durch den traurigen und schmerzlichen Tod ins Licht und werden zu Licht.

Das Sterben hat die Gefühle Trauer (und Schmerz) und ein Glücksgefühl parallel. D.h. wir können erwarten, dass unsere Abschiedsstunde im Wechsel entgegengesetzter Gefühle abläuft! So wie wir es auch oben in Dokument 43 sahen. Dazu ein weiteres Beispiel:

Dokument 48 (15.11.1995; P. C.)

Der Träumer sah, eine Reihe von Jahren vorausschauend, sich als alten und schwachen Mann, durch Kissen gestützt nur notdürftig aufrecht. Er sieht den berühmten letzten Atemzug:

> *„Da mache ich einen tiefen Luftzug und sauge damit verschiedene weiße Papierschnitzel an meinen geöffneten Mund heran, fast hinein. Nun gerät die Frau am Bett in große Sorge [die Tochter ist's] und will mir die Papierschnitzel entfernen, damit ich nicht ersticke, sterbe. Ich habe auch mit dem Luftholen innegehalten, damit das nicht geschieht und die angesaugten Papierschnitzel (es ist Zerrissens) wieder abfallen. Auch stoße ich sie wohl mit der Zunge ab und weg. Währenddessen atme ich eben länger nicht mehr – überhaupt nicht mehr bis zum Traumende (!). Ich mache aber auf irgendeine Weise noch einige tiefe ‚Seufzer'. ... Zu einer Nachbarin sagt sie [die Frau], sie solle mir ein kaltes, nasses Taschentuch für meine Kühlung, Notlinderung reichen. Während der ganzen Zeit habe ich keine Angst – ganz im Gegenteil bin ich sehr ruhig, fast heiter und gelassen, und alles ist sehr schön (!). Die ‚Seufzer' kommen mir wie schöne Jenseitserlebnisse vor; dort sah ich, erlebte ich etwas, daher meine Freude."*

Kommentar: Die negativen, störenden „Papierschnitzel" verraten, dass ab nun das Einatmen nicht mehr funktioniert. Das Krankenhauspersonal erlebt diesen unvergleichlichen letzten Atemzug der Sterbenden oft. Trauer fühlen wir im Sterben, weil wir Abschied nehmen, von lieben Menschen, von der geliebten bunten Welt. Zugleich sehen wir bereits die wunderschönen Welten des Jenseits. Es ist bekannt, dass viele Alten vor dem Tod die befreundeten Personen, vorausgegangenen Verwandten, Bekannten sehen, am Horizont oder an der Zimmerdecke, von denen sie drüben empfangen werden.

Ins Jenseits hinein sind wir auf dem Weg, mit unserem Urbild wieder identisch zu werden, mit diesem Doppelgänger-Engel, der unser Antlitz trägt. Das geht unmerklich vor sich. Wir „leben" dort, wie schon vor der Geburt bzw. vor der Zeugung. Es ist alles selbstverständlich, ohne Materie und Körper, aber nicht formlos. Ein Teil von uns ist immer dort drüben geblieben, west dort, zwingend und ewig. Als Gleichnis kann man sich vorstellen, dass der jenseitige Teil von uns die Sternenwelt nun aus nächster Nähe sieht, also bezüglich des Orions z.B. tausend mehr Sterne erlebt, als von der Erde aus zu sehen sind. Unsere Perspektive ist sozusagen: im Himmel, nicht mehr unter dem Himmel. Wir sind wieder ein „Sternenkind". Die „Himmelfahrt", wie ich schon öfter schrieb, ereignet sich für jeden Menschen, nicht nur für wenige Auserwählte. In der Traumsymbolik kann das so aussehen, dass Gott den Menschen abholt. Manche Religionen haben an dieser Stelle den „Sterbe-Engel" mit der Abholungsfunktion. In einem Traumbild stellt es sich so dar, dass eine riesengroße, „lebendige Rakete" landet, von oben sanft, meist auch von Norden her, aufrecht einschwebt. Man sieht das im Traum durch ein „Fenster", durch das typische Symbol, das Diesseits und Jenseits trennt. Alternativ kann man zu diesem Thema auch das ebenfalls enorm große „Auge Gottes" in einem

Fensterrahmen erleben. Der Ungläubige, der Gott Leugnende ist zuerst einmal erschrocken von dieser Szene – er hätte nicht gedacht, dass er im Tod von Gott abgeholt wird. Denn zur größten Überraschung sagt dieses Gebilde auch noch, es sei „Gott". Allerdings neigen wir eher dazu zu sagen: dies ist ein Bote Gottes. Aber Gott und seine Boten kann man schlecht auseinanderhalten...

Gott ist ohne Eigenschaften (nach menschlichen Eigenschaftskriterien). Er ist Erleuchtung, hat absolutes Wissen, ist ohne ein Ich, wie im Nirwana, ist das Alles – wenn wir denn doch etwas sagen wollen. In einem weiteren Traum wird Gott als **„traumloses Wesen"** besungen, in einem Gotteshaus. Das lässt sich vergleichen mit hinduistischen, buddhistischen, tibetischen Aussagen über die menschlichen Zustände (z.T. unter Meditation). Wir können nämlich wie folgt sein: wach – bewusst – unbewusst – schlafend und träumend – und im traumlosen Tiefschlaf (so die Theorie). Auch Meister Eckhart stellt sich Gott gänzlich ohne Eigenschaften, auch ohne ein Gegenüber vor. Wer nicht träumt, hat kein Ego, will nichts, bearbeitet nichts aus der Vergangenheit, plant keine Zukunft, ist absichtslos, erschafft nichts, ändert nichts, nimmt nicht ab, nimmt nicht zu, beurteilt natürlich auch nichts. Dieses Wesen ohne Denken, Wollen und Träumen ist das eigenschaftslose Seiende, das reine Sein, ist pure Existenz oder das „wahrhaft Seiende" (to ontos on), wie Platon sagt. Stellen Sie sich den Unterschied zwischen dem ewigen ruhenden Sein und unserer vergänglichen Existenz mit der permanenten Unruhe vor – die Welt dazwischen ist unser Unterschied zu Gott.

ANMERKUNGEN

Anm. 1:   Platon ist zitiert bei: Jürg Wunderli, Vernichtung oder Verwandlung. Der Tod als Verhängnis und Hoffnung, Klett-Cotta Verlag, Stuttgart 1976, S. 132 f.

Anm. 2:   Träume in der Antike, Reclam Verlag, Stuttgart 2006, S. 209 ff.

Anm. 3:   Paramhansa Yogananda, Autobiographie, Knaur-Taschenbuch, München 1966, S. 177 f.

Anm. 4:   Eileen Caddy in ihrer Autobiografie „Flight into Freedom", deutsch 1988, S. 308 f.

Anm. 5:   Edgar Cayce, Rückkehr der Traumzeit, deutsch 1990, S. 136 f.

Anm. 6:   Reihe. Theologische Forschung. Wissenschaftliche Beiträge zur kirchlich-evangelischen Lehre, Band XX: Koptisch-gnostische Schriften aus den Papayrus-Codices von Nag-Hamadi, übersetzt und erklärt von J. Leipoldt und H.-M. Schenke, Hamburg 1969. S. 16 und S. 14

Anm. 7:   B. Staehelin und J. Schmucker von Koch, Heilwerden von Grund auf, Herder Verlag, Freiburg 1990, S. 34 ff.

Anm. 8:   Meister Eckhart, Deutsche Predigten, Hörbuch, Manesse Verlag, Zürich 1999. Sowie diverse Zitatstücke aus: Gerhard Wehr, Meister Eckhart, Rowohlt Tb., Reinbek bei Hamburg 1989

Anm. 9: Evangelium nach Philippus, Spruch 10. In: Reihe: Theologische Forschung. Wissenschaftliche Beiträge zur kirchlich-evangelischen Lehre, Band XX: Koptisch-gnostische Schriften aus den Papayrus-Codices von Nag-Hamadi, übersetzt und erklärt von J. Leipoldt und H.-M. Schenke, Hamburg 1969. S. 39

Anm. 10: Friedrich Nietzsche, Aphorismus 289, im Spätwerk veröffentlicht in der Sammlung, die als „Wille zur Macht" kursiert.

Anm. 11: Zitiert in: Gerhard J. Bellinger, Im Himmel wie auf Erden. Sexualität in den Religionen der Welt, Verlag Droemer-Knaur, München 1993, S. 198 ff.

Anm. 12: Zitiert in: Gernot Wehr, Die deutsche Mystik, Barth Verlag, Bern u.a.m. 1988, S. 246 und S. 255

Anm. 13: Platon, Sokrates im Gespräch. Vier Dialoge, Fischer Tb., Frankfurt am Main 1957, S. 174

Anm. 14: Vgl. Franz Kafka, Tagebücher, Band 2: 1912–1914, Fischer Tb., 2008

Anm. 15: H. Ganz, Pestalozzi, Zürich 1956, S. 183/84

Anm. 16: Vgl. das Video „Nahtoderlebnisse" von Willy Peter Müller auf Youtube (von 2019)

Anm. 17: Zitiert in: Helene M. Kastinger Riley, Hildegard von Bingen, Rowohlt Verlag, Reinbek 1998. S. 87 f.

Anm. 18: Abgedruckt in: Johannes W. Schneider, Träume besser verstehen, Verlag Freies Geistesleben, Stuttgart 1999, S. 161 ff. und S. 165

Anm. 19: Abgedruckt in: Johannes W. Schneider, Träume besser verstehen, Verlag Freies Geistesleben, Stuttgart 1999, S. 155 f. Und in: Kerner, Das Bilderbuch aus meiner Knabenzeit, Braunschweig 1849. S. 238 ff. Zitiert in: Dichter erzählen ihre Träume, Verlag Urachhaus. Stuttgart 1975, S. 39 ff.

Anm. 20: Johannes W. Schneider, Träume besser verstehen. Ihre Entstehung und ihre Deutung, Verlag Freies Geistesleben, Stuttgart 1999, S. 202 f. Der Traum zu Sarajewo ist auch in vielen anderen Traumbüchern zitiert.

Anm. 21: Georg Heym, Dichtungen und Schriften, Hrsg. K. L. Schneider, Verlag Ellermann, München 1962, Band 3: Tagebücher, Träume, Briefe, S. 185. Zitiert in: Dichter erzählen ihre Träume, Urachhaus Verlag, Stuttgart 1976, S. 221

Anm. 22: Christa Meves, Jenseits des Todes; in: A. Rosenberg, Leben nach dem Sterben. Zitiert in: Jürg Wunderli, Vernichtung oder Verwandlung? Der Tod als Verhängnis und Hoffnung, Verlag Klett Cotta, Stuttgart 1976, S. 111

Anm. 23: Friedrich Hebbel, zitiert in: Johannes W. Schneider, Träume besser verstehen, Verlag Freies Geistesleben, Stuttgart 1999, S. 213 f.

Anm. 24: Zitiert in: C. G. Jung, Mensch und Seele. Aus dem Gesamtwerk ausgewählt von Jolande Jacobi, Walter Verlag, Olten und Freiburg im Breisgau, 1971, S. 79 und S. 94 f.